Kleine Geschichte der Fotografie

BORIS VON BRAUCHITSCH

Kleine Geschichte der Fotografie

Mit 130 Abbildungen

Philipp Reclam jun. Stuttgart

arte EDITION

Die Deutsche Bibliothek – CIP-Einheitsaufnahme

Brauchitsch, Boris von:
Kleine Geschichte der Fotografie / Boris von Brauchitsch. –
Stuttgart : Reclam, 2002
ISBN 3-15-010502-1

Erschienen in Zusammenarbeit mit ARTE Deutschland TV GmbH
Satz: Reclam, Ditzingen
Druck und buchbinderische Verarbeitung:
fgb · freiburger graphische betriebe
RECLAM ist eine eingetragene Marke
der Philipp Reclam jun. GmbH & Co., Stuttgart
ISBN 3-15-010502-1

Inhalt

Anhang

Vorwort

Die Faszination, eine Geschichte der Fotografie zu schreiben, liegt zum einen in der relativ kurzen und historisch gut dokumentierten Zeitspanne von gerade einmal zwei Jahrhunderten, die zwischen den ersten Experimenten mit lichtempfindlichen Chemikalien und der digitalen Aufnahme liegt, zum anderen in der Wirkung des Mediums, die nicht hoch genug einzuschätzen ist, und das für fast alle Bereiche des Lebens. Ob Wissenschaft, Medizin, Kunst, Nachrichtenwesen oder Unterhaltung, ohne die Erfindung der Fotografie und ihre Folgen sind sie heute nicht mehr vorstellbar.

Es ist wenig erstaunlich, dass in den letzten sechzig Jahren bereits eine Reihe von Fotografie-Geschichten entstanden ist. Sie beleuchten das Medium aus sozialgeschichtlicher, aus kunstfotografischer oder technischer Sicht und schaffen chronologische, thematische oder alphabetische Ordnungen, um die Wucht und Vielfalt, mit der das Massenmedium Fotografie über uns hereinbricht, zu bändigen.

Manche Autoren beschränken sich auf einen zeitlichen Ausschnitt (wie Helmut Gernsheim oder Petr Tausk) oder auf den künstlerischen Ansatz der Fotografie (wie Beaumont Newhall), andere unternehmen den Versuch, anhand einer einzelnen Sammlung die Geschichte aufzurollen (wie das George Eastman House in Rochester), als Aneinanderreihung von Kurzbiografien zu erörtern (wie Cecil Beaton und Gail Buckland) oder durch eine facettenreiche Sammlung von Essays verschiedener Autoren zu bewältigen (wie Michel Frizot).

Parallel zur Flut von Fotografien kommt es zu einer Flut von Fotoliteratur. In den letzten Jahren gibt es zudem erste Unternehmungen, auch Studien zur Geschichte der Fotografiegeschichte zu betreiben. Die große Vielfalt der Publikationen spiegelt vor allem das wachsende Interesse an der Fotografie als Kunstwerk und Sammlungsobjekt.

Die Auswahl für eine Geschichte der Fotografie aus den Millionen von herausragenden Aufnahmen wichtiger Fotografen, die seit der öffentlichen Präsentation im Jahr 1839 entstanden, muss zweifellos radikal und subjektiv sein, umso überraschender ist das kunstgeschichtliche Bedürfnis, die immer gleichen Künstler mit den immer gleichen Werken zu präsentieren. Die Tendenz vieler Kunstbildbände, so einen Wiedererkennungswert zu garantieren und Kunst-Ikonen zu schaffen, hat sich leider auch in weiten Teilen der Fotografiegeschichte durchgesetzt und zu einem relativ fest umrissenen Kanon von Bildern und Personen geführt.

Die vorliegende *Kleine Geschichte der Fotografie* stellt die gesellschaftliche Bedeutung und Funktion in den Mittelpunkt und untersucht die gesellschaftliche Veränderung der Wahrnehmung seit der öffentlichen Präsentation des Mediums im Jahre 1839. Bedeutende Persönlichkeiten der Fotogeschichte gewinnen Kontur – und neben einer kleinen Auswahl fast unvermeidlicher Inkunabeln der Fotografie werden herausragende Bildbeispiele präsentiert, die wichtige Entwicklungen, Stile und Tendenzen aufschlussreich belegen können.

Die Herausforderung, in aller Kürze vom Blickwinkel des beginnenden 21. Jahrhunderts aus die Fotografiegeschichte des 19. und 20. Jahrhunderts zu umreißen, hat dazu geführt, dass Schwerpunkte gesetzt wurden, die die unvergleichliche Erfolgsgeschichte des Mediums zwischen Maschine und Kunst, zwischen Individualität und Masse, zwischen Wirklichkeit und Manipulation besonders prägnant beleuchten.

Eine zentrale Position wird der Fotografie als ganz eigenwilliger Form der Erinnerung eingeräumt. Seit ihren Anfängen galt dieser Qualität des Mediums besonderes Augenmerk. Allein die Stellungnahmen von Malern, Philosophen, Schriftstellern und Politikern zu diesem Thema verdienten eine eigene historische Würdigung. Und auch wenn sich Friedrich Nietzsche über den Nutzen und Nachteil der Historie verbreitet, dann scheint es fast, als ob er eine Fotografie vor Augen hatte: »Es ist ein Wunder: der Augenblick, im Husch da, im Husch vorüber, vorher ein Nichts, nachher ein Nichts, kommt doch noch als Gespenst wieder und stört die Ruhe eines späteren Augenblicks. Fortwährend löst sich ein Blatt aus der Rolle der Zeit, fällt heraus, flattert fort – und flattert plötzlich wieder zurück, dem Menschen in den Schoß.«[1]

Einleitung

Als die ersten Fotografien in Umlauf kamen, erschienen sie den Betrachtern als Abdrücke der Natur, nicht wie Zeichnungen eines Künstlers, sondern wie Zeichnungen des Lichts. Ihre Faszination lag in der präzisen Wiedergabe der Gegenstände; man nahm eine Lupe zur Hand und entdeckte auf den Bildern Details, die dem bloßen Auge entgangen waren. Hier ein gerade noch lesbares Ladenschild, dort eine zerbrochene Scheibe in einem Speicherfenster. Das Licht zeichnete mehr, als das menschliche Auge zu sehen in der Lage war. Es übertraf alle Produkte der Kunst an ›Wahrheit‹. Natürlich gab es sofort auch Kritiker. So ließ der französische Maler Eugène Delacroix 1846 die Freunde der Kultur wissen: »Der große Künstler konzentriert das Interesse, indem er die unnützen und dummen Details unterdrückt.«[1] Die instinktive Opposition gegenüber dem neuen und scheinbar vor allem technischen Medium gründete sich auch auf die drohende Gefährdung des Kunststatus der Malerei, der untrennbar mit Begriffen wie Individualismus und Genie verknüpft war. Hatten nicht die Künstler der Frührenaissance lange genug dafür gekämpft, sich auch im allgemeinen Bewusstsein vom reinen Handwerk abzusetzen? Diese Errungenschaften, von denen Künstler seither profitierten, durften in den Augen zahlreicher Kulturwächter nicht leichtfertig aufs Spiel gesetzt werden, indem man die Künste nicht nur handwerklicher, sondern gar industrieller Fertigung auslieferte.

Der bedeutendste Schritt in der industriellen Entwicklung war nach der Normierung und Massenfertigung natürlich die Geschwindigkeit, und es erscheint geradezu zwangsläufig, dass die fotografische Forschung in diesem Punkt Ehrgeiz entwickelte. 1851 gelang durch ein neues Verfahren, die Kollodium-Nassplatte, hier der entscheidende Durchbruch, so dass auch Menschen und Dinge problemlos in Bewegung fixiert werden konnten.

Schnelligkeit und Genauigkeit prädestinierten die Fotografie dann zum Massenmedium. Die ganze Erde ließ sich nun fotografisch festhalten und nach Hause tragen. Das Wissen um fremde Kulturen würde sich vervielfachen, und manch überzeugter Humanist träumte bereits von einer besseren Welt, in der das genauere Verständnis des Fremden zu mehr Frieden und Miteinander führte. Weniger idealistische Zeitgenossen spekulierten zumindest risikolos auf die Neugier und Eitelkeit der Menschen, die das Andersartige fast so gern sahen wie Bilder von sich selbst.

Das Bewusstsein von der Subjektivität der Fotografie setzte sich nur in Fachkreisen durch, denen vertraut war, wie sehr man mit Beleuchtung, Ausschnitt und Brennweite Einfluss auf das Ergebnis nehmen konnte. Aber diese Einflussnahme war nur ein unvermeidbarer Bestandteil des Verfahrens, auf den sich vor allem Fotografen beriefen, die das Medium künstlerisch nutzten. Die Manipulation machte jedoch auch vor den anderen Gebieten nicht halt, auf denen die Fotografie – und später auch der Film – zum Einsatz kam.

Die Debatte um ihren Kunststatus, die sofort mit ihrer Erfindung losgetreten wurde und bis heute mit Variationen der immer gleichen Argumente fortgesetzt wird, kann schon deshalb zu keinem Ergebnis führen, weil eine verbindliche Kunst-Definition (glücklicherweise) nicht in Sicht ist. So vergleichsweise einfach es sein mag, die technischen Eigenschaften von Skulptur, Malerei oder Fotografie objektiv zu beschreiben, so vielfältig werden die subjektiven Definitionen des Begriffs »Kunst« auch in Zukunft ausfallen. Es bedarf also a priori immer einer Klarstellung des persönlichen Kunstbegriffs, auf dessen Grundlage eine Bewertung stattfindet.

Die *Norddeutsche Allgemeine Zeitung* etwa kommentierte 1886: »Die photographische Maschine speit ihre nach Milliarden zählenden Produkte aus, und diese lagern sich wie ein Heuschreckenschwarm vernichtend auf das blühende Feld der Kunst, d. h. nicht allein dadurch, daß ihre Produkte denjenigen der Menschenhand Konkurrenz machen und sie erdrücken, sondern sie schädigt auch direkt durch ihr Wesen die Kunst.«[2] Und noch hundert Jahre später folgt von kunstkritischer Seite ein Echo: »Durch die Fotografie wird alles jederzeit an alle vermittelt, und damit ist die Hierarchie der Objekte liquidiert«,[3] schreibt Marianne Kesting und nennt drei gefährliche Kriterien, die die Fotografie zur Nicht-Kunst stempeln sollen: 1. ihre triviale Nachahmung, 2. die Liquidierung des Besonderen und Banalisierung der Dinge und Ereignisse und 3. die technische Reproduktionsmöglichkeit, die der Originalität überlegen und damit Feind alles Individuellen ist.[4]

Für den einen wird Fotografie gerade durch ihren differenzierten Naturalismus, in dem sie zweifellos der Malerei überlegen ist, künstlerisch wertvoll, dem anderen erscheint sie als triviale und sklavische, rein handwerkliche Reproduktion. Ein Dritter legt Wert auf einen individuellen handwerklichen Duktus, wie ihn die Malerei zu vermitteln vermag, ein Vierter sieht die besondere Leistung der Fotografen darin, auch ohne Pinsel und nur mit Hilfe einer Maschine aufgrund ihrer visuellen Kraft einen unverwechselbaren Stil zu entwickeln. Der Fünfte sieht in der Fotografie die Wurzel einer Kulturkrise, ausgelöst durch visuelle Überflutung, während ein Sechster in den Möglichkeiten ihrer Breitenwirkung eine begrüßenswerte Demokratisierung ästhetischer Konzepte erkennt.

Der Fülle der Argumente sind nur schwer Grenzen zu setzen, und die Gewichtung bestimmter Charakteristika führt zu einer Vielfalt der Positionen, die auch zukünftig eloquente Publikationen zu diesem Thema zu füllen vermag. Im Verlauf dieser kleinen Fotografiegeschichte werden wir ohnehin immer wieder wertenden Stellungnahmen begegnen, daher ist es zunächst ergiebiger, die tatsächlichen Eigenheiten der Fotografie in Abgrenzung zu anderen Medien zu ergründen.

Fotografie war immer eine besondere Form der Erinnerung. Sie kann uns Menschen zu einem längst vergangenen Zeitpunkt ihres Lebens vergegenwärtigen. Wir kennen möglicherweise ihr weiteres Schicksal, während sie auf den Aufnahmen noch unwissend in die Zukunft blicken.

»Fotografien konstatieren die Unschuld, die Verletzlichkeit, die Ahnungslosigkeit von Menschen, die ihrer eigenen Vernichtung entgegengehen, und gerade die Verknüpfung zwischen Fotografie und Tod verleiht allen Aufnahmen von Menschen etwas Beklemmendes«,[5] schreibt Susan Sontag, und Roland Barthes ergänzt: »In einer Gesellschaft muß der Tod irgendwo zu finden sein, wenn nicht mehr (oder in geringem Maße) in der religiösen Sphäre, dann anderswo; vielleicht in diesem Bild, das den TOD hervorbringt, indem es das Leben aufbewahren will.«[6] Diese zwei, wenn nicht einflussreichsten, so doch wohl meistzitierten Texte zur Fotografie in der 2. Hälfte des 20. Jahrhunderts schrie-

Mayer und Pierson: *Der kaiserliche Prinz*, um 1859

Eikoh Hosoe: *Bildnis des Dichters Yukio Mishima,*
aus: *Killed by Roses,* 1963

ben den schon traditionellen Vergleich zwischen Fotografie und Tod fort. Das Gefühl des Gleichzeitigen von Anwesenheit (des Körpers) und Abwesenheit (der Seele), das sich angesichts eines Leichnams einstellt, findet in der Fotografie sehr anschaulich eine Entsprechung, die den Kritikern des Mediums von Beginn an vor Augen stand. Bereits 1842 hatte der französische Schriftsteller Paul de Kock geäußert: »Mir scheint es, als ob die Natur zur Strafe dafür, daß wir ihre Geheimnisse ablauschen, ein todtes Bild geben will.«[7] Diese Gedanken sind reizvoll. Sie gehen davon aus, dass der Vorgang des Erstarrens und Stillstands in einer Aufnahme die Unausweichlichkeit des Sterbens nur noch deutlicher hervortreten lässt. In der Beschwörung der Vergangenheit spiegelt sich die eigene Vergänglichkeit. Betrachtet man das Sterben jedoch zunächst als Verschwinden, dann ist die Fotografie etwas sehr belebendes, das die Erinnerung bewahrt und zu erneuern vermag. Das schützt selbstverständlich nicht vor Melancholie oder Sentimentalität oder gar Eifersucht auf die zweidimensionalen Abbilder, die den biologischen Fakt des unabwendbaren Verfalls scheinbar schlichtweg ignorieren.

Gerade in dieser Ambivalenz zwischen Auslöschen und Fixieren liegt die Bedeutung des Mediums als Gedächtnis des Individuums und auch der Gesellschaft. Nichts transportiert detailreicher und massenhafter Geschichte. Dabei vermag eine ›nackte‹ Fotografie in der Regel keine wirklich eindeutige Aussage zu treffen. Sie bedarf der verbalen Interpretation, und hierin liegt auch ihre Gefahr, denn sie lässt sich, versehen mit tendenziellen Untertiteln, nur zu leicht als Propagandamaterial missbrauchen. Der Prozess der Interpretation aber, der Umwandlung, Färbung und Auslegung von Geschehnissen, verbindet die Fotografie mit dem menschlichen Gehirn.

Die Angst vor dem Verlust des Erinnerungsvermögens ist eine sehr menschliche Empfindung. Ohne Gedächtnis verliert man die persönliche Geschichte, die Möglichkeit, auf Erfahrungen zurückzugreifen, und die Vorstellung von eigenen Positionen in der Gesellschaft. Das geheimnisvolle Organ, das uns die Erinnerung ermöglicht, das Gehirn, ist in der Geschichte der Medizin immer wieder mit einer Kamera verglichen worden. Und zwar nicht erst seit der Erfindung der Fotografie, die es möglich machte, Wahrgenommenes zu speichern und erneut abzurufen. Bereits Descartes bezeichnete 1637 das Auge als eine Art Camera obscura, die durch ein Loch einfallende Lichtstrahlen seitenverkehrt auf einer Rückwand, der Netzhaut, abzubilden vermag, und Julien de La Mettrie führte 1747 aus, das Gehirn sei »ein Schirm aus Mark«, auf den »die Objekte, die sich im Auge abzeichnen, wie von einer Zauberlaterne projiziert werden«.

Das Mysterium des Gehirns und seiner Erinnerungsfähigkeit strahlt ab auf die Fotografie und macht einen nicht unwesentlichen Teil ihres Geheimnisses aus. Für den amerikanischen Arzt Oliver Wendell Holmes war sie die Erfindung »eines Spiegels mit Gedächtnis« (1859), und für eine Reihe von Hirnforschern folgender Generationen diente das fotografische Verfahren mit Aufnahme, Lichtempfindlichkeit, Umwandlung und Fixierung als zwar fragwürdiges, aber anschauliches Exempel für Prozesse, die in unseren Köpfen ablaufen.[8] Eines ist offensichtlich: Das Bedürfnis des Menschen, Erfahrungen zu machen und sich Wissen anzueignen, findet seine Entsprechung im Anfertigen und Sammeln von Fotografien.

Je weiter die bildliche, fotografische und filmische Kontrolle und Erfassung der Welt jedoch fortschreitet, desto mehr werden Bilder manipuliert. Je größer die Bedeutung eines Ereignisses, einer Botschaft oder Person, desto skrupelloser fällt die Manipulation ihrer Abbilder aus. Damit wird das Medium Fotografie, das sich lange Zeit das Flair des Authentischen bewahrt hatte, grundsätzlich immer unglaubwürdiger. Das Misstrauen, das man bei ganz nüchterner Betrachtung dem gedruckten Wort sprichwörtlich entgegenbringt, weitet sich mehr und mehr auf das veröffentlichte Bild aus. Das Virtuelle hat längst seinen gleichberechtigten Platz neben dem Realen eingenommen, lässt sich im Bild nicht mehr von ihm unterscheiden und beginnt, das kollektive Gedächtnis, das in weiten Teilen aus fotografischen Abbildungen besteht, in die Irre zu leiten. Und inzwischen haben die Mittel perfekter Manipulation auch die privaten Sphären erobert. Jeder kann via Scanner oder Digitalkamera am Computer seine eigene Geschichte erfinden, Ahnengalerien oder Jugendbildnisse fälschen. Der Reiz an all dem ist ein unverwüstliches Grundvertrauen in das Sichtbare. Der Satz »Ich glaube (nur), was ich sehe« behält weiterhin Gültigkeit, auch wenn jedem die vielfältigen Möglichkeiten des Fälschens bewusst sind. Unserem Bedürfnis nach dem Sichtbaren folgt zwangsläufig seine Affirmation. Was man schwarz auf weiß gedruckt sieht oder was bunt herüberflimmert, wird noch immer gerne geglaubt.

Der dunkle Raum der Kunstgeschichte

Von der Camera obscura zur Spiegelreflexkamera

Lichtstrahlen fallen durch ein Loch und erzeugen auf einer dahinter liegenden Fläche das Abbild der angestrahlten oder leuchtenden Objekte, die sich vor dem Loch befinden. Beschrieben hatte diese Prinzip der Camera obscura (›dunkler Raum‹) bereits ARISTOTELES, der es für die Beobachtung einer Sonnenfinsternis empfahl.[1] Ihm war auch bereits aufgefallen, dass sich die Dinge schärfer abzeichnen, je kleiner das Loch wird. Eine erste wissenschaftliche Beschreibung einer solchen Lochkamera ließ jedoch noch rund vierzehnhundert Jahre auf sich warten, denn erst um 1000 setzte sich IBN AL HAITHAM in einem bahnbrechenden Werk über die Optik präzise mit dem Phänomen auseinander.

Es ist wohl kein Zufall, dass die entscheidenden Impulse für die Erfindung der Kamera, wie wir sie heute kennen, in der Renaissance gegeben wurden. Die forcierte Auseinandersetzung der beginnenden Neuzeit mit der Natur, der Perspektive, der Außenwelt, die sich stets auf den Standpunkt des menschlichen Individuums bezog, findet kaum eine geeignetere Metapher als die Camera obscura, ein visuelles Studiolo, jenen dunklen, intellektuellen Raum, aus dem heraus man die Welt in Ruhe beobachten konnte. Von hier aus ließ sich die nötige Distanz schaffen, die für Forschungen notwendig war, von hier aus ließ sich die konzentrierte Selektion der Bilder und Phänomene betreiben, die für manchen Erkenntnisprozess grundlegend bleibt.

LEONARDO DA VINCI zog den Vergleich zwischen Lichteinfall in die Kamera und ins menschliche Auge und bereitete der Erkenntnis den Weg, dass sich mit Linse und Iris Schärfe und Lichtmenge regulieren lassen.[2] GIROLAMO CARDANO brachte konkret die Linse als Mittel für verbesserte Schärfe und Lichtstärke ins Spiel[3], und der Venezianer DANIELLO BARBARO ergänzte das Prinzip der Blende: »Auch muß das Linsenglas so weit abgedeckt werden, daß nur eine kleine Öffnung in der Mitte freibleibt, dann wird man eine lebhaftere Wirkung erhalten.«[4]

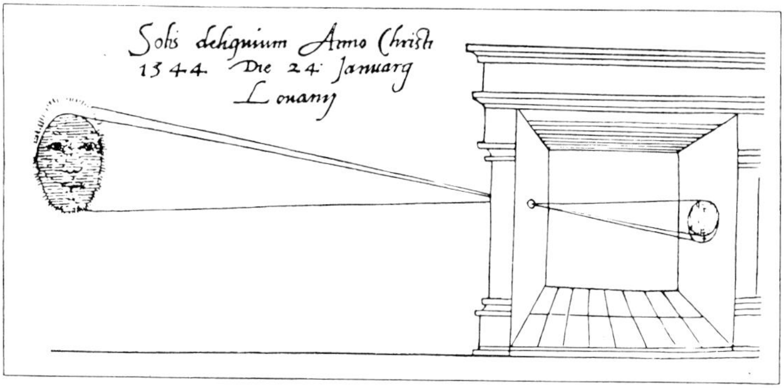

Reiner Gemma-Frisius: *Camera obscura,* 1544

Im Jahre 1544 folgte der niederländische Physiker Reiner Gemma-Frisius den Empfehlungen Aristoteles' und hielt seine Beobachtung einer Sonnenfinsternis mit Hilfe der Camera obscura in einer ersten Zeichnung fest.

Giovanni Battista della Porta, dem die früheren Beobachtungen und Beschreibungen wohl unbekannt waren, bezeichnete sich schließlich als Erfinder der Lochkamera und empfahl sie als Zeichenhilfe für Menschen, die nicht malen könnten. Man solle einfach die Konturen des sich abzeichnenden Bildes nachfahren, und anschließend sei es mit ein wenig Geschick ein Leichtes, die Sache mit einer Farbpalette zu einem richtigen Gemälde abzurunden.[5]

Zahlreiche Künstler wie Canaletto oder Caspar David Friedrich bedienten sich in den folgenden Jahrhunderten der Camera obscura, um die dreidimensionale Außenwelt auf zwei Dimensionen zu reduzieren und das flüchtige Abbild dauerhaft zu bannen. Die Trennung von Außenwelt und Innenwelt, von Realität und Reflexion entwickelte sich nicht nur bewusst zur künstlerischen Vorgehensweise, sondern fand auch ihre Entsprechnung in der technischen Verwirklichung. Jan Vermeer etwa nutzte nicht nur die Möglichkeiten der Kamera, sondern thematisierte zugleich in verschiedenen Bildern den Standpunkt des neugierigen, des verliebten, des forschenden Menschen, dessen Arbeit im abgeschlossenen Raum durch einfallendes Licht erhellt wird, während er durch eine Fensteröffnung den Blick auf die Außenwelt richtet.[6]

Was zunächst noch fehlte, waren die Mobilität – die wir heute von einer Kamera erwarten – und natürlich ein chemisches Verfahren zur Fixierung des entstehenden Bildes. Athanasius Kircher beschrieb 1646 erstmals eine zwar noch zimmergroße, aber immerhin schon transportable Variante, in die der Zeichner durch eine Bodenöffnung einstieg, und Johann Zahn veröffentlichte bereits 1685 Zeichnungen von handlichen Geräten mit verschiedenen Brennweiten und Spiegelreflex-Konstruktionen. Die Kamera stand damit bereit. Bis zur Erfindung der Fotografie sollten allerdings noch weitere 150 Jahre vergehen.

Athanasius Kircher: *Transportable Camera obscura*, 1646

Das Festhalten des flüchtigen Lichts

Wedgwood, Talbot, Niepce und Daguerre

Die Arbeit mit der Camera obscura gehörte im 18. Jahrhundert durchaus zur künstlerischen Routine. Der sachliche Blick auf die Außenwelt, die man durch ein Loch in eine dunkle Kiste lockte, um sie naturgetreu einzufangen, förderte und legitimierte die pragmatische Nutzung des Hilfsmittels, und Francesco Algarotti konnte 1764 konstatieren: »Die besten Maler Italiens haben sich zum großen Teil mit diesem Apparat versehen; anders wäre es auch gar nicht möglich gewesen, daß sie die Dinge so lebensnah darstellen.«[1]

Die Einstellung gegenüber der Kamera sollte sich jedoch mit der aufkommenden Romantik ändern und den künstlerischen Status der mit ihrer Hilfe erzeugten Bilder nachhaltig in Frage stellen. Für den Blick, der sich nun zunehmend nach innen wandte, war das nüchterne Abkupfern der Außenwelt verpönt, und auch frühimpressionistische Tendenzen, wie sie sich im Werk William Turners oder Adolph von Menzels finden, stehen in deutlicher Opposition zur Detailversessenheit der Kamera.

Johann Wolfgang Goethe ließ das Instrument zum Sammeln von Reiseeindrücken – die besonders zur Unterhaltung der Damenwelt geeignet schienen[2] – durchaus gelten, machte aber zugleich klar, indem er den Maler Philipp Hackert zitierte, dass es den wahren Künstler zu Kleinlichkeit verführe. »Nach meiner Meinung kann sich ein Liebhaber wohl damit amüsieren; der Künstler aber muß sie nie brauchen, weil sie ihm nachteilig ist. Außer dem Fokus sind alle Linien krumm: alles zieht sich in die Länge, alle Kleinigkeiten, die sie anzeigt, werden zu klein; dadurch gewöhnt er sich eine kleine Manier an, und weil die Lichtstrahlen durch verschiedene Gläser gebrochen werden, bis sie aufs Papier fallen, so sieht man alles verdunkelt. In der Ferne und im Mittelgrund vermißt man den schönen Silberton, der mit dem Luftton so schön in der Natur herrscht.«[3]

Weit wichtiger als diese objektive, weitgehend technisch begründete Kritik ist das Bewusstsein von den subjektiven Fähigkeiten des Sehorgans. »Das Auge hat sein Dasein dem Licht zu verdanken. Aus gleichgültigen tierischen Hülfsorganen ruft sich das Licht ein Organ hervor, das seines Gleichen werde; und so bildet sich das Auge am Licht fürs Licht, damit das innere Licht dem äußeren entgegentrete«, schreibt Goethe in seiner *Farbenlehre* und belegt die Lichthaftigkeit des Auges mit der Fähigkeit, »in der Finsternis durch Forderungen der Einbildungskraft uns die hellsten Bilder hervorzurufen«.[4] Das ›Loch zur Außenwelt‹ muss geschlossen werden, um das individuelle Erfinden und Erinnern des Auges zu ermöglichen.

Dem Aufkommen der Fotografie geht eine Subjektivierung des Sehens voraus, die sich in der romantischen Literatur und Malerei niederschlägt. Der Blick richtet sich nun direkt auf die Außenwelt als Gegenstück einer inneren Empfindung. Bereits vor der Erfindung der Fotografie löst sich die Malerei von einer als beschränkend empfundenen Kopie der Umwelt. Das Zurücktreten naturalistischer Bemühungen in der Malerei einzig als Folge der Erfindung der Fotografie zu interpretieren, hieße demnach, die Chronologie der Geschichte und die Komplexität künstlerischer Tendenzen im 19. Jahrhundert zu ignorieren.[5]

Die Kritik an der Camera obscura wurde selbstverständlich auf das neue Medium der Fotografie übertragen, dem vor allem weite Teile der Maler-Lobby jeden künstlerischen Impuls absprachen. Von deutschen Literaten wird die Fotografie als Ausdruck inhumaner Industrialisierung der Kultur empfunden. Als phantasietötende Mechanik wird sie weitgehend ignoriert, und nur ganz en passant finden sich überhaupt ablehnende und geringschätzende Bemerkungen bei Autoren wie Theodor Storm, Friedrich Hebbel, Gustav Freytag, Theodor Fontane oder Karl Gutzkow. Rückblickend fand der britische Kunstschriftsteller John Ruskin stellvertretend die passenden Worte und brachte die massive Kritik auf den Punkt: »Photographien können in keiner einzigen Eigenschaft und keinem einzigen Anwendungsbereich die Kunst ersetzen. Ihre Gemeinsamkeiten mit der Natur gehen so weit, daß sie auch von deren Sparsamkeit etwas abbekommen haben, insofern man aus ihnen keine Werte schöpfen kann, die man sich nicht erarbeitet hat. Sie können also nicht an die Stelle guter Kunst treten, denn die Definition der Kunst ist ›menschliche Arbeit unter der Anleitung menschlicher Ideen‹, und diese Ideen, dieser Beweis für die Mitwirkung eines Geistes bei der Wahl und Anordnung, stellen den wesentlichen Teil der Arbeit dar.«[6]

Dabei nahm die Geschichte des fotografischen Verfahrens ihren Anfang durchaus in phantastischen Regionen des Geistes. Eine erste und verblüffende Beschreibung eines fotografischen Verfahrens erreicht uns aus dem utopischen Lande Giphantie. Der gleichnamige Roman des schreibenden Arztes Charles-François Tiphaigne de La Roche aus dem Jahr 1760 berichtet von einer fiktiven Reise durch das Land Giphantie (ein Anagramm seines Namens), in das ihn ein Taifun wirbelt und das von Elementargeistern beherrscht wird, die sich modernster Techniken bedienen, um Gespräche abzuhören sowie visuell das Weltgeschehen zu verfolgen. Auch für das mangelnde zeichnerische Talent der Geister fand sich dank ihres physikalischen Geschicks ein einfacher Ersatz: »Sie haben eine Substanz geschaffen, die sehr fein, sehr klebrig ist und schnell trocknet und sich erhärtet, mit der ein Bild in einem Augenblick entsteht. Die Substanz tragen sie auf ein Stück Leinwand auf und richten diese auf die Gegenstände, die sie abbilden wollen. [...] Der Abdruck der Bilder erfolgt im ersten Augenblick, in dem die Leinwand diese empfängt: Man nimmt sie dann sofort weg, stellt sie an einen dunklen Ort, und nach einer Stunde ist die Beschichtung trocken geworden und sie haben ein Bild, das um so wertvoller ist, als keine Kunst seine Echtheit nachahmen könnte.«[7]

Aber nicht nur Literaten, auch Naturwissenschaftler phantasierten gelegentlich über das Metaphysische und kamen zu ungeahnten und oft ungewollten Ergebnissen. So hatte der Alchemist Christoph Adolph Balduin beim Versuch, den Weltgeist einzufangen, schon 1674 aus Kreide und Salpetersäure Kalziumnitrat hergestellt und bemerkt, dass die getrockneten Rückstände bei Dunkelheit leuchteten. Er nannte seine Entdeckung »phosphorus« (›Lichtträger‹). Als Johann Heinrich Schulze gut fünfzig Jahre später das Experiment dann wiederholen wollte, befanden sich in seiner Salpetersäure offenbar Spuren von Silberrückständen, so dass sich das Kalziumnitrat zusätzlich mit Silbernitrat zu einer lichtempfindlichen Substanz verband. 1727 veröffentlichte er an der Nürnberger Akademie der Naturforscher seine Erkenntnisse über die neue Substanz »scotophorus« (›Dunkelheitsträger‹), mit deren Hilfe sich die dem Licht ausgesetzten Partien eines präparierten Objekts dunkel färben ließen.

Thomas Wedgwood, Sohn des berühmten englischen Keramikers, war sowohl die Entdeckung Schulzes geläufig als auch die Camera obscura, mit der im väterlichen Unternehmen Motive für die Dekorationen des klassizistischen Steinguts festgehalten wurden. Wedgwood begann um 1800 als Erster, mit Silbernitrat lichtempfindlich gemachte Papiere und Leder unter gemalten Gläsern und flachen Gegenständen zu belichten. Es gelang ihm jedoch noch nicht, die entstehenden Negativbilder zu konservieren, so dass sie, hellem Licht ausgesetzt, recht schnell wieder verschwanden. Hätte er sich die Entdeckung Carl W. Scheeles zunutze gemacht und zum Fixieren Ammoniak oder auch nur eine gewöhnliche Kochsalzlösung verwendet, wäre das vielversprechend gewesen. Aber seine Bemühungen, die belichteten Platten mit Seife zu waschen oder mit Lack zu überziehen, mussten erfolglos bleiben. Gerade die Tatsache, dass sich interessierte Individualisten aus verschiedensten Bereichen der Naturwissenschaften, der Kunst und der Mechanik mit nur jeweils fachspezifischem Wissen an der Fotografie versuchten, verzögerte ihre Entdeckung.

1833 hatte William Henry Fox Talbot, ein Allroundtalent auf den Gebieten der Physik, Chemie, Mathematik, Botanik, Astronomie und Archäologie, in ähnlichen Versuchen begonnen, auf Papier, das er in Kochsalz- und Silbernitratlösung präpariert hatte, vergleichbare Fotogramme von Federn, Spitzen und Blättern herzustellen. Bereits 1835 vermerkte er, man könne, wenn das Papier der entstehenden Zeichnung durchsichtig sei, »eine zweite hervorbringen, bei der dann Licht und Schatten umgekehrt wären«.[8] Damit schuf er die Grundlagen für ein Negativ-Positiv-Verfahren, das eine beliebige Menge von Abzügen eines Motivs ermöglicht und die Grundlage für die Fotografie bildet, wie sie bis heute gebräuchlich ist. Von seiner Erfindung war er so angetan, dass er sie Kalotypie (von griech. *kalos* ›schön‹) nannte und mit Hilfe dieses »Pencil of Nature«[9] – dessen Erfindung er sich patentieren ließ, jedoch für den wissenschaftlichen Gebrauch freistellte – die Grenzen der Forschung zu sprengen gedachte. Als er mit seinen Experimenten begann und kleine Kameras in der Landschaft aufstellte, die seine Frau »Mausefallen« nannte, schien ihm keine Eile geboten. In der Abgeschiedenheit seines Landsitzes ließ er die Erkundungen der Fotografie ruhen, um sich Antikenstudien zuzuwenden, bis die Nachrichten aus Paris von Louis Jacques Mandé Daguerre eintrafen, der die Präsentation eines Verfahrens ankündigte. Jetzt beschleunigte Talbot seine Fotografieforschung und konnte wenig später der Royal Institution in London eine Reihe von Aufnahmen, u.a. die von seinem Anwesen vorlegen: »Und dies ist«, schrieb er, »wie ich glaube, der erste überlieferte Fall eines Hauses, das sein eigenes Portrait gemalt hat.«[10]

Wohl schon während seines Militärdienstes 1793 auf Sardinien und dann wieder seit etwa 1813 experimentierte auch Joseph Nicéphore Niepce aus Saint-Loup-de-Varenne bei Chalon-sur-Saône mit dem Ziel, die flüchtigen Bilder festzuhalten. Er hatte eine Mischung aus Asphalt und Lavendelöl auf Silberplatten aufgebracht, die so beschichteten Platten dem Licht ausgesetzt und anschließend mit Lösungsmittel übergossen, das die unbelichteten Partien der Beschichtung entfernte und so ein bleibendes Bild sichtbar werden ließ. Dieses noch sehr unvollkommene Verfahren, das Niepce »Heliographie« nannte und das eine noch extrem lange Belichtungszeit erforderte, darf jedoch als die Geburtsstunde der Fotografie gelten. 1826 war es endlich gelungen, die lichtempfindlich gemachte Fläche nach der Belichtung so zu behandeln, dass ein dauerhaftes Bild entstand. Im folgenden Jahr versuchte Niepce seine Erfindung der Royal Society in London vorzustellen, fand jedoch wenig Gehör, so dass er sich entschloss, für die weitere Arbeit einen Künstler-Unternehmer mit ins Boot zu holen. In einem Vertrag mit dem Maler Louis Jacques Mandé Daguerre verpflichtete sich dieser 1829, das Verfahren »zur Fixierung von Abbildern der Natur ohne Mitwirkung eines Künstlers«, das Niepce erfunden hatte, weiterzuentwickeln. Daguerre, der weltgewandte Gesellschaftsmensch, pflegte die notwendigen Kontakte und war auch technisch weitaus besser ausgerüstet als sein Partner aus der Provinz. Er war längst berühmt für seine Erfindung des Dioramas, eine verblüffend echte Simulation, die er 1822 in Paris vorgestellt hatte: Ein monumentales Bühnenbild, belebt durch Beleuchtungseffekte mit Auf- und Durchsicht, perfektionierte die ›Vereinbarung einer Täuschung‹ zwischen Künstler und Publikum, wie sie Grundlage jeder illusionistischen Malerei war, nun mit Hilfe mechanisch-technischer Mittel. Das Publikum konnte, in Theatersesseln sitzend, zeitlich gerafft den Lichtwechsel eines Tages im Tal von Chamonix oder in der Trinity Chapel der Kathedrale von Canterbury erleben. Die touristischen Highlights ließen sich schnell, bequem und ›naturidentisch‹ genießen. Die wirkungsvolle Monumentalisierung perfekter Abbilder, deren Eindrücke das faszinierte Publikum aus der Vorstellung mitnahm, sollte in Miniatur-Eindrücken, die man materialisiert nach Hause tragen konnte, ein noch breitenwirksameres Gegenstück finden.

Als Niepce bereits vier Jahre nach Beginn der gemeinsamen Arbeit mit Daguerre starb, war für diesen der Weg frei. Seine weiteren Versuche mit Jodsilber führten zu ganz neuen Ergebnissen und unvergleichlich differenzierteren Bildern. Er belichtete silberbeschichtete Kupferplatten, die durch Joddämpfe lichtempfindlich gemacht wurden. Mit Quecksilberdämpfen machte er anschließend das Bild sichtbar und fixierte es mit einer Salzlösung, die die Silbersalze der unbelichteten Partien löste. Die neue Detailfülle, angesichts der sich auch Gelehrte in kindliche Begeisterung steigern konnten, sollte dem neuen Medium erst den durchschlagenden Erfolg in allen Gesellschaftsschichten garantieren. Dass dem Verfahren die Möglichkeit der beliebigen Reproduzierbarkeit fehlte, die das Verfahren Talbots möglich machte und die wir heute als wesentliche Qualität der Fotografie empfinden, ist den Zeitgenossen Daguerres selbstverständlich nicht weiter aufgefallen, da ihnen zwar Drucktechniken wie Kupferstich (erfunden vor 1500 vermutlich von Daniel Hopfer) und die noch junge Lithografie (erfunden 1796 von Alois Senefelder) bekannt waren, die Daguerreotypien aber eher den Charakter gemalter Miniaturen hatten, bei denen die Vorstellung von einer möglichen Vervielfältigung keine Priorität besaß. Im Gegenteil dürften die glänzenden kleinen Bildjuwelen, elegant verpackt, im allgemeinen Bewusstsein noch zusätzlich an Wert gewonnen haben, weil es sich um Unikate handelte.

Johann Peter Hebel · Unverhofftes Wiedersehen

In Falun in Schweden küßte vor guten fünfzig Jahren und mehr ein junger Bergmann seine junge, hübsche Braut und sagte zu ihr: »Auf Sankt Luciä wird unsere Liebe von des Priesters Hand gesegnet.« [...] Als sie aber vor St. Luciä der Pfarrer zur zweiten Male in der Kirche ausgerufen hatte: »So nun jemand Hindernis wüßte anzuzeigen, warum diese Personen nicht möchten ehelich zusammenzukommen« – da meldete sich der Tod. Denn als der Jüngling den andern Morgen in seiner schwarzen Bergmannskleidung an ihrem Haus vorbeiging, der Bergmann hat sein Totenkleid immer an, da klopfte er zwar noch einmal an ihrem Fenster, und sagte ihr guten Morgen, aber keinen guten Abend mehr. Er kam nimmer aus dem Bergwerk zurück, und sie [...] weinte um ihn und vergaß ihn nie. Unterdessen wurde die Stadt Lissabon in Portugal durch ein Erdbeben zerstört, und der Siebenjährige Krieg ging vorüber, und Kaiser Franz der Erste starb, und der Jesuitenorden wurde aufgehoben und Polen geteilt [...]. Der König Gustav von Schweden eroberte russisch Finnland, und die Französische Revolution und der lange Krieg fing an, und der Kaiser Leopold der Zweite ging auch ins Grab. Napoleon eroberte Preußen, und die Engländer bombardierten Kopenhagen, und die Ackerleute säeten und schnitten. Der Müller mahlte, und die Schmiede hämmerten, und die Bergleute gruben nach den Metalladern in ihrer unterirdischen Werkstatt. Als aber die Bergleute in Falun im Jahr 1809 etwas vor oder nach Johannis zwischen zwei Schachten eine Öffnung durchgraben wollten, gute dreihundert Ellen tief unter dem Boden, gruben sie aus dem Schutt und Vitriolwasser den Leichnam eines Jünglings heraus, der ganz mit Eisenvitriol durchdrungen, sonst aber unverwest und unverändert war; also daß man seine Gesichtszüge und sein Alter noch völlig erkennen konnte, als wenn er erst vor einer Stunde gestorben, oder ein wenig eingeschlafen wäre, an der Arbeit. [...] kein Mensch wollte den schlafenden Jüngling kennen oder etwas von seinem Unglück wissen, bis die ehemalige Verlobte des Bergmanns kam, der eines Tages auf die Schicht gegangen war und nimmer zurückkehrte. Grau und zusammengeschrumpft kam sie an einer Krücke an den Platz und erkannte ihren Bräutigam; und mehr mit freudigem Entzücken als mit Schmerz sank sie auf die geliebte Leiche nieder, und erst als sie sich von einer langen heftigen Bewegung des Gemüts erholt hatte: »Es ist mein Verlobter«, sagte sie endlich, »um den ich fünfzig Jahre lang getrauert hatte, und den mich Gott noch einmal sehen läßt vor meinem Ende. Acht Tage vor der Hochzeit ist er unter die Erde gegangen und nimmer heraufgekommen.« Da wurden die Gemüter aller Umstehenden von Wehmut und Tränen ergriffen, als sie sahen die ehemalige Braut jetzt in der Gestalt des hingewelkten kraftlosen Alters und den Bräutigam noch in seiner jugendlichen Schöne, und wie in ihrer Brust nach 50 Jahren die Flamme der jugendlichen Liebe noch einmal erwachte; aber er öffnete den Mund nimmer zum Lächeln oder die Augen zum Wiedererkennen.

Johann Peter Hebel: Schatzkästlein des rheinischen Hausfreundes. Hrsg. von Winfried Theiss. Stuttgart: Reclam, 1981 [u. ö.]. S. 283–285.

1839 – das Jahr des internationalen technischen Durchbruchs

Die öffentliche Präsentation der Fotografie

»Es galt, die Sonne, dieses Weltauge, zum kunstfertigen Gehilfen eines Meisters zu machen«, heißt es voller Pathos in einem ersten Text zur Daguerreotypie noch vor ihrer öffentlichen Präsentation. »Bewertet man die Schwierigkeiten und nicht die Nützlichkeit des Unterfangens, so gebührt dem Erfinder der Dampfmaschine nur der zweite Platz.«[1]

Die ruhmvolle Aussicht, als Erfinder der Fotografie in die Geschichte einzugehen, beflügelte die Forscher zu fieberhaftem Schaffen. Sie zogen alle Register ihres Wissens, ihrer Beziehungen, Intriganz und juristischen Kleinlichkeit, um selbstlos im Dienste der Wissenschaft der Menschheit das Präsent eines neuen Verfahrens zu übergeben.

Im Jahr 1839 überschlugen sich die Ereignisse und ließen erkennen, wer als Gewinner und wer als Verlierer im Kampf um Ruhm, Rechte und Renten in die Geschichte eingehen würde. Die *Gazette de France* wies in ihrer Ausgabe vom 6. Januar auf »eine wichtige Entdeckung unseres berühmten Diorama-Malers, M. Daguerre« hin. »Diese Entdeckung grenzt an das Wunderbare. Sie bringt alle wissenschaftlichen Theorien über das Licht und die Optik ins Wanken und wird die Zeichenkunst revolutionieren. M. Daguerre hat einen Weg gefunden, wie man die Bilder, die sich innerhalb der Camera obscura selbst malen, festhalten kann, dergestalt, daß sie nicht länger vorübergehende Spiegelungen der Gegenstände, sondern deren fester und dauerhafter Abdruck sind.«[2]

Am 19. Januar erschien der Bericht der Académie des Sciences in einer englischen Übersetzung, und bereits am 31. Januar reklamierte Talbot in einer Rede vor der Royal Society in London, deren Mitglied er war, die Entdeckung der »Kunst der photogenischen Zeichnung« für sich. An den lieblichen Ufern des Comer Sees, so berichtet Talbot, kam ihm der Gedanke, die Bilder seiner Camera obscura, »Schöpfungen eines Augenblicks, und dazu bestimmt, ebenso schnell dahinzuschwinden«, festzuhalten, sie zu »veranlassen, sich selbst dauerhaft abzudrucken und immerwährend auf dem Papier zu verweilen«.[3]

Bereits im Februar meldete sich die Malerin Friederike Wilhelmine von Wunsch beim preußischen König zu Wort, um ihm zu versichern, Deutschland stehe keinesfalls hinter den Ankündigungen Frankreichs (Daguerre) und Englands (Talbot) zurück, denn sie selbst habe längst ein besseres Verfahren entwickelt, das selbst Menschen in Bewegung und in Farbe abbilden könne. Leider ist von ihren Forschungen nichts überliefert, sei es, dass sie nicht hielten, was von Wunsch versprach, sei es, dass sie nicht

Hippolyte Bayard: *Selbstporträt als Ertrunkener,* 1840

ernst genommen wurden oder durch bürokratische Hindernisläufe auf der Strecke blieben. Ebenfalls im Februar erhob der Berner Professor Friedrich Gerber im *Schweizer Beobachter* den Anspruch, längst einen Weg gefunden zu haben, Bilder der Camera obscura und wohl auch Fotogramme zu fixieren.

Am 24. Juni präsentierte der Finanzbeamte Hippolyte Bayard – der sich nachträglich als Opfer einer Intrige sah und sich selbst als Leichnam porträtierte – dann auf einer Wohltätigkeitsveranstaltung in einer ersten Fotoausstellung eigene Aufnahmen, die er als direkte Positivbilder geschaffen hatte. Aber erst die Autorität des Institut de France besiegelte am 19. August offiziell die Entdeckung des neuen Mediums. Daguerre ließ durch den Sekretär der Académie, den Physiker und oppositionellen Demokraten François Arago, eine Erklärung verlesen, die ihn zum maßgeblichen Erfinder und zum Namengeber des neuen Verfahrens machte. »Frankreich hat die Entdeckung für die seinige erklärt, hat vom ersten Moment an seinen Stolz darein gesetzt, der ganzen Welt damit ein freigebiges Geschenk zu machen«, teilte Arago mit.[4] Fotografie war französisch, aber alle sollten daran teilhaben und der Grande Nation ewig zu Dank verpflichtet sein.

Noch im selben Jahr veröffentlichte Daguerre eine Schrift unter dem Titel *Das Daguerreotyp und das Diorama, oder genaue und authentische Beschreibung meines Verfahrens und meiner Apparate zu Fixirung der Bilder der Camera obscura und der von mir bei dem Diorama angewendeten Art und Weise der Malerei und der Beleuchtung*.[5] Spätestens hier wird offensichtlich, dass er die Erfindung ganz für sich in Anspruch nimmt. Wenn er auch notgedrungen einen *Bericht über die Heliographie von J. N. Niepce* anfügt, so doch vor allem zu dem Zweck, in Fußnoten zu diesem Text die Bedeutung der Heliographie zu relativieren und ihre unzureichende Abbildungsgenauigkeit herauszustellen. Der Zorn von Isidore Niepce, dem Sohn Nicéphores, war ihm damit sicher. Nachdem ihm eine staatliche Pension zugesprochen worden war, die ihm Unabhängigkeit von seinem einflussreichen Vertragspartner garantierte, ließ Isidore seinem Ärger über die Vereinnahmung des Verfahrens durch Daguerre freien Lauf und schrieb 1841 eine erste Geschichte über die Entdeckung der Daguerreotypie und über ihren »wahren Erfinder«.[6]

An der Verbreitung der Fotografie in Deutschland hatte Alexander von Humboldt maßgeblichen Anteil. Als Mitglied der französischen Akademie der Wissenschaften und Freund Aragos durfte er bereits im Vorfeld der Präsentation gemeinsam mit Jean-Baptiste Biot und Arago die Studien Daguerres begutachten, berichtete ebenso begeistert wie indiskret in seiner Heimat darüber und warb in höfischen Kreisen für die neue Erfindung. Seine Sympathie galt uneingeschränkt Daguerre, und er machte deutlich, dass er von den Ansprüchen, die Talbot angemeldet hatte, nicht allzu viel wissen wollte. Diese Meinungsbildung fand schließlich auch ihren Niederschlag in der Verleihung des Pour-le-mérite-Ordens durch Friedrich Wilhelm IV. von Preußen an Daguerre. Das hielt Humboldt als weltoffenen Gelehrten allerdings nicht davon ab, den geschätzten Kollegen Talbot noch im März 1839 einzuladen, gelegentlich einmal nach Berlin zu kommen. Der Brite hätte dort erleben können, wie schnell auch in Deutschland das Bedürfnis der frühindustriellen Gesellschaft nach den Erzeugnissen der Fotografie geweckt und gestillt wurde. Die Berichte über Talbots Erfindung waren vor allem an der Königlich Bayrischen Akademie der Wissenschaften bereits 1839 auf große Resonanz gestoßen. Der Chemiker Franz von Kobell und der Physiker und Astronom Carl August von Steinheil begannen sofort mit eigenen Experimenten und konstruierten eine handliche, nur 12,7 × 7,6 cm große und weitaus lichtempfindlichere Kamera mit achromatischer Linse und einem Bildformat von 3,8 × 5,1 cm, die Ähnlichkeit mit der ein Jahr später vorgestellten Voigtländer-Kamera aufwies. Außerdem stellten sie auf Chlorsilberpapier, das feucht belichtet wurde, Negativbilder her, die sie noch im Herbst 1839 öffentlich ausstellten. Ihre Kleinbildkamera, die erste, die in Deutschland in Serie hergestellt wurde, ermöglichte durch kurze Belichtungszeit bereits Porträtaufnahmen, was Daguerre zu dieser Zeit mit seiner unhandlichen, 50 kg schweren Apparatur noch nicht möglich war.

Schon 1839 betrieben in Frankfurt am Main bereits zwei Ortsansässige die Fotografie als Zweitberuf, und fünf Jahre später fanden sich in Berlin achtzehn, in Hamburg acht, in Hannover drei und in München zwei hauptberufliche Fotografen. In den folgenden Jahrzehnten explodierte die Nachfrage vor allem bürgerlicher Kreise, die, in Kopie aristokratischer Gepflogenheiten, ihre Bildwürdigkeit für sich entdeckt hatten. 1860 zählte Berlin 110 und München immerhin 64 Fotografen.[7]

Entscheidenden Anteil an der Verkürzung der Belichtungszeiten – und damit der strapaziösen Porträtsitzungen in den Ateliers, in denen die abgelichteten Opfer mit großen Spiegeln geblendet wurden, die das Sonnenlicht auf sie lenkten – hatte der Österreicher Joseph Max Petzval. Er konstruierte ein Objektiv, das 22-mal lichtstärker war als das Daguerres und von Peter Friedrich Voigtländer weltweit vertrieben wurde. Zugleich arbeiteten verschiedene Fotografen an einer Steigerung der Lichtempfindlichkeit der Platten, die durch eine Behandlung mit

Brom oder einer Chlor-Brom-Verbindung zusätzlich zur Jodbedampfung erzielt wurde.

Durch Samuel Morse, den Erfinder des gleichnamigen Alphabets, der sich 1839 zufällig in Paris aufgehalten hatte und Zeuge der Aufregung um die neue Erfindung wurde, drang die Kunde von der Daguerreotypie auch umgehend in die USA, wo sie begeisterte Aufnahme fand. Alexander Wolcott konstruierte eine Hohlspiegelkamera, mit der er in New York »das erste daguerreotypische Atelier für Porträts« eröffnete, wie die Zeitung *Sun* am 4. März 1840 meldete.

Auch in Russland entbrannte unmittelbar eine lebhafte Debatte über Sinn und Wert der Fotografie und darüber, wem die Krone des Erfinders gebühre. Die Akademie der Wissenschaften in St. Petersburg setzte sich mit Talbot in Verbindung, und in Moskau erschienen noch 1839 zwei erste Handbücher über die praktische Anwendung der echten Daguerreotypie und der Fotografie nach den Methoden Talbots.

Wann immer man den Zeitpunkt der Erfindung ansetzen möchte, das entscheidende Jahr, das in seiner hektischen und hysterischen Betriebsamkeit rund um die öffentliche Präsentation der Fotografie der Bedeutung des kommenden Massenmediums gerecht wird, ist 1839. Auch wenn die Begeisterung für den Detailreichtum der Bilder oder die Verteufelung als seelenlose Maschinenkunst zunächst im Vordergrund standen und die neuen Möglichkeiten einer vergleichsweise preisgünstigen und massenhaften Verbreitung visueller Information noch nicht ins allgemeine Bewusstsein gedrungen waren, so zeigt die rapide Verbreitung der neuen Verfahren und die gewaltige Nachfrage nach den »unnachahmlich treuen« Abbildern, dass der Siegeszug der Fotografie eingesetzt hatte und die Wahrnehmung, das Wissen und die Kommunikation der Menschheit verändern würde.

Ein neues Medium steht bereit

Hill, Krone, Nègre, Nadar und die frühen Fotografinnen

Der von Frankreich ausgehende Erfolg der Fotografie bei breiten, vor allem bürgerlichen Bevölkerungsschichten beruhte darauf, dass mit dem neuen Produkt nicht erst neue Bedürfnisse geweckt werden mussten, sondern dass das neue Medium in kürzester Zeit in der Lage war, das wachsende Verlangen der florierenden Bourgeoisie nach günstigen und doch repräsentativen Porträts zu stillen.

Die Französische Revolution von 1789 hatte die Grundlagen für ein neues Bewusstsein gelegt, und als Karl X. nach der Julirevolution von 1830 abdanken musste und nach England floh, war die Ära des ›Bürgerkönigs‹ Louis Philippe gekommen, dessen Wahlspruch »Enrichissez-vous!« (›Bereichert euch!‹) wie ein Aufruf zu Kapitalismus und Industrialisierung durch das Land hallte. Der Grundstein für eine Zwei-Klassen-Gesellschaft schien gelegt: auf der einen Seite die Allianz aus Adel, Finanzwelt und Großbürgertum, auf der anderen Handwerk, Kleinbürger und Arbeiterschaft. Wissenschaften und Künste, aus deren Union sich auch die Fotografie entwickelte, standen zwischen den Fronten. Die Académie des Sciences, bereits 1666 (als Académie Royale des Sciences) gegründet, propagierte maßgeblich eine Allgemeinbildung, hatte bereits 1695 begonnen, eine detaillierte Beschreibung aller wichtigen Handwerke und Techniken zu erstellen, und trat auch konsequent dafür ein, die Erfindung der Fotografie durch den Staat anzukaufen und allen zugänglich zu machen.

Institutionen wie der Académie des Sciences, der École polytechnique oder der École de Médecine verdankte Frankreich im 18. und frühen 19. Jahrhundert seine führende Rolle im Bereich der Wissenschaften, die Grundlage für Fortschrittsgläubigkeit, ökonomische Entwicklung und die Etablierung von Industrie und Finanzwelt war. Die ursprünglich ethischen Prinzipien blieben dabei zunehmend auf der Strecke, und die Wissenschaften verkamen zu Handlangern des Großbürgertums. Eine soziale, antikapitalistische Reaktion in den am stärksten betroffenen

Ländern Europas – in England, Frankreich und Deutschland – war mittelfristig die Folge.

In diesem Klima florierte die Fotografie, zumal die Trennung zwischen Kunst und Handwerk bzw. Industrie um die Mitte des 19. Jahrhunderts auch von berufener Seite als unzeitgemäß empfunden wurde. Der Architekt und Kunsttheoretiker Gottfried Semper, der 1851 an der Präsentation der ersten Weltausstellung im legendären Londoner Kristallpalast beteiligt war, wo wie selbstverständlich Gebrauchsgüter und Kunst nebeneinander ausgestellt wurden, erkannte, dass das »Trennen ideeller Kunst von der gewerblichen [...] durchaus unzweckmäßig ist und die Gegenwart von dieser Trennung nichts mehr wissen will. Im Grunde sind jene hohen Kunstakademien wenig mehr als Versorgungsanstalten für Professoren, deren Zunft noch lange Zeit gebrauchen wird, ehe sie ihre isolierte Stellung dem Volke gegenüber erkennt.«[1] Semper forderte die »Zersetzung der vorhandenen Kunsttypen«[2] als Voraussetzung für innovative Entwicklungen und beschrieb zugleich durchaus kritisch die Vielzahl neuer Techniken und Anwendungsgebiete, die die hohen Künste trotz allem nicht ignorieren sollten: »Die Maschine näht, stickt, schnitzt, malt, greift tief ein in das Gebiet der menschlichen Kunst und beschämt jede menschliche Geschicklichkeit.«[3] Eine dieser faszinierenden Maschinen, die allerdings eher individuell als industriell zum Einsatz kam, war die Kamera, und sie eroberte bald alle Bereiche, in denen Abbildungen elementar waren: die Wissenschaft, die Dokumentation, den Journalismus und auch die Kunst.

Die Weltausstellung von 1851 war der Beginn einer neuen Ära. Überdeutlich wurde hier die Kluft zwischen der sachlichen Messe-Architektur, die Semper als »glasbedecktes Vakuum« beschrieb, und dem hohlen Pathos der präsentierten Skulptur.[4] Eigentlich sollte es eine Industriemesse sein, zu der aber auch »Gegenstände aus jeglichem Material, wenn sie solch einen Grad des Geschmacks und der Geschicklichkeit darlegen, dass sie unter die Benennung der schönen Kunst kommen«, zugelassen waren.[5] Das Dilemma, von dem auch Semper spricht, wird manifest: Die Produkte und Vorstellungen der Künste erscheinen antiquiert angesichts der neuen Techniken in der Architektur und natürlich auch in der Fotografie, die als Ausstellungsstück und zugleich als Mittel der Dokumentation ausgiebig zum Einsatz kam. Wie keine andere Erfindung vermochte sich die Fotografie selbst zu dokumentieren.

Die Position des Künstlers veränderte sich dramatisch, denn an die Stelle höfischer Repräsentanz und aristokratischer Auftraggeber trat zunehmend das positivistische, technikversessene Bürgertum mit seinem konventionellen Klassizismus, seiner nüchternen Ordnung und seinem Bedürfnis, seine leidenschaftsarme Welt würdevoll und pflichtbewusst zu konservieren. Was lag da näher, als seine Vertreter fotografisch einzufrieren? Schließlich galt es auch, den eigenen Individualismus in Abgrenzung gegen die entindividualisierte Arbeiterklasse zu verteidigen, die – wie Karl Marx es formulierte – in den Fabriken zu Dienern der Maschinen, zu lebendigen Anhängseln eines toten Mechanismus[6] oder – so Ruskin – selbst zu Maschinen geworden waren.[7]

Darüber hinaus begriff die sich etablierende Bourgeoisie musische Bildung als notwendiges Dekor ihrer neuen gesellschaftlichen Position, wollte sich jedoch weder mit langwierigem Zeichenunterricht aufhalten noch mit mangelnder Begabung abfinden. Eine Fülle von Zeichenhilfsapparaturen, die auf den Markt geworfen wurden, sollte hier zunächst Abhilfe schaffen (Camera lucida, Physionotrance, Diagraphe und anderes mehr), aber längerfristig war die Fotografie natürlich die optimale Lösung und wurde zum beliebten Hobby des Großbürgertums. Durch Industrialisierung bekam es mit Hilfe der Maschinen nicht nur das Handwerk unter Kontrolle, sondern nun auch die Kunst.

Von großer Brisanz für eine schnelle Verbreitung der Fotografie war die Erfindung Christian Friedrich Schönbeins, Chemieprofessor in Basel, dem es 1847 gelungen war, »Baumwolle in den explosiven Zustand zu versetzen«.[8] Die Schießbaumwolle, in Äther gelöst, ergab eine Flüssigkeit, die als glasige, gummiartige Masse auftrocknete und sich, lichtempfindlich gemacht, ideal als Beschichtung von fotografischen Glasplatten eignete, von denen sie sich auch wieder abziehen ließ. Aufgrund ihrer Klebrigkeit im flüssigen Zustand erhielt sie den Namen Kollodium. Gustave Le Gray und Frederick Scott Archer, der die erste taugliche Gebrauchsanweisung verfasste, teilen sich den Ruhm, 1850/51 durch die neue Methode der Kollodium-Nassplatte die Fotografie revolutioniert und innerhalb eines Jahrzehnts alle anderen Herstellungsprozesse verdrängt zu haben. Auch wenn die Ausrüstung zunächst einmal viel unhandlicher und schwerer wurde – die Platten mussten gleich nach dem Präparieren noch nass belichtet werden, und es bedurfte dazu eines transportablen Labors –, war die weitaus größere Lichtempfindlichkeit des Verfahrens für seinen Erfolg ausschlaggebend. Dadurch konnten endlich auch Porträts aufgenommen werden, die frei waren von der meist deutlich verkrampften Konzentration, die die Langzeitbelichtungen ausstrahlen.

Zunächst wurde nach Erfindung der Fotografie eine Reihe von Malern, vor allem Miniaturmalern, arbeitslos, aber die geschäftstüchtigeren unter ihnen liefen schnell zum neuen Medium über, was die hohe gestalterische Sensibilität gerade der frühen Aufnahmen erklärt, die professionell zunächst vor allem von ausgebildeten Malern geschaffen wurden.

Unter ihnen waren auch David Octavius Hill und sein Kompagnon Robert Adamson, der eine Sohn eines Buchhändlers und vorwiegend Landschaftsmaler, der andere Spross einer Gutsbesitzerfamilie mit Faible für das Ingenieurwesen. Ein perfektes Paar für die Weiterentwicklung der Fotografie. Ursprünglich wollte Hill das fotografische Verfahren Talbots nur für ein monumentales Gemälde nutzen, ein Massenporträt von über 450 Unterzeichnern einer Unabhängigkeitserklärung der 1843 neu gegründeten Free Church of Scotland. Die Geistlichen sagten sich feierlich los von der Landeskirche, und der anwesende Hill beschloss, das erhebende Ereignis in einer Collage aus Einzelbildnissen, die er bis 1847 zusammen mit dem kalotypiegeübten Adamson anfertigte, festzuhalten. Parallel zu ihrem Mammutprojekt ließen sie Freunde in Rüstungen, Kutten und anderen illustren Kostümen Szenen aus Romanen Walter Scotts nachstellen und beschlossen nach dem vielversprechenden Beginn ihrer Zusammenarbeit, sechs Fotobände über Schottland herauszubringen. Bereits im September 1844 gelangte ein Exemplar des ersten und einzig fertig gestellten Bandes in die Hände

David Octavius Hill und Robert Adamson:
Alexander Rutherford, William Ramsay und John Liston in Newhaven, 1845

François Aragos, denn es galt noch immer, den Verfechter der Daguerreotypie von den Vorzügen des britischen Verfahrens zu überzeugen, dessen weichere, malerischere Qualität Hill und Adamson kultivierten. Der frühe Tod Adamsons beendete die fruchtbare Kooperation abrupt. Hill gab die Fotografie auf, um sich bis zum Ende seines Lebens dem Vertrieb der über 3000 entstandenen atmosphärischen Porträts, Landschaften und Veduten zu widmen. Der Nachlass des herausragenden Œuvres geriet zunächst in Vergessenheit, bis Hill und Adamson um 1900 als Vaterfiguren der Kunstfotografie wiederentdeckt wurden. »Wir trauten anfangs unseren Augen nicht«, schrieb der Direktor der Hamburger Kunsthalle Alfred Lichtwark 1899 anlässlich einer Ausstellung. »Selbst die bedeutendsten Kunstphotographen, die die Ausstellung besuchten, gestanden ungefragt und unumwunden, dass sie Besseres nicht gesehen, und alle Künstler standen begeistert vor den köstlichen Blättern.«[9]

Dass die Fotografie mehr zu bieten hatte als pure Reproduktion der realen Welt und damit erneut ihren Kunstanspruch einklagte, machten der in England lebende Schwede Oscar Rejlander und der Franzose Gustave Le Gray unmissverständlich deutlich. Sie gingen zum Zwecke technischer und künstlerischer Optimierung dazu über, Negativ-Collagen anzufertigen. Die wirkungsvollen Seestücke Le Grays im Stil des Malers Gustave Courbet erreichen ihre Dramatik durch unterschiedliche Belichtung von Meer und Himmel, und Rejlander entwickelte opulente Allegorien mit weit über zwanzig Darstellern, die die Dimensionen eines Fotostudios gesprengt hätten. Sein Werk *Die zwei Lebenswege*, an dem er sechs Wochen gearbeitet hatte und das er 1857 auf der monumentalen *Art Treasures Exhibition* präsentierte, besteht aus dreißig Negativen, die er zu einem Gesamtbild montierte. Die Technik, auf Filmmaterial belichtete Einzelszenen zu einem Gesamtwerk zusammenzuschneiden, erinnert rückblickend an ein filmisches Verfahren, mit dem entscheidenden Unterschied, dass sich die Inszenierung bei Rejlander noch synchron präsentierte. Sein Bild stellte aber ein für allemal klar, dass die Technik der Fotografie – wenn auch in kleineren Dimensionen – der Malerei auch auf dem Gebiet theatralischer Ethos-Ikonen im Nazarenerstil mit Leichtigkeit das Wasser reichen konnte: Zwei Jünglinge werden von einem väterlichen Philosophen ins Leben entlassen, »der eine, sanft und gutmütig, wendet sich der Religion, der Wohltätigkeit, dem Fleiß und den anderen Tugenden zu, während sich der andere wie toll von seinem Führer losreißt und den Freuden der Welt zueilt, versinnbildlicht in verschiedenen Figuren, welche das Spiel, den Wein, die Unzüchtigkeit und andere Laster verkörpern«.[10] Die Technik der Negativ-

Oscar G. Rejlander: *Die beiden Lebenswege*, 1857

montage findet ihr Pendant im Eklektizismus der künstlerischen Umsetzung. Raffaels *Schule von Athen*, die dem Maler noch aus römischen Tagen vertraut war, wird angereichert mit Biedermeierfräulein, Madonna und Bacchantin, und der Theatervorhang entrückt die Genremixtur in Sphären einer künstlerischen Läuterung, die die offensiv-schwülstige Erotik als notwendiges Übel erscheinen lässt. Bei so viel beklemmender Moral war es fast eine Selbstverständlichkeit, dass Queen Victoria das Œuvre ankaufte.

Der Erfolg war jedoch nicht anhaltend, und deprimiert schrieb Rejlander an seinen Kollegen, den Maler und Radierer Henry Peach Robinson, der technisch auf denselben Pfaden wandelte und in seinem Lehrbuch *Pictorial Effect in Photography* (1869) malerische Wirkung, überkommende Kompositionsgesetze und Montage predigte: »Ich bin der Photographie für das Publikum müde, besonders der zusammengesetzten Photos, denn hier kann es keinen Gewinn geben und keine Ehre, nur Nörgelei und Mißdeutung.«[11] Während sich die Maler zunehmend direkt in die Natur begaben, um eine Unmittelbarkeit der Natur einzufangen, rekonstruierten Robinson und Rejlander gegen den

Alois Löcherer: *Die Bearbeitung des Bruststückes der Bavaria nach dem Guss,* München, um 1848–50

Trend die Natur artifiziell im Atelier, und zumindest Letzterer fühlte sich in seinen Bemühungen um menschlichen Ausdruck und Botschaft vom Publikum deutlich missverstanden.

Ganz sachlich und von einer völlig anderen Seite näherte sich der Münchner Alois Löcherer der Kunst. Er hielt u.a. zwischen 1848 und 1850 die Entstehung und Montage von Ludwig von Schwanthalers *Bavaria* in Bildern fest, die aus historischem Blickwinkel teils surreale Wirkung entfalten. Die monumentale Statue wird zum Symbol einer symbiotischen Verbindung von Wissenschaft, Handwerk und Kunst, wie sie der gelernte Chemiker Löcherer auch in seinen Fotografien anstrebte. In Verbindung mit Handwerk und Industrie entwickelte die Kunststadt München ein neues Selbstvertrauen, und die kleine Schar von Handwerkern, die sich am Torso der Plastik zu schaffen macht, bringt den Stolz der königlichen Erzgießerei zum Ausdruck, die die Partie als technische Meisterleistung in einem Stück gegossen hatte. Zum Ruhme der Kunst, zum Ruhme der bayrischen Hauptstadt und zur persönlichen Erinnerung hielt Löcherer den Stolz des Gießerei-Inspektors Ferdinand von Miller für alle Zeit fest. Die Ambitionen des Fotografen waren nicht ganz so hochgesteckt, sind jedoch ebenfalls Ausdruck des wachsenden Selbstvertrauens im entstehenden Isar-Athen. Löcherer entwickelte die ihm geläufigen Fotoverfahren weiter, vereinfachte sie nach Möglichkeit, schuf Porträts »ganz ohne Makel« und »mit künstlerischem Geschmack«[12] und trug durch seine Lehrschriften maßgeblich zur Verbreitung der Fotografie vor allem im süddeutschen Raum bei.

Noch bedeutender für die deutsche Fotogeschichte wirkte der gebürtige Breslauer Hermann Krone, der sich, in Leipzig als »lästiger Ausländer« ausgewiesen, in Dresden niederließ und zum großen Experimentator wurde. Mit der Daguerreotypie beginnend, erprobte und verbesserte er die Fotoverfahren des 19. Jahrhunderts, daguerrotypisierte mit Speziallinsen in mikroskopischen und astronomischen Dimensionen, suchte die Möglichkeit der Vervielfältigung des Talbot-Verfahrens mit der Präzision der Daguerreotypie zu verbinden und entwickelte eine Theorie des Lichts.[13] Er begriff die Fotografie als Wissenschaft, propagierte sie durch eine intensive Lehrtätigkeit und leistete mit seinem *Historischen Lehrmuseum für Photographie*, einem Kompendium mit rund 1100 Tafeln, einen bedeutenden Beitrag zur Geschichte des Mediums.

Aber bis auf weiteres sollte vor allem in praktischer Hinsicht Paris die maßgebliche Metropole der Fotografie bleiben und eine Fülle von Begabungen anlocken, die der Stadt und ihrem Le-

Hermann Krone: *Selbstporträt*, 1858

bensgefühl Ausdruck verliehen. Auch in Paris kamen jedoch weiterhin fast alle Interessierten auf Umwegen zur Fotografie, denn eine Ausbildung direkt als Foto-Lehrling hatte sich noch nicht etablieren können. Unter ihnen waren auch CHARLES NÈGRE und Gaspard Félix Tournachon, genannt NADAR. Nègre, Enkel eines lombardischen Handschuhmachers, der sich im

Charles Nègre: *Henri Le Secq auf einem Turm der Kathedrale Notre-Dame, Paris,* 1851

französischen Städtchen Grasse niedergelassen hatte, nahm Zeichenunterricht und trat 1839 als Schüler in das Atelier Paul Delaroches in Paris ein. Von Beginn an konnte er also vor Ort die Aufregung um die Erfindung des neuen Mediums mitverfolgen. Delaroche hatte sich im Auditorium bei der Vorstellung der Fotografie befunden, sie begeistert aufgenommen und in seinem Atelier propagiert. Obwohl sich Nègres Karriere als Maler vielversprechend entwickelte, entschloss er sich 1844, wohl auch angeregt durch den Delaroche-Schüler Gustave Le Gray, nebenbei als Fotograf zu arbeiten. Ab spätestens 1848 bediente er sich des Kalotypieverfahrens, und die entstehenden Interieurs und Genreszenen wurden zunächst geprägt vom intimen und stimmungsvollen Licht-und-Schatten-Spiel. Seine Frauenakte geben Zeugnis vom regen Austausch zwischen Malerei und Fotografie, den Nègre personifizierte. Manches Foto ist inspiriert etwa von der Malerei Jean Auguste Dominique Ingres', vielen Gemälden dagegen dienten eigene Fotografien zur Vorlage. Als ein erster Großauftrag des Staates 1851 fünf Fotografen mit der Erfassung aller restaurierungsbedürftigen Baudenkmäler Frankreichs betraute, war Nègre nicht unter den Erwählten, aber er unternahm auf eigene Faust eine einjährige Reise in seine südfranzösische Heimat, um vor allem die mittelalterliche Architektur festzuhalten. Nach seiner Rückkehr nahm er 1853 eine der bis heute bekanntesten und oft zitierten Ikonen der französischen Hauptstadt auf, das Bildnis des Kollegen Henri Le Secq zwischen zwei Dämonen auf der Brüstung von Notre Dame hoch über den Dächern.

Es weckte Assoziationen zu den Welten Victor Hugos und Honoré de Balzacs, zeigte die Enge der Altstadt, deren Abriss Charles Marville keine fünfzehn Jahre später eindrucksvoll dokumentieren sollte, den Kontrast zwischen gotisierenden Phantasmen und moderner Eleganz, kurz: es zeigte Paris, die Heimat einer Boheme, aus der sich eine große Zahl der zweiten Fotografengeneration rekrutierte. Der bekannteste unter ihnen, der Karikaturist Nadar, machte Furore mit Paris-Aufnahmen von hoch oben aus dem Fesselballon und von tief unten aus den Tunneln der Kanalisation. Als einer der Ersten verwendete er elektrisches Licht für seine Aufnahmen und betrieb ab 1860 ein florierendes

Nadar: *Charles Baudelaire*, 1855

Atelier mit 26 Angestellten am Boulevard des Capucines. Seine Fähigkeit zur wirkungsvollen Selbstinszenierung vermochte er auch auf seine starken und direkten Porträts zu übertragen. Die Reduktion auf das Markante, die er als Karikaturist beherrschte, wurde dabei zum Markenzeichen seiner Arbeit.

Clementine Hawarden: Ohne Titel, um 1860

Einen Mittelweg zwischen pittoresker Verklärung und poetisch-strengem Bildnis einzuschlagen, gelang der großbürgerlichen Beamtengattin Julia Margaret Cameron, die, nachdem sie ihren Pflichten als Mutter Genüge getan hatte, im Alter von fast fünfzig Jahren von ihren Kindern eine Kamera geschenkt bekam. Ihr Bestreben galt der Veredelung der Fotografie zur wahren Kunst. Und dazu war ihr vor allem das Mittel der Unschärfe recht, das – in Verbindung mit einem etwas indezenten Kostümfundus – die Modelle teilweise bis an die Grenze des Grotesken verklärte. Offenbaren ihre Allegorien und Mythologien überwiegend liebenswert dilettantische Improvisation, so gelang ihr auf der anderen Seite eine Reihe eindringlich meditativer Charakterporträts von Persönlichkeiten ihrer Zeit, wie Thomas Carlyle, Charles Darwin oder John Herschel.

Cameron war keineswegs die erste fotografierende Frau, 1843 hatten u. a. bereits Berta Wehnert-Beckmann in Leipzig und Antonia Correvont in München Studios eröffnet, aber sie ist dennoch als eine Art Urmutter der Porträtfotografie in die Fotogeschichte eingegangen. In einem »Glashaus«[14] stilisierte sie stundenlang ihre prominenten Gäste und legte damit die Basis für ein Image, das das neue Medium auch als »Heimkunst« empfahl, bestens geeignet für die kreative Dame des Hauses. In diesem Sinne, nur mit mehr Eleganz und Liebe zum Detail als Cameron, wirkte auch Lady Clementine Hawarden, der vor allem ihre Töchter Modell standen. Ihre präraffaelitischen Szenarien brachten ihr als Mitglied der Photographic Society verschiedene Preise und die Würdigung einer Reihe von Kollegen ein, unter ihnen Lewis Carroll, Autor von *Alice im Wunderland*.

Zeitgleich boomte die Carte de Visite, das normierte Ganzkörper-Kleinporträt aus den Fotoshops, die an jeder Straßenecke, zunächst einmal in Paris, dann im übrigen Europa und schließlich auch in den Vereinigten Staaten, eröffnet hatten. Der hunderttausendfache Ausstoß von kleinen Pappkärtchen, auf denen vor Rudimenten klassizistischer Repräsentationsarchitektur, vor Säulen oder drapierten Vorhängen, Palmen oder Kanapees winzige herausgeputzte Gestalten posierten, eröffnete endgültig die Karriere der Fotografie als Massenmedium. Als der französische Aristokrat Camille Silvy die neue Mode nach London brachte, pilgerten nicht nur Botschafter und Balletttänzer in sein Studio, sondern die gesamte königliche Familie ließ sich von diesem »Gainsborough unter den kommerziellen Fotografen«[15] ablichten. Auch am anderen Ende Europas, im Atelier Andreji Karelins in Nischni-Nowgorod, dem führenden Industrie- und Handelszentrum Russlands, sah es nicht viel anders aus: Aristokraten und Klerus, Militärs und Industrielle gaben sich die Klinke in die Hand.

Dem Bedürfnis nach dem eigenen Abbild folgte unmittelbar der Wunsch, sich liebe Verwandte in den »gepolsterten Tropen«[16] zu vergegenwärtigen und in geprägten Luxusalben aufzubewahren. Auch die Kultur des Sammelbildes nahm hier ihren Anfang, denn die Helden und Könige konnte man nun überall im Taschenformat erwerben. In den ersten Tagen nach dem Tod des Prinzgemahls wurden in England 70 000 Porträts von ihm vertrieben, und in den USA kamen vom Fort-Sumter-Helden Robert Anderson in den ersten Wochen täglich 1000 neue Abzüge in Umlauf.[17]

Zunächst hatte man die Bild-Visitenkarten noch als Blechplättchen (Ferrotypien) hergestellt, bis André Adolphe-Eugène Disderi eine Kamera mit vier Objektiven konstruierte, die – vergleichbar dem bis heute geläufigen Passbildautomaten – vier Bilder gleichzeitig oder nacheinander aufnahm. Die Negative waren so konzipiert, dass pro Sitzung zweimal vier Bilder aufgenommen werden konnten, die dann auf Pappe kaschiert wurden. Die simple Handhabung des Verfahrens geriet Disderi, der selbstverständlich ein Patent angemeldet hatte und dessen Atelier zunächst führend war, letztlich zum persönlichen Verhängnis. Er fand zu viele illegale Nachahmer und starb verarmt in einem öffentlichen Krankenhaus.

Zur selben Zeit, in der Wissenschaftler und Künstler darum rangen, das Bild, das die Natur selbst zeichnete, in der Kamera festzuhalten, machte auch die Erforschung der menschlichen Wahrnehmung ganz entscheidende Fortschritte. Im Jahr vor der öffentlichen Präsentation der Fotografie legte der englische Physikprofessor Charles Wheatstone der Royal Society einen ausführlichen Bericht über räumliche Wahrnehmung vor. Seine Forschungen über das stereoskopische Sehen, die er zunächst rein theoretisch abhandeln musste, erhielten erst durch die Fotografie eine anschauliche Umsetzung. Talbot fertigte für Wheatstone Aufnahmen an, die aus zwei leicht versetzen Blickwinkeln von 18 Grad gleichzeitig dasselbe Objekt festhielten. Betrachtet wurden sie in einem Stereoskop, in dem jedem Auge des Betrachters

Hikoma Ueno: *Junger Samurai, Nagasaki,* um 1868

eine der beiden Fotografien zugeordnet wurde. Die Fähigkeit der Fotografie, Dinge naturnah auf zwei Dimensionen abzubilden, wurde durch die Vorspiegelung einer Räumlichkeit erweitert, die teilweise mit Diorama-Effekten perfektioniert wurde. Alle Schönheiten dieser Erde in einer kleinen dunklen Box zu Hause plastisch verfügbar, das war die perfekte Verbindung von

Abenteuer, Intimität und Bequemlichkeit. »Millionen von Stereobildern aus allen Teilen der Welt sind in dieser Zeit in den Handel gekommen, so daß man jetzt bequem und ohne Gefahren zu Hause durch eigene Anschauung ferne Länder studieren kann«, meinte Paul E. Liesegang. »Welchen Reiz gewährt es nicht, sich durch die Betrachtung dieser magischen Bilder wieder an solche Orte zu versetzen, wo man angenehme Stunden verlebt und die man liebgewonnen hat; wie schön, ferne liebe Freunde durch das Stereoskop herzaubern zu können.«[18]

Anonym: *Akt*, Teil einer Stereodaguerreotypie, um 1850

Jäger und Sammler

Die Erfassung der Welt: Abenteuer und Exotik

Die Begeisterung, nun endlich von der ganzen Welt visuell Besitz ergreifen und sie nach Hause tragen zu können, führte fast unmittelbar nach Erfindung der Fotografie dazu, dass Diplomaten, Wissenschaftler und Abenteurer ihre bis zu 250 kg schweren Fotoausrüstungen in die fernsten Winkel der Erde schleppten, um dem staunenden Publikum zu Hause verborgene Schätze präsentieren zu können. Das Reisen an sich war en vogue. Auch um 1800 wurde zwar schon gereist, wie Karl Immermann vierzig Jahre später feststellt, »indessen gehörte es für die Mittelklassen zu den Ausnahmen, und wo es stattfand, wurde es durch Geschäft, bestimmte Zwecke oder durch eine besondere Eleganz des Geistes und der Verhältnisse herbeigeführt. Jetzt ist das anders. Daß jemand zu Hause bleibe, gehört zu den Ausnahmen.«[1] Diese Reisen beschränkten sich oft auf die weitere Umgebung der eigenen Heimat, aber die Tendenz, einmal im Jahr auf Erkundungstour zu gehen, nahm ihren Anfang, und die Neugier wurde durch die Fotografie noch weiter angestachelt.

Der österreichische Diplomat Emanuel von Friedrichsthal nahm als Erster die Ruinen der Mayakultur von Uxmal und Chichén Itzá (Mexiko) auf und zeigte die Ergebnisse 1841 in London. Etwa zeitgleich daguerreotypierten John Lloyd Stephens und Frederick Catherwood Ruinen auf Yucatán. Alexander von Humboldt, der Promotor der Daguerreotypie, der auch Friedrichsthal möglicherweise schon bei der Anschaffung seiner Kamera beraten hatte, gab Carl Ferdinand Appun wichtige Fototipps mit auf seine Reise nach Venezuela: »Alle kleinblättrigen Massen sind zu vermeiden, Indianer- und Negerköpfe zu empfehlen.«[2] 1844 erhielt der Maler Adolph Schaefer von der niederländischen Regierung den Auftrag nach Niederländisch-Indien zu reisen und die Tempelanlage von Borobudur in Mittel-Java zu fotografieren. Im selben Jahr erschien ein Album von Franziska Möllinger mit 120 *Daguerreotypisierten Ansichten der Hauptstädte und der schönsten Gegenden der Schweiz*. Überallhin schwärmten die Fotografen aus und berichteten vom Montblanc, wie 1861 die Brüder Louis und Auguste Bisson, die mit 25 Trägern ihr Labor auf den Gipfel schleppen ließen, oder aus den Rocky Mountains, wie William Henry Jackson, der eine Kamera für gewaltige 50 × 60 cm-Platten in die Wildnis transportieren ließ. Die unzertrennlichen Brüder und Naturwissenschaftler Hermann, Adolph und Robert Schlagintweit schifften sich, ebenfalls auf Empfehlung Humboldts, 1854 als Mitglieder einer abenteuerlichen Expedition zur Vermessung Indiens nach Bombay ein, die für Adolph 1857 mit einer Anklage als Spion und der Enthauptung durch einen Muslimführer endete. Die beiden anderen Brüder publizierten nach ihrer Rückkehr vier Bände (neun waren ursprünglich geplant), in denen die Fotografie, die sie nur als Hilfsmittel empfunden hatten, keine Erwähnung fand. Für ihre Forschungsarbeit hatten sie sich ihrer jedoch ausführlich bedient und neben topografischen und geologischen Aufnahmen auch rund 400 fotografische Porträts und weit über 200 Gipsmasken zur ethnologischen Erfassung der »Raçetypen« geschaffen.[3] Bei den Offizieren der britischen Armee in Indien war die Fotografie bald beliebtes Hobby, in Bombay (1854), Kalkutta (1856) und Madras (1856) gründeten sich Amateurclubs, und die Kadetten der Kolonialmacht erhielten im Rahmen ihrer Ausbildung auch eine Einweisung in die fotografischen Techniken.[4]

In der zweiten Hälfte des 19. Jahrhunderts durchstreiften hunderte von westlichen Fotografen den Nahen und Mittleren Osten, wie der Bankierssohn John B. Greene, der dreimal zu Forschungsreisen nach Ägypten aufbrach und dort auch sein kurzes Leben beschloss. Was er an Bildmaterial mitbrachte, waren Impressionen, die in unvergleichlicher Weise die Weite des Landes und den Himmel über der Wüste einfingen. In Ägypten selbst eröffneten seit den 1860er Jahren auch Einheimische Fotoateliers, in denen ausgezeichnete Aufnahmen der kulturhistorischen Attraktionen vertrieben wurden.

Die Möglichkeiten der Dokumentation und Spurensicherung, die die Fotografie bot, waren spätestens zur Zeit ihrer öffentlichen Präsentation erkannt worden, und das erste Jahrzehnt brachte atemberaubende Ergebnisse. »Der größte Dienst, den man gegenwärtig der Architektur leisten kann«, schrieb 1849

John B. Greene: *Nilufer bei Theben*, 1854

John Ruskin, der das neue Medium gern auf die Dokumentation festgelegt hätte, »besteht in der sorgfältigen Aufzeichnung aller Einzelheiten […] mittels der Photographie. Ich möchte namentlich Liebhaber-Photographen auf diese Aufgabe hinweisen, sie bitten, ernstlich im Auge zu behalten, daß während die Landschaftsphotographie nur eine angenehme Spielerei bedeutet, die der frühen Baukunst ein kostbares, bald unersetzliches geschichtliches Dokument ist.«[5] Bereits in diesen frühen Jahren forcierte man die bis in die Gegenwart bewahrte Trennung zwischen Kunst- und Dokumentarfotografie, aber die Grenzen blieben natürlich auch weiterhin fließend. Denn über die reine Spurensicherung verschwindender Kultur hinaus, rückten mit steigender Lichtempfindlichkeit des Fotomaterials auch aktuelle Sensationen zunehmend ins Bewusstsein der Fotografen, behaupteten sich individuell künstlerische Reflexionen, allegorische Tableaus und Porträts. Die Fotografie als kollektives Gedächtnis gewann jedoch noch mehr an Bedeutung. »Die große

Obsession des 19. Jahrhunderts«, schreibt Michel Foucault, »ist bekanntlich die Geschichte gewesen: die Entwicklung und der Stillstand, die Krise und der Kreislauf, die Akkumulation der Vergangenheit, die Überlast der Toten, die drohende Erkaltung der Welt.«[6]

Das zivilisatorische Bedürfnis, gegen den Verfall anzutreten, ihn zu stoppen oder zu verlangsamen, hatte in der Fotografie sein Bildmedium gefunden. Ein Medium, das bis dato unerreicht Geist zu visualisieren vermochte. In seinem Plädoyer *Für eine Philosophie der Fotografie* beschreibt Vilém Flusser die Gemeinsamkeit von Foto und Geist als einen Widerstand gegen die natürliche Entropie, der sich der Mensch mit allen Mitteln widersetzt, »indem er Informationen nicht nur empfängt, sondern auch speichert und weitergibt – darin unterscheidet er sich von den übrigen Lebewesen – und Informationen auch absichtlich erzeugt. Diese spezifisch menschliche und zugleich widernatürliche Fähigkeit heißt ›Geist‹, und Kultur ist ihre Folge: nämlich unwahrscheinlich geformte, informierte Gegenstände.«[7]

Philippos Margaritis: *Der Parthenon, Akropolis, Athen*, 1846/47

Auch wenn die Begeisterung für die Anhäufung neuer Informationen und die Faszination der Schönheit nie gesehener Stätten deutlich überwog, war die Fotografie durchaus auch geeignet, Illusionen zu zerstören. Hatten es etwa Goethe, Lessing, Herder, Schinkel oder Wilhelm von Humboldt, meist mit dem Argument der lauernden Gefahren, intuitiv umgangen, Griechenland zu bereisen, und damit vermieden, ihre arkadischen Ideale der schäbigen Trivialität der Wirklichkeit auszuliefern, so brachte nun eine Schar Fotografen Bilder aus der Wiege abendländischer Kultur nach Mitteleuropa. Fürst Pückler-Muskau spottete 1836: »Auch ich bin in Arkadien gewesen!« und sandte aus Athen eine Beschreibung in die Heimat: »Tausendjährige und heutige Ruinen durcheinandergemengt, daneben nagelneue grüne, gelbe und weiße Häuser, im Geschmack der Nürnberger Spielsachen ausgeführt, alte abgebrochene Straßen in gräßlichem Chaos.«[8] Seinen Berichten folgten bald Fotografien, die, wie die Parthenon-Aufnahme des ersten griechischen Berufsfotografen PHILIPPOS MARGARITIS, das bescheidene Befinden des Landes nicht ganz zu verbergen vermochten.

Das sicher beliebteste Reiseziel und Zentrum der Grand Tour europäischen Bildungsbürgertums blieb allerdings nach wie vor das Land der Römer. Vor allem die traditionelle Verbindung zwischen Deutschland und Italien erhielt mit jedem heimgetragenen Canaletto und jedem weiteren Reisetagebuch neue Nahrung. Und da erstaunt es nicht, dass auch Deutsche, Franzosen und Briten, die die Vorzüge mediterraner Regionen zu schätzen wussten, sich im Süden niederließen und ihr Geschäft mit dem aufblühenden Tourismus trieben. In Rom führten unter anderen JAMES ANDERSON und der Schotte ROBERT MACPHERSON gutgehende Ateliers, und FRÉDÉRIC FLACHERON leitete die Scuola Romana di Fotografia, die der französischen Akademie in der Villa Medici nahestand.

1856 zog der gebürtige Frankfurter GIORGIO SOMMER zunächst nach Rom, um 1858 dann in Neapel ein Atelier zu eröffnen und die römische Niederlassung seinem Kompagnon EDMONDO BEHLES zu überlassen. Neben archäologischen Studien in Pompeji und anderen Ausgrabungsstätten der Vesuv-Region

Giorgio Sommer: *Neapolitanische Kostümszene. Straßenjungen*, um 1870–80

erweiterte er kontinuierlich sein Archiv mit Aufnahmen von repräsentativen Kulturgütern, arrangierten Genrestudien von Handwerkern, Straßenkindern und Bettlern und brillanten Veduten der wichtigsten Kunststädte Italiens.

Je mehr sich das Interesse der Reisenden weg vom Kulturschutt und hin zur Lebensart des Landes entwickelte, desto mehr wurde Rom als toter Trümmerhaufen und Neapel als pulsierende Metropole empfunden. Zugleich erwachte das Interesse an der Bevölkerung, die sich in vitalen Straßenszenen, aber auch in bildgewordenen Projektionen von arkadischer Unschuld, Verführung und Natürlichkeit wiederfindet. Sommers neapolitanische *Makkaroniesser* erscheinen geradezu als italienische Antwort auf Vincent van Goghs nordisch-düstere *Kartoffelesser* (1885).

Wie Giorgio Sommer zog es auch WILHELM VON GLOEDEN 1878 mit 22 Jahren in den Süden. Jedoch nicht verarmt und auf Arbeit angewiesen, wie jener Sohn eines Kneipiers, sondern als gutsituierter Adliger. Der wilhelminischen Moral entfloh der homosexuelle Baron, um in Taormina vor allem hunderte Akte von Knaben und jungen Männern aufzunehmen. Seine Bilder einer sizilianischen Idylle sind angereichert mit Attributen wie Amphore, Lorbeer oder Panflöte. In dieser Form mythologisch verbrämt, wurde die offensive Nacktheit toleriert, und Gloeden konnte sein Werk unter den meist wohlwollenden Blicken der europäischen Oberschicht, die sein Atelier besuchte, über Jahrzehnte hinweg fortsetzen.

Wilhelm von Gloeden: *Zwei Jungen auf einer Steinbank,* um 1900

»Fotografieren heißt sich das fotografierte Objekt aneignen. Es heißt sich selbst in eine bestimmte Beziehung zur Welt setzen, die wie Erkenntnis – und deshalb wie Macht – anmutet«, schreibt Susan Sontag.[9] Das Besitzergreifen der Träume und Legenden, der Mythen und geheimnisvollen Kulturen, wie sie im 20. Jahrhundert etwa LIONEL WENDT auf Ceylon oder PIERRE VERGER in Lateinamerika betrieben, ist die Triebfeder der Fotografie. Und sie erweitert und verändert darüber hinaus unsere »Vorstellungen von dem, was anschauenswert ist und was zu beobachten wir ein Recht haben. Es gibt eine Grammatik und, wichtiger noch, eine Ethik des Sehens. Und schließlich besteht das erstaunlichste Resultat fotografischen Unternehmergeistes darin, daß uns das Gefühl vermittelt wird, wir könnten die ganze Welt in unserem Kopf speichern – als eine Anthologie von Bildern.«[10]

Grundlage dessen ist das ewige Dilemma von Heim- und Fernweh, dem man scheinbar nur entkommen kann, indem man das Ferne heimisch macht, es sich aneignet und damit aus seinem kulturellen Gefüge ›befreit‹. Die Ideale eines demokratisierten Blicks, der als Spätfolge der Französischen Revolution betrachtet werden kann, werden in dieser globalen Verfügbarkeit des Sichtbaren pervertiert.

Als Heinrich Heine ein Jahrzehnt vor der Erfindung der Fotografie auf den indischen Docks in London das schwankende Deck eines bengalischen Schiffs betrat, vermittelte sich ihm noch die Magie des Fremden, die abenteuerliche Wehmut und Verzauberung, die in ihm die Vision von Palmen, Kamelen, goldbedeckten Elefanten, von einer märchenhaften Kultur erzeugte: »Des dumpfen abendländischen Wesens so ziemlich überdrüssig, so recht europamüde wie ich mich damals manchmal fühlte, war mir dieses Stück Morgenland, das sich jetzt heiter und bunt vor meinen Augen bewegte, eine erquickliche Labung.«[11] Er war betrübt, mit den Fremden nicht in Kontakt zu kommen und ihnen seine Begeisterung vermitteln zu können. »Da endlich fand ich ein Mittel, ihnen meine freundschaftliche Gesinnung auch mit einem Wort kundzugeben, und ehrfurchtsvoll und die Hand ausstreckend, wie zum Liebesgruß, rief ich den Namen: ›Mahomet!‹ Freude überstrahlte plötzlich die dunklen Gesichter der fremden Leute, sie kreuzten ehrfurchtsvoll die Arme, und zum erfreuenden Gegengruß, riefen sie den Namen: ›Bonaparte!‹«[12] Dieser skurrile präfotografische Dialog ist ein momentaner Austausch von Komplimenten zwischen Kulturen auf gleichberechtigter Ebene. Der Europäer streckt dem Fremden die Hand entgegen, allerdings nicht um es zu vereinnahmen, sondern um ihm Respekt zu zollen. Er verurteilt das Fremde nicht zur Passivität und zum ethnologischen Schaustück, sondern übermittelt ihm seine Leidenschaft.

Die Begeisterung über die Qualitäten der Fotografie basiert dagegen auf ihrer Fähigkeit, kulturelle Identität zu entwurzeln, zu analysieren, zu transportieren und ständig verfügbar zu machen. Und dafür bot auch die Exotik Bengalens ein ideales Terrain: »Indien birgt eine Sammlung perfekter Muster für alle Spielarten orientalischen Lebens«, schrieb Joseph Mullins 1857 im *Journal of the Photographic Society of Bengal*. »Es steht uns frei, all diese Curiositäten bis auf den letzten Grund zu erkunden, währenddem wir eine perfekte europäische Sicherheit genießen.«[13] Von diesem euphorischen Gefühl zehrte eine ganze Generation. Und sie hat klargemacht, worauf wir glauben ein Recht zu haben: auf Bilder nicht nur der Schönheiten dieser Welt, sondern auch auf die Bilder der Kuriositäten und des Schreckens.

Walter Benjamin · Zwischen Folterkammer und Thronsaal

Schließlich aber drangen von überallher Geschäftsleute in den Stand der Berufsphotographen ein, und als dann späterhin die Negativretusche, mit welcher der schlechte Maler sich an der Photographie rächte, allgemein üblich wurde, setzte ein jäher Verfall des Geschmacks ein. Das war die Zeit, da die Photographiealben sich zu füllen begannen. An den frostigsten Stellen der Wohnung, auf Konsolen oder Gueridons im Besuchszimmer, fanden sie sich am liebsten: Lederschwarten mit abstoßenden Metallbeschlägen und den fingerdicken goldumrandeten Blättern, auf denen närrisch drapierte oder verschnürte Figuren – Onkel Alex und Tante Riekchen, Trudchen wie sie noch klein war, Papa im ersten Semester – verteilt waren und endlich, um die Schande voll zu machen, wir selbst: als Salontiroler, jodelnd, den Hut gegen gepinselte Firnen schwingend, oder als adretter Matrose, Standbein und Spielbein, wie es sich gehört, gegen einen polierten Pfosten gelehnt. Noch erinnert die Staffage solcher Porträts mit ihren Postamenten, Balustraden und ovalen Tischchen an die Zeit, da man der langen Expositionsdauer wegen den Modellen Stützpunkte geben mußte, damit sie fixiert blieben. [...] Damals sind jene Ateliers mit ihren Draperien und Palmen, Gobelins und Staffeleien entstanden, die so zweideutig zwischen Exekution und Repräsentation, Folterkammer und Thronsaal schwanken.

Walter Benjamin: Kleine Geschichte der Photographie. In: W. B.: Das Kunstwerk im Zeitalter seiner technischen Reproduzierbarkeit. Frankfurt a. M.: Suhrkamp, [22]1996. S. 53 f. – [Überschrift von B. v. B.]

Frühe Sozialdokumentation

Fenton, Curtis, Dmitrijew und Zille

Die Grundstrukturen der Fotografie waren längst gelegt, und doch ermöglichte eine Reihe von technischen Erleichterungen, sie noch vielfältiger zum Einsatz zu bringen. Die aufwendige Nassplatte wurde 1871 durch Trockenplatten ersetzt, die telegrafische Bildübertragung wurde im folgenden Jahr perfektioniert, die Präzision der Objektive sukzessive verbessert, 1880 das erste Mal eine Fotografie mechanisch gerastert und in einer Zeitung reproduziert und 1884 der Rollfilm eingeführt. Das alles zusammengenommen eröffnete dem aufblühenden Massenmedium neue Perspektiven, die seine Bedeutung für die zukünftige Kommunikation revolutionierten. Bilder konnten nun nicht mehr nur Ansichten illustrieren oder eine Sichtweise verdeutlichen, sondern im wahrsten Sinne des Wortes Botschaften übermitteln. Vorreiter dieser neuen Entwicklung waren Fotografen, die nicht mehr nur Bauten, Landschaften und Menschen, sondern auch historische Ereignisse für die Nachwelt festhielten.

Im Auftrag der britischen Regierung sollte der Paul-Delaroche-Schüler und Jurist ROGER FENTON 1855 den Krimkrieg dokumentieren, nicht zuletzt um den Unmut der britischen Bevölkerung über die ebenso blutigen wie festgefahrenen Auseinandersetzungen zwischen den Alliierten Frankreich, England und Türkei einerseits und Russland andererseits, zu beschwichtigen. Zermürbt und an der Cholera erkrankt kehrte er nach vier Monaten zurück, wurde zwar als Held gefeiert, aber seine Fotografien entsprachen doch nicht ganz den Vorstellungen einer durch dramatische Schlachtengemälde und rhetorische Propaganda geprägten Gesellschaft. Vielleicht gerade weil er auf die viktorianische Schicklichkeit Rücksicht zu nehmen hatte und die Grauen des Krieges nicht dokumentieren sollte. Bei der Entscheidungsschlacht, der Einnahme von Sewastopol, war er ohnehin bereits wieder abgereist, und so zeigen seine erhaltenen Aufnahmen den unspektakulären und vor allem paradoxen Versuch, einen Krieg ohne Gewalt darzustellen.

Bevor es den gebürtigen Italiener FELICE BEATO an die Gestade Japans verschlug und er sich in handkolorierten lieblichen Bildnissen von Japanerinnen und Landschaften Yokohamas übte, folgte er fünf Jahre der Spur kriegerischer Verwüstung durch die Welt. Seine Bilder von den Aufständen in Indien (1858) und dem Opiumkrieg in China (1860) sprechen bereits eine drastischere Sprache. Auch seine Karriere als Kriegsfotograf hatte, wie die Fentons, 1855 auf der Krim ihren Anfang genommen.

ALEXANDER GARDNER, der sich später um die Dokumentation der Eisenbahn, der Kansas Pacific Road, verdient machte, die die Unterwerfung des Wilden Westens und seiner Einwohner durch moderne Technik symbolisierte, zog ein Jahrzehnt später mit anderen Vorgaben an die Front. Er gehörte zu den führenden Fotografen, die die Wirren des Sezessionskrieges dokumentierten. Den Hundertschaften von Kollegen, die an der Front mit Carte-de-Visite-Bildchen der Soldaten für die Familien daheim ihr Geschäft machten, stand eine relativ kleine Gruppe von Lichtbild-

Timothy O'Sullivan: *Ernte des Todes, Gettysburg, Pennsylvania,* Juli 1863

nern gegenüber, die das Kriegsgeschehen, die Lager und Schlachtfelder festhielten. Wie Gardner waren fast alle, die die Schrecken des Krieges aufnahmen, Zivilisten. Er arbeitete zunächst für das führende New Yorker Porträtatelier von Mathew B. Brady, der ohne staatlichen Auftrag das Unternehmen selbst finanzierte (und damit bankrott ging), und machte sich im Laufe des Krieges selbständig, um mit einem eigenen Stab die Schauplätze und Geschehnisse aufzunehmen. Die Trennung von Brady hatte vermutlich urheberrechtliche Gründe, denn die Signatur »Photography by Brady« zierte alle Bilder der zwanzig Fototrupps, die für ihn arbeiteten, und Gardner legte zunehmend Wert darauf, unter eigenem Namen zu publizieren. Von Gardner und seinen Mitarbeitern Timothy O'Sullivan und James Gibson stammen auch die bedrückenden Bilder nach der Schlacht von Gettysburg 1863, wohl dem entscheidenden Schlag der Unionisten gegen die Armeen der Konföderation. Der Südstaatengeneral Robert E. Lee hatte den Versuch unternommen, den Bürgerkrieg auf das Territorium der Nordstaaten zu verlagern, und war damit schmerzlich gescheitert. Die Aufnahmen erscheinen als ernüchterndes Dokument dieser Niederlage jenseits allen patriotischen Heldentums. Einen weiteren politischen Endpunkt hielt Gardner zwei Jahre später fest, als er von Seiten des Militärs den Auftrag erhielt, in einer Sequenz die Hinrichtung der Lincoln-Mörder zu dokumentieren.

Der Krieg war gewonnen, die Einheit notdürftig wiederhergestellt, aber die nationalen Probleme der Vereinigten Staaten infolge von Rassismus und Industrialisierung keineswegs bewältigt. Wie kein Zweiter wies der dänische Einwanderer Jacob August Riis, der 1870 in die USA gekommen war, auf die sozialen Missstände vor allem unter den Immigranten hin. Er selbst hatte zunächst über drei Jahre hinweg als Arbeits- und Obdachloser gelebt, bevor er eine Stellung als Polizeireporter der *New York Tribune* bekam. Seine Fotografien von Armut und Gewalt lenkten das Augenmerk der Allgemeinheit auf das Elend im eigenen Land. Ab 1888 begann er für die *Evening Sun* zu arbeiten und veröffentlichte seine Anklage in Buchform, illustriert mit Fotografien und Zeichnungen. Die wiederholten Angebote Theodore Roosevelts, in die aktive Politik einzusteigen, belegen, dass seine viel beachteten Publikationen *How the Other Half Lives* (1890) und *Battle with the Slum* (1902) als erste sozialkritische Foto-Manifeste Amerikas verstanden wurden.

Mit gleichen Intentionen und einem noch enger auf die Situation der Kinder fokussierten Blick fotografierte der Soziologe und Lehrer Lewis Wickes Hine ab 1905 die Immigranten auf Ellis Island, in den Minen von Pittsburgh und den wuchernden Slums von Chicago, New York und Washington. Nach einer Veröffentlichung über Kinderarbeit in *The Pittsburgh Survey* engagierte ihn das National Child Labour Commitee (NCLC) als

Jacob Riis: *Unterweltviertel Mulberry Bend*, 1888

Fotografen. Seine »Dokumente der Ungerechtigkeit« trugen schließlich zur Verabschiedung eines Kinderschutzgesetzes bei, das Kinderarbeit einschränkte. Nachdem er seinen Beitrag zum Erfolg geleistet hatte, kürzte ihm das NCLC sein Salär und Hine verließ die Organisation, um im Auftrag des Roten Kreuzes den Fortgang des Ersten Weltkriegs zu dokumentieren und nach seiner Rückkehr mit etwas gewandelter Intention an seine frühere

Arbeit anzuknüpfen. In seinen Aufnahmen wird nun eine persönliche Desillusionierung und das nachlassende soziale Engagement der amerikanischen Gesellschaft spürbar, und mit diesem Rückgang sank auch sein Stern. Er übernahm noch die Aufgabe, den Bau des Empire State Building zu begleiten und dem heroischen Arbeiter an der Maschine mit seinem Buch *Men at Work* (1932) ein Denkmal zu setzen, aber auch die Bemühungen einiger Kollegen, wie Berenice Abbott, konnten Hine nicht vor Rückschlägen und Verarmung retten.

Das Empire State Building wurde zur symbolischen Krönung der industriellen Revolution in Amerika, die gut einhundert Jahre zuvor das Land ergriffen hatte und nach neuen Territorien verlangte. 1845 hatten die USA den Anschluss von Texas vollzogen und in den folgenden Jahren die Grenzen um die Staaten Washington, Oregon und Idaho festgelegt. 1848, nachdem die

Lewis Wickes Hine: *Sommer auf der East Side, New York,* um 1910

Adam Clark Vroman:
Nawquistewa aus dem Stamm der Hopi, Oraibi, 1901

Gebiete des heutigen Kalifornien, Nevadas, Utahs und New Mexicos, sowie Arizonas und West-Colorados erworben waren, bestand das Territorium der USA nahezu in seiner heutigen Ausdehnung. Die Erkundungs- und Bautrupps der Eisenbahnlinien, die ab 1869 mit aller Brutalität durch Indianergebiet gelegt wurden, begleitete stets auch ein Fotograf. Der Maler John Mix Stanley war 1853 der Erste, der bei einem Erkundungstrupp für eine geplante Linie mitreiste und sich der Fotografie bediente. Von seinen Daguerreotypien ist leider nichts erhalten. Aber in den folgenden Jahrzehnten riss die Kette der fotografierenden Forscher und Abenteurer nicht ab.

So konnte William Henry Jackson präzise Bilder von einer wissenschaftlichen Expedition nach Yellowstone 1871 mitbringen. Das Gebiet wurde im folgenden Jahr aufgrund seiner eindrucksvollen Fotografien zum ersten Nationalpark erklärt, und Jackson setzte seine erfolgreiche Arbeit im Westen Amerikas fort.

Zu einer Zeit, als der Ausspruch von General Sherman »Nur ein toter Indianer ist ein guter Indianer« längst zum Leitsatz bei der Dezimierung der nordamerikanischen Urbevölkerung geworden war, machten sich unabhängig voneinander die Amerikaner Adam Clark Vroman und Edward Sheriff Curtis auf, die Würde und den Stolz der Hopi, Sioux und anderer Stämme im Bild festzuhalten. Vroman schloss ab 1894 Freundschaft mit den Vertretern einer verschwindenden Kultur und hielt sie in schlichten und direkten Porträts fest. Während der folgenden Jahre unternahm er Reisen durch den Süden und Südwesten der USA, an den Rio Grande, ins Yosemite-Tal und Navajo-Land.

Unterdessen besuchte Curtis in der Nähe von Seattle, wo seine Familie lebte, ab 1896 Reservate und schuf auch in technischer Hinsicht herausragende Fotografien, in denen er Errungenschaften der ›zivilisierten Welt‹ indirekt in Frage stellte. Als Mitglied einer Alaska-Expedition traf er auf Eskimos, deren Glück er unmittelbar im fehlenden Kontakt mit der so genannten Zivilisation und dem Christentum erkannte. Auf Besuch im Weißen Haus porträtierte er den Apachen-Häuptling Geronimo und über Jahre durchstreifte er die Regionen westlich des Mississippi. Aber oft kam er schon zu spät, denn viele Traditionen der Indianer waren bereits Geschichte, viele Kostümierungen mussten extra wieder hervorgekramt und viele Situationen für den Fotografen inszeniert werden.

Herausragende Dokumentationen des einfachen und armen Lebens der Landbevölkerung seines eigenen Kulturkreises schuf auch der Russe Maxim Dmitrijew, der, wie bereits einige Fotografen vor ihm, der Faszination der Wolgalandschaften erlag und 1890 ein Album außergewöhnlich stimmungsvoller Aufnahmen veröffentlichte. Seine Liebe zu Land und Leuten bewies er zudem in Sozialreportagen über das Elend der Bauern nach einer Missernte in den Jahren 1891/92 und das Leben in einem Nachtasyl.

Von ähnlich großer Sympathie war HEINRICH ZILLES Blick in die dunklen Winkel und engen Höfe Berlins. Der Sohn eines Schlossers aus dem sächsischen Radeburg, dessen Streben nach besseren Verhältnissen ihm 1924 immerhin den Professorentitel der Akademie der Künste einbrachte, gelangte in der deutschen Hauptstadt in ein kulturelles Klima, das, vom Naturalismus geprägt, Dekadenz und soziale Kälte ins Visier nahm und sich als Gegenbewegung zur blasierten Enge der Gründerjahre empfand. Zille erlebte in Berlin die Bildwürdigkeit seiner ärmlichen Herkunft und zeigte in seinen Fotografien und Zeichnungen auch den Stolz des Proletariers, den er sich bewahrt hatte.

Heinrich Zille: *Straßenmusikant*, um 1905

Schneller als das Auge

Die Bewegungsstudien von Muybridge und Marey

Um den Beigeschmack des Toten und Sterilen aus seinen Dioramen zu vertreiben, der vielen Besuchern trotz aller aufgebotenen Effekte nicht entgangen war, hatte Daguerre in seine Berglandschaften sogar leibhaftige Alphornbläser und Schweizer Sänger einbezogen. Angesichts seiner ersten, menschenleeren fotografischen Aufnahmen sah er sich dann unmittelbar mit dem gleichen Vorwurf konfrontiert, ohne allerdings die Möglichkeit zu besitzen, zu jeder Daguerreotypie raffinierte Lichtwechsel oder Musik mitliefern zu können. Die Belichtungszeit, die in den folgenden Jahrzehnten dank lichtempfindlicheren Materials rasch verkürzt werden konnte, ließ nach und nach auch auf den Boulevards Menschen und Tiere auftauchen, und aus den Geisterstädten der frühen Daguerreotypie wurden belebte Szenerien. 1858 verlieh Lake Price in seinem *Manual of Photographic Manipulation* der Hoffnung Ausdruck, dass es gelingen könnte, das »Verfahren durch optische und chemische Verbesserungen so zu beschleunigen, daß man jede Dimension und Art von Bild im Augenblick aufnehmen kann. [...] Ansichten ferner, pittoresker Städte werden dann nicht mehr durch Leere der Straßen und Plätze wie von der Pest befallen aussehen, sondern von der geschäftigen, buntgemischten Menge ihrer Bewohner belebt sein.«[1]

Das Erreichen dieses technischen Ziels war elementare Voraussetzung für die Momentaufnahme, denn erst die Möglichkeit, im Sekundenbruchteil zu fotografieren, ermöglichte schließlich die Entscheidung des Fotografen für einen besonderen Augenblick. Die weiterentwickelten physikalischen Grundlagen eröffneten eine Qualität des Mediums, die zu Beginn nicht wirklich erkannt worden war. Zum Einsatz kam die sensibilisierte Fotografie zunächst einmal als ›Hilfswissenschaft‹ zum Gewinn wissenschaftlicher Erkenntnis. Man konnte nun Dinge in der Bewegung fixieren und sichtbar machen, für die das menschliche Auge zu träge war und die daher für den Menschen bislang unsichtbar bleiben mussten.

Die Legende erzählt von zwei reichen amerikanischen Reitstallbesitzern – Leland Stanford und Frederick MacCrellish –, die eine 25 000-Dollar-Wette darüber abschlossen, ob ein Pferd an einem Punkt des Galopps mit allen vier Hufen in der Luft sei oder nicht. Zum Beweis bedurfte es der Chronografie, eines Verfahrens zur synchronen Darstellung von Bewegungsabläufen. Von den Pferdenarren beauftragt, den Beweis zu erbringen, wurde Edward James Muggeridge, der als Fotograf gerade hoch im Kurs stand. Die Begegnung mit Stanford, dem Ex-Gouverneur von Kalifornien und Präsidenten der Central Pacific Railroad, gab seinem Schaffen eine entscheidende Wendung. Als gut situierter Brite hatte er nach einer Übersiedlung in die USA seinen Namen in die ihm eleganter erscheinende Form EADWEARD MUYBRIDGE modifiziert und zunächst als Angestellter eines Verlags, dann als Buchhändler in San Francisco und schließlich als Fotograf gearbeitet. Mit Landschaftsaufnahmen des Wilden Westens (die er mit dem Pseudonym Helios signierte) machte er sich einen Namen, erkundete im Auftrag der amerikanischen Regierung fotografisch das von Russland für 7,2 Millionen Dollar neu erworbene Territorium Alaskas und schuf gefeierte Bilder des Yosemite-Nationalparks.

1869 war die Eisenbahnlinie quer durch den Kontinent fertig gestellt und eröffnete der Westküste ganz neue, vor allem wirtschaftliche Möglichkeiten. Muybridge hatte den bürgerlichen Bildungshunger des aufstrebenden San Francisco, den er mit seiner exquisiten Buchhandlung stillte, ebenso richtig eingeschätzt wie den Stolz der Bürger Kaliforniens auf die gewaltigen Naturschönheiten ihres Landes. Und auch die Neugier der Europäer auf unbekannte Weltregionen war dem Fotografen geläufig. Kurz, der kalkulierte wirtschaftliche Erfolg stellte sich ein.

Aber erst die Chronofotografie, die Muybridge nach eigenen Angaben ab 1872 perfektionierte, sollte ihm unwiderruflich einen Platz in der Fotografiegeschichte sichern. Mit 12, später 24 nebeneinander aufgestellten Kameras, die beim Vorbeilaufen durch Fäden automatisch ausgelöst wurden, fixierte er die Bewegungsstudien in einer Bildreihe. Auch auf seiner mehrjährigen Reise nach Panama, die er nicht ganz freiwillig antrat, nachdem er aus Eifersucht den Liebhaber seiner Frau erschossen hat-

Eadweard Muybridge:
Leland Stanford Jr. auf einem Pony, 1879

te und in einem Aufsehen erregenden Verfahren freigesprochen wurde, ließ ihn die neue Aufgabe nicht mehr los. Er konstruierte einen Verschluss, der ihm eine Belichtungszeit von weniger als einer Tausendstelsekunde ermöglichte. 1879 entwickelte er schließlich, nach Kalifornien zurückgekehrt, ein Ansichtsgerät seiner Studien, das er Zoopraxiscope taufte: Vor einer Lampe liefen die nach Fotografien angefertigten Silhouetten der Pferde auf Glasplatten vorbei, davor rotierte in gleicher Geschwindigkeit, aber entgegengesetzter Richtung eine Scheibe mit Schlitzen, durch die eine filmische Einzelbildreihung erzeugt wurde. »Herr Muybridge hat das Fundament einer neuen Unterhaltungsmethode für die Menschheit gelegt und wir sagen voraus, daß sein momentanes, fotografisches laterna magica Zoetrop die Runden in der zivilisierten Welt machen wird.«[2]

Muybridge hatte sich immer als Künstler gesehen, als Innovator bildlicher Darstellung, sein Mentor Stanford dagegen würdigte die entstehenden Studien vor allem als Belege seiner Theorien über die Bewegung von Tieren und besonders über Training und Aufzucht von Pferden. Der mangelnde Respekt vor der Arbeit des ehrgeizigen Fotografen und die Selbstverständlichkeit, mit der der mächtige Züchter die Forschungsergebnisse als seine Verdienste verbuchte, führten zu beleidigten Briefen, zu einer Klage Muybridges und schließlich zum endgültigen Bruch. Sein

Étienne-Jules Marey: *Bewegung beim Stabhochsprung,* um 1890

Ruhm war jedoch international begründet und nach weiteren Experimenten und Vortragsreisen konnte er 1887 sein Hauptwerk *Animal Locomotion* veröffentlichen.

Muybridge stand in Kontakt mit seinem französischen Kollegen Étienne-Jules Marey, der ihn in Europa gefördert hatte und ebenfalls an einem Verfahren zur Darstellung von Bewegungsabläufen arbeitete. Im Unterschied zu Muybridge bannte Marey diese jedoch durch Mehrfachbelichtung eines einzelnen Negativs, das auf eine rotierende Trommel gespannt war. Es gab also gemeinsame Interessen, aber unterschiedliche Verfahren, was die Konkurrenzsituation entschärfte.

Mareys und Muybridges Werke gehören schon in den Grenzbereich des Films. Das empfanden auch Mareys Schüler so, die 1895 bei der Einführung der Kinematografie durch die Brüder

Auguste und Louis Lumière Prioritätsansprüche für ihren Lehrer anmeldeten. Muybridge sah zu dieser Zeit bereits den Tonfilm voraus. In seinem Werk *Animals in Motion* schrieb er 1899: »In der nicht allzu fernen Zukunft wird man Instrumente konstruieren, die nicht nur sichtbare Handlungen gleichzeitig mit hörbaren Worten reproduzieren, sondern man wird eine ganze Oper, mit allen Gesten, Gesichtsausdrücken und Gesängen der Schauspieler sowie der Begleitmusik, aufnehmen und mit Hilfe eines Gerätes reproduzieren, welches die Prinzipien des Zoopraxiscopes und des Phonographs vereint; und das zur Erbauung und Belehrung eines Publikums, lange nachdem die Mitwirkenden gestorben sind.«[3]

Das Bedürfnis nach fotografischer Bewegungsdarstellung blieb, einmal geweckt, über Jahre virulent und fand in einer Verarbeitung der Chronofotografie durch die Maler des Futurismus seinen Niederschlag. Giacomo Balla, Carlo Carrà oder Umberto Boccioni nutzten verstärkt nach 1911 die Forschungen Mareys für ihre Gemälde, aber auch in der Fotografie fiel der neue Dynamismus auf fruchtbaren Boden. »Wir wollen preisen die angriffslustige Bewegung, die fiebrige Schlaflosigkeit, den Laufschritt, den Salto mortale, die Ohrfeige und den Faustschlag«, hatte es im ersten futuristischen Manifest von 1909 geheißen. »Wir erklären, daß sich die Herrlichkeit der Welt um eine Schönheit bereichert hat, die Schönheit der Geschwindigkeit.«[4]

Allen voran experimentierten die Brüder Anton Giulio und Arturo Bragalia sehr ernsthaft mit der Verdichtung einer Wahrnehmungsvielfalt. Die spontane Geste wurde in ihren Aufnahmen aufgesplittert in eine Vielfalt der Ansichten von fast kubistischer Dimension. Anders als bei Muybridge, der um klare Trennung des Bewegungsablaufs in analytische Einzelbilder bemüht war, überlagerten sich bei den Brüdern Bragalia ähnlich wie bei Marey die chronologisch abfolgenden Stadien zu einem Gesamteindruck, zu einer Gleichzeitigkeit des Ungleichzeitigen, die die Dynamik über die Materie stellte. Durch ihre Präzision und ihren immateriellen Lichtcharakter war die Fotografie dafür besonders geeignet; das erkannte auch ein führender Theoretiker des Futurismus wie Boccioni, der nach anfänglicher Begeisterung rasch auf kritische Distanz zur Fotografie ging, deren Potential er auf dem Gebiet des Dynamismus zu Recht als dominante Konkurrenz zu Malerei und Plastik empfand.

Kunst und Fotografie

Die Piktorialisten um 1900

»Um neunzehnhundert hatte die technische Reproduktion einen Standard erreicht, auf dem sie nicht nur die Gesamtheit der überkommenen Kunstwerke zu ihrem Objekt zu machen und deren Wirkung den tiefsten Veränderungen zu unterwerfen begann, sondern sich einen Platz unter den künstlerischen Verfahrensweisen eroberte«. So beschrieb Walter Benjamin die Situation der Fotografie (und des neuen Mediums Film) in der Ära des Jugendstils.[1] Die Unterwerfung der älteren Künste, vor allem der Malerei, von der Benjamin spricht, vollzog sich jedoch durch stilistische Assimilation. Eine Reihe von Fotografen versuchte sich einen Kunstanspruch zu erkämpfen, indem sie sich mit der von kalter Technik und rationalem Profitstreben bedrohten Kultur solidarisierten und die Eigenheiten des Impressionismus und des Jugendstils mit ihren Mitteln nachahmten. Alle Edeldruckverfahren, die von Seiten der Fotografie zu diesem Zweck erfunden wurden, alle Pinselspuren auf strukturierten Papieren, alle Bestrebungen, aus Fotografien Unikate zu machen, konnten jedoch nur oberflächlich darüber hinwegtäuschen, dass das Kunstwerk endgültig ins Zeitalter seiner technischen Reproduzierbarkeit eingetreten war bzw. dass die technische Reproduzierbarkeit durchaus zum kalkulierten Bestandteil einer Reihe von künstlerischen Prozessen und Werken geworden war.

Die Befruchtung zwischen Malerei und Fotografie beruhte durchaus auf Gegenseitigkeit. Seit ihren Anfängen waren Fotografien auch als Vorlagen für Maler entstanden, inzwischen hatte jedoch die oftmals unbeabsichtigt wirkende Komposition von fotografischen Schnappschüssen mit angeschnittenen Men-

Robert Demachy: *Tänzerin,* um 1900

schen, Tieren und Wagen Einzug in die Malerei des Impressionismus gehalten. Imitierte ein Fotograf wie Robert Demachy mit seinen Gummi-Bichromatdrucken Ballettszenen im Stile von Edgar Degas, nutzte Degas seinerseits die Kamera nicht nur für fotografische Skizzen, sondern zitierte auch die Zufälligkeit von Arrangement und Ausschnitt in seinen Gemälden.

Zur gleichen Zeit rangen die Vertreter der Kunstfotografie, die so genannten Piktorialisten, darum, gerade diese und andere, in ihren Augen entlarvend fotografischen Charakteristika zu vermeiden. Zu den von ihnen kritisierten Besonderheiten des Mediums Fotografie gehörte auch die Bildschärfe. Hatte man in den Porträtstudios ohnehin von jeher die Retusche gepflegt, so löste das öffentliche Bekenntnis zur Unschärfe des prominenten Fotografen Antoine Claudet 1866 eine Welle von Publikationen zu Techniken der Unschärfeerzeugung aus, die rund fünfzig Jahre nachwirkte. Claudet argumentierte bereits, wenn auch wenig plausibel, mit der ständig wechselnden Fokussierung des Auges, um seine Unschärfeerzeugung durch Vor- und Zurückbewegung der Linse zu begründen.[2] Zwei Jahrzehnte später gründete Peter Henry Emerson seine Unschärfe-Forderung ebenfalls auf die Erkenntnisse des Physikers Hermann Helmholtz. Der preußische Wissenschaftler hatte erkannt, dass das vom Auge gesehene Bild jeweils nur an einem Punkt wirklich scharf ist, und Emerson setzte, wie vor ihm bereits Claudet, erneut Auge und Kamera gleich, um von der Fotografie als dem Medium des Augenblicks auch momentane, d. h. nur in einem Punkt scharfe Impressionen zu fordern. Zugleich erklärte Emerson die Fotografie aufgrund dieser wissenschaftlichen Erkenntnisse zur Kunst, denn Kunst war für ihn nicht länger Nachahmung der Natur, sondern Wiedergabe der menschlichen Wahrnehmung dieser Natur.[3]

Schon Eugène Delacroix hatte 1846 ähnlich argumentiert, als er für die Malerei Partei ergriff. Ein zu großer Detailreichtum widerspreche der Wahrnehmung des menschlichen Auges, das alles Unwichtige ohnehin ausblende: »Die Fotografien, die uns am meisten fesseln, sind jene, in denen die Aufzeichnungsmängel des Prozesses gewisse Freistellen gelassen haben, an denen das Auge Ruhe findet und sich auf nur wenige Gegenstände konzentrieren kann.«[4] Was Delacroix noch als Mängel bezeichnete, wurde nun zur Methode, und die Fotografie avancierte damit zur Kunst, die sich anschickte Intimität, Atmosphäre und Tiefe zu vermitteln.

So wurde in Russland die Fotografie gegen Ende des 19. Jahrhunderts offiziell von der Akademie der Schönen Künste nobilitiert, den anderen bildenden Künsten gleichgestellt und zu den offiziellen Ausstellungen zugelassen. Aber auch im übrigen Europa, wo das Bürgertum die Schattenseiten der profitorientierten Industriegesellschaft wahrzunehmen begann und nach einer neuen Innerlichkeit strebte, fiel der Piktorialismus auf fruchtbaren Boden. Anstelle hohler Repräsentation, wie sie sich in den Atelierporträts abzeichnete, ging der Trend zum Besinnlichen und Privaten, zum Individuellen und Malerischen.

1882 gründeten vierzehn angesehene Kunstfotografen in England den Linked Ring, »eine Kreuzung zwischen Geheimbund, Ausstellungsjury und Dining Club«[5], die es sich zum Ziel setzte, dem Kreativitätsmangel in der Fotografie mit jährlichen Ausstellungen entgegenzutreten.

Der aufblühende neue Stil hatte eine ganze Reihe international beachteter Vertreter, die ihrerseits internationaler Herkunft waren: den Deutsch-Österreicher Heinrich Kühn, den Sohn französisch-britischer Eltern Adolphe de Meyer und den in Luxemburg geborenen US-Bürger Edward Steichen. Ferner den New Yorker Studenten an der Münchener Kunstakademie Frank Eugene, den Tschechen František Drtikol, der ebenfalls in München studierte, und Alfred Stieglitz aus New Jersey, der zwischen 1871 und 1890 in Deutschland Schule und Universität besuchte und dort die Fotografie für sich entdeckte. Außerdem den führenden Vertreter des Piktorialismus in Frankreich Robert Demachy, dessen Familie während des Deutsch-Französischen Krieges vorübergehend nach Brüssel emigrierte und der 1893 eine Verwandte des amerikanischen Präsidenten Roosevelt heiratete. Und schließlich Anne Brigman, die, in Honolulu geboren, als Gattin eines Kapitäns die Meere bereiste. Mit Ausnahme von Drtikol war für sie alle der Linked Ring wie ein Familienverband, der sie durch Ausstellungen, Publikationen

Edward Steichen: *Die große weiße Wolke. Lake George, New York,* 1903

und Korrespondenz miteinander verknüpfte und ihre Bewegung zum ersten interkontinentalen Stil der Fotogeschichte machte.

Ende 1905 eröffnete Stieglitz seine *Galerie 291* auf der Fifth Avenue in New York. Er hatte sich als Redakteur der Zeitschrift *The American Amateur Photographer* und ab 1896 als Vizevorsitzender des New Yorker Camera Club verdient gemacht, hatte die Zeitschriften *Camera Notes*, *Camera Work* (1903–1917) und das Kunst- und Literaturmagazin *291* (1915–1916) herausgegeben und eine exquisite Sammlung zeitgenössischer Fotografie zusammengetragen. Seine Galerie präsentierte Steichen, de Meyer, Paul Strand und andere Fotografen und machte die amerikanische Kunstszene erstmals mit dem europäischen Expressionismus bekannt. Der besondere Ehrgeiz des Patrioten Stieglitz lag darin, Amerika auch künstlerisch auf die Höhe der Zeit zu bringen, jährliche Salons zu veranstalten, die ab 1898 in Philadelphia stattfanden, und eine Akademie für Fotografie zu gründen.

Einen freundschaftlichen Briefwechsel pflegte Anne Brigman ab 1903 über fünfzehn Jahre mit Stieglitz, der ihre Aktaufnahmen schätzte und publizierte. Wohl ihre Erfahrungen auf See ließen sie das Leben als Kampf gegen die unerbittliche Natur empfinden, der in ihren symbolistischen Szenen zum Triumph der geschmeidigen Weiblichkeit über die äußere Gewalt sublimiert wird.

Wie Eugene, Stieglitz und Steichen pendelte auch Gertrude Käsebier, geborene Stanton, zwischen Alter und Neuer Welt. Sie begann mit einem Kunststudium, nachdem sie als Ehefrau eines Wiesbadener Schellack-Importeurs drei Kinder großgezogen hatte, erkundete ab 1893 die Möglichkeiten der Fotografie, eröffnete 1897 ein Studio in New York, wurde 1899 Jurymitglied des Salons in Philadelphia und im Jahr darauf erste Frau im Linked Ring. Ihr war auch die allererste Ausgabe von *Camera Work* gewidmet. Fotografie als Kunst, davon war sie überzeugt, könne nur von Amateuren gemacht werden, denn die seien nicht durch die Gesetze des Marktes verdorben und nicht auf abstumpfende Massenproduktion zum Bestreiten ihres Lebensunterhalts angewiesen. In ihren einfühlsamen Porträts spürt man die Umsetzung dieser Devise in der sehr persönlich wirkenden Beziehung zu den Dargestellten. Ihre Mädchenbilder beschwören eine kindliche Unschuld und fast religiöse Reinheit, die ähnlich wie in den Werken Clarence H. Whites die Kindheit traumhaft verklärt.

Eine besondere sakrale Note gab der wohlhabende Schöngeist und Verleger Frederik Holland Day, der sich seit 1891 als Autodidakt ganz der Fotografie verschrieben hatte, seinem Werk. Orientiert an historischen Bilderzyklen, fotografierte er die bedeutendsten Stationen aus dem Leben Jesu und begnügte sich keineswegs damit, theatralische Szenen in Kostüm und Bühnenraum aufzunehmen, sondern versuchte Authentizität vorzuspiegeln. Was viele Zeitgenossen zusätzlich verstörte, war der offensive Narzissmus des Künstlers, der sich selbst als Christus Modell stand. Das inkarnierte Leiden zwischen exaltiertem Exhibitionismus und Guido-Reni-Geste erschien seinem Kollegen

Anne Brigman: *Das Herz des Sturms*, um 1915

Gertrude Käsebier: *Clarence H. White und Familie,* 1908

Joseph Turner Keiley, Mitherausgeber von *Camera Work,* als »rohe Darstellung der Kreuzigung, in billigster Weise deutschen Sterbebildern nachgeprägt«.[6] Day selbst sah seine Kritiker vor allem in den Reihen derer, die seine Werke nur vom Hörensagen kannten. Daher arrangierte er eine Ausstellung von dreißig sei-

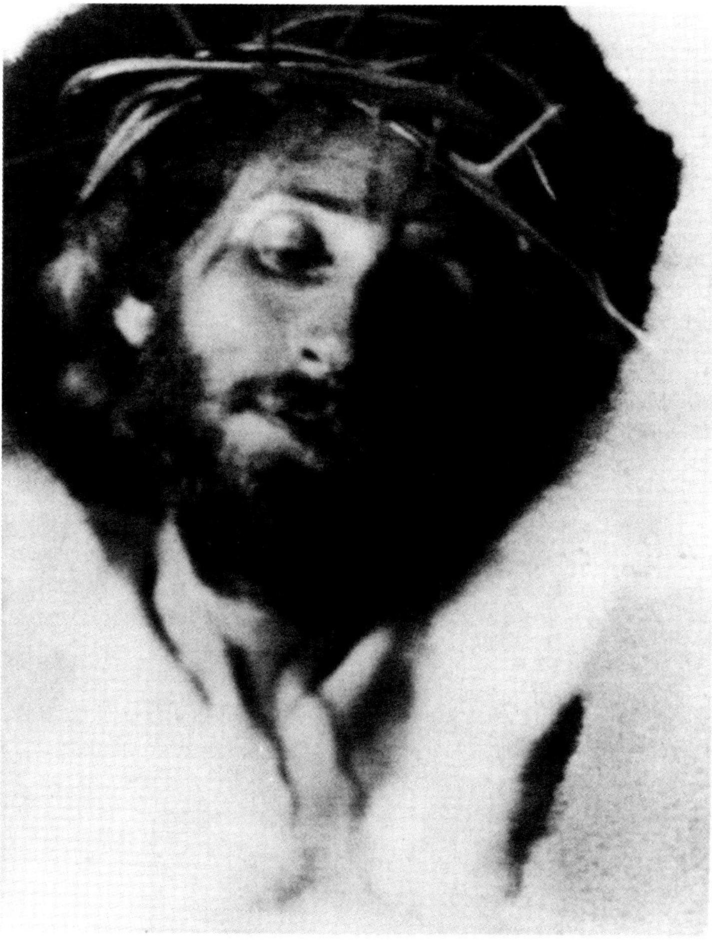

Fred Holland Day: *Christuskopf*, um 1898

ner edlen Platindrucke, mit der er nach eigenen Angaben nahezu alle Vorbehalte ausräumen konnte. Seine Verklärung von Einsamkeit, Trauer und Ästhetik, die er auch in zahlreichen Knabenbildnissen thematisierte, kulminiert in diesem Christus-Zyklus. Unter der Darstellung des aufgebahrten Heilands stehen die Worte »Beauty is truth, truth beauty«, die wie ein zutiefst empfundenes Credo des Verehrers der Werke von John Keats, Oscar Wilde und Aubrey Beardsley erscheinen. Mehr noch als durch seine Fotografien religiösen Inhalts zeigte sich die bessere Bostoner Gesellschaft durch Days Ästhetisierung des nackten schwarzen Körpers verstört. Der Fotograf, der wie auch seine Mutter als Wohltäter in den Armenvierteln auftrat, suchte sich in den Slums von Boston seine Modelle und räumte vor allem jungen Schwarzen einen zentralen Platz in seinem Werk ein, an dem sie sich von exotischen Schaustücken zu erotischen Individuen wandeln konnten.

Hatten sich die Amerikaner lange an europäischen Tendenzen orientiert, waren sie nachhaltig vor allem von den Werken Heinrich Kühns geprägt worden, so schien es im Jahr 1900 endlich soweit, Eigeninitiative zu zeigen. Es sollte dem Exzentriker Day überlassen bleiben, die Europäer mit der inzwischen formierten Neuen Schule amerikanischer Fotografie zu konfrontieren. Die Ausstellung in der Londoner Royal Photographic Society und im Pariser Foto Club ließ die Emotionen der Foto-Freunde aufkochen und kann als ein erster Schritt zur Dominanz der Amerikaner auf dem Gebiet der Kunstfotografie angesehen werden. 1902 gründeten Steichen, Stieglitz, Käsebier und eine Reihe weiterer Fotografen die amerikanische Photo Secession, und sechs Jahre später war Stieglitz' herausragende publizistische Arbeit und seine unbeirrte Tätigkeit als Galerist und Vortragender so weit gediehen, dass er beim Salon des Linked Ring in London – wo er mit Steichen, Alvin Langdon Coburn und Eugene in der Jury saß – die quantitative Vormachtstellung der Amerikaner erreichte. Das war zugleich das Ende der Linked-Ring-Gemeinde, denn nach empörten Reaktionen traten nicht nur die Amerikaner aus, sondern auch Kühn und de Meyer. Damit hatte der Club seine internationale Geltung eingebüßt, war auch in Europa geschwächt und musste im folgenden Jahr seine Pforten schließen.

Nur wenige Piktorialisten vermochten sich mit den avantgardistischen Tendenzen der 10er und 20er Jahre des 20. Jahrhunderts anzufreunden. Die Zeit schummriger Stimmungen und künstlicher Reflexe, wie sie Walter Benjamin nennt, war vorbei,

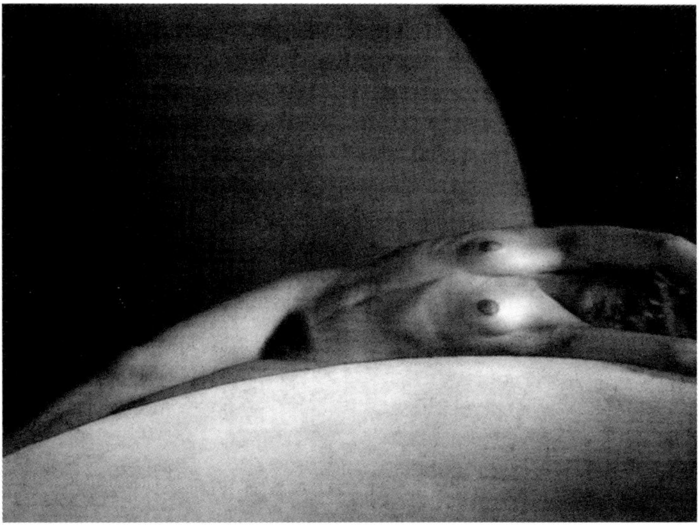

František Drtikol: *Der Bogen,* 1921

František Drtikol: *Komposition,* 1929

denn »dem Zwielicht zum Trotz [...] zeichnete immer klarer eine Pose sich ab, deren Starrheit die Ohnmacht jener Generation im Angesicht des technischen Fortschritts verriet«.[7]

Keiley starb 1914, Demachy zog sich 1916 in ein Appartement am Montmartre zurück und gab die Fotografie auf, Day verkroch sich 1917 in seinem Elternhaus, verließ das Bett nur noch selten und das Haus gar nicht mehr. Im gleichen Jahr wurde *Camera Work* eingestellt und den meisten Kunstfotografen blieb nur noch der verwunderte oder herablassende Blick auf die Strenge, Kühle und Sachlichkeit, der die neue Generation huldigte. Drtikol, der Jüngste unter der Piktorialisten, jonglierte seine Frauenakte noch über Jahre auf der Grenze zum Art déco, bevor er 1935 die Fotografie aufgab, um sich zunächst der Malerei, dann indischer und chinesischer Meditation und Philosophie zu widmen. Der Einzige, der nach dem Ersten Weltkrieg an seine Erfolge anknüpfen konnte, war Steichen. Er stilisierte sich, neben de Meyer, zum ersten Modefotografen[8], arbeitete ab 1923 für *Vanity Fair* und *Vogue*, wo er den in elitärer Dekadenz schwelgenden und zunehmend unzeitgemäßen de Meyer ablöste, und feierte auch nach dem Zweiten Weltkrieg mit seiner Jahrhundertausstellung *Family of Man* noch Erfolge, die eine neue Weltgemeinschaft, diesmal nicht nur der Fotografen, sondern aller Menschen beschwor.

Eine neue Zeit: Fotografie in Farbe

Ducos du Hauron, Joly und die Brüder Lumière

Seit den Anfängen der Fotografie, seit den Forschungen von Niepce, Daguerre und Hill, empfand man das Schwarzweiß des Mediums als Einschränkung und versuchte, nicht nur die Formen, sondern auch die Farben der realen Welt zu fixieren. Abhilfe schufen die nachträglich handkolorierten Aufnahmen des 19. Jahrhunderts, die die Unzulänglichkeit des Mediums in diesem Bereich allerdings noch offensichtlicher machten. Gleichwohl hatte besonders die Klientel der Porträtstudios nach Farbe verlangt, um »den Zügen, die vorher flach und leichenhaft waren, Plastizität« zu geben,[1] also griff man zum Pinsel und übermalte die Aufnahmen mehr oder weniger dezent. Diese unbefriedigende Technik führte dazu, dass die Experimente, die auf den Erkenntnissen Isaac Newtons über die Farbigkeit des Lichts beruhten, noch intensiver betrieben wurden.

Ähnlich wie im Jahr 1839 bei der Erfindung der Schwarzweißfotografie war es auch dreißig Jahre später mehr als ein Forscher, der das Verfahren der Farbfotografie für sich reklamierte. Louis Ducos du Hauron und Charles Cros sandten gleichzeitig und unabhängig voneinander Berichte und Proben an die Société Française de Photographie, die im Mai 1869 begutachtet wurden. Ihre fast identischen Verfahren beruhten auf der subtraktiven Farbmischung: Durchscheinende Abzüge von drei Negativen, die durch je einen roten, blauen und grünen Filter fotografiert wurden, ergaben ein Bild in korrekten Farben, wenn man sie in den jeweiligen Komplementärfarben (Blaugrün, Gelb, Purpur) einfärbte und übereinander legte. Dieses aufwendige Schichtenverfahren war Grundlage für den Prozess der Farbfotografie, der sich letztendlich durchsetzen sollte.

Erst 1930 kam allerdings eine erste Farbbildkamera, die Bermpohl Naturfarbenkamera, auf den Markt, in der das Motiv noch in einer kleinen asymmetrischen Holzkiste durch teildurchlässige Spiegel auf drei separate Filme hinter farbigen Filtern reflektiert wurde. Ein erster Kleinbildfarbfilm, der die Technik nachhaltig vereinfachte und den Ansprüchen an die Farbwiedergabe genügte, war aus drei Schichten aufgebaut, die jeweils nur auf ein Drittel des Farbspektrums reagierten. Auch hier kam es zu einem Kopf-an-Kopf-Rennen, diesmal der Industrie, um Ruhm und Geld. Eastman Kodak konnte ihr Ergebnis im April 1935 der Öffentlichkeit vorstellen, und Agfa zog ein knappes Jahr später mit dem Agfacolor nach, der den Vorteil hatte, dass die so genannten Farbkuppler[2] bereits in die Emulsion eingebettet waren.

Aber die Forschungen gingen auch noch in eine andere Richtung. Schon 1861 hatte der schottische Physiker James Clerk Maxwell – ausgehend von der These, dass sich aus der Addition von rotem, blauem und grünem Licht jede Farbe mischen ließe – drei Diapositive des selben Motivs durch einen roten, einen blauen und einen grünen Filter aufgenommen und hinterher durch die gleichen Filter übereinander projiziert. Das Farbdia war damit erzeugt; allerdings bedurfte es einer dringenden Vereinfachung des Verfahrens, denn wer wollte schon stets drei Projektoren für eine Bildbetrachtung installieren. Erst 1893 gelang JOHN JOLY ein Schritt in die richtige Richtung. Er verwandte bei der Aufnahme einen in winzige rote, blaue und grüne Quadrate aufgerasterten Farbfilter, der später auf das entwickelte transparente Bild gelegt wurde und so aus einer gewissen Distanz den Effekt der Farbigkeit vermittelte.

Ein Jahrzehnt später war dies Verfahren der Ausgangspunkt für Experimente AUGUSTE und LOUIS LUMIÈRES – die in Lyon eine Fabrik für Trockenplatten, Rollfilme und Fotopapiere betrieben –, ihre Fotoplatten mit dreifarbig getönten Stärkepartikeln zu überziehen. Nach der Entwicklung ließ sich das Negativ in ein farbgenaues Diapositiv umwandeln, das so genannte Autochrom, das mit seiner groben Körnigkeit dem impressionistischen und pointilistischen Zeitgeschmack sehr entgegenkam: »Man scheidet zunächst aus Kartoffelstärke mittels besonders konstruierter Apparate Körnchen in einem Durchmesser von 15- bis 20-tausendstel Millimeter ab. Diese werden in drei Teile aufgeteilt, die mit besonderen Farbstoffen orangerot, grün und violett gefärbt werden«, heißt es im Bericht an die Akademie.[3] Die Körnchen werden gleichmäßig auf eine klebrige Platte verteilt, überlackiert und schließlich mit einer Bromsilber-Gelatine-Emulsion übergossen. Die Platten, die ab 1907 auf dem Markt waren, wurden durch die Stärkekörnchen hindurch belichtet, die als Filter vor der lichtempfindlichen Schicht wirkten. Gelbes Licht etwa wurde von den violetten Partikeln absorbiert und fiel nur durch die orangen und grünen. Nach erfolgter Entwicklung, die die Silberschicht auf den belichteten Partien entfernte, konnte nun Licht durch die orangen und grünen Teilchen fallen, die sich in additiver Mischung zu einem gelben Farbeindruck verbanden.

Noch bedeutender als ihre Verdienste um die Farbfotografie war allerdings die intensiv betriebene Forschungsarbeit der Brüder Lumière, die zur Präsentation einer Filmkamera und eines Projektors für 35-mm-Streifen führte: Am 28. Dezember 1895 hatten sie bereits zur ersten öffentlichen Filmvorführung der Geschichte ins Grand Café in Paris geladen.

Auch hier wiederholte sich das Szenario, das sich 1839 rund um die Präsentation der Fotografie abgespielt hatte, noch einmal, denn seit einem guten Jahrzehnt hatten Erfinder unabhängig voneinander mit Verfahren experimentiert, die alle das gleiche Ziel verfolgten: die Bilder zum Laufen zu bringen. Thomas Alva Edison, mit 1033 Patentanmeldungen Rekordhalter der Erfinderzunft, hatte 1891 sein Kinetoskop präsentiert, das eine filmische Endlosschlaufe via Elektromotor im Tempo von 48 Bildern pro Sekunde zwischen einer Verschlussblende und einer Glühbirne hindurchlaufen ließ. Manko des Apparats war, dass die Betrachter nacheinander den relativ kurzen Film betrachten mussten, daher bedeutete die Projektion des Films auf eine Leinwand mittels Projektor – bei dem die Laterna magica Pate gestanden hatte – den Durchbruch, der das Kino möglich machte und die Basis für das Massenmedium Film legte.

Neu, straight, sachlich

Internationale Tendenzen 1910–1930

Der Begriff der Neuen Sachlichkeit, erstmals von Gustav Friedrich Hartlaub, dem Direktor der Mannheimer Kunsthalle, 1925 auf veristische Malerei angewendet, suggerierte das Vorhandensein einer alten Sachlichkeit, die es als Stilbegriff natürlich so nicht gegeben hat. Am ehesten ließe sich die Revolutionsarchitektur des ausgehenden 18. Jahrhunderts als sachlich und als Vorläufer des neuen Stils beschreiben, der die Epoche zwischen den Weltkriegen bestimmen sollte. So klar und abstrakt die Architektur ausfiel, so kühl und realistisch zeigte sich die Malerei von Vertretern wie Otto Dix, Rudolf Schlichter oder Christian Schad. Die Fotografie scheint hier eine Brücke zu schlagen, zwischen Malerei und Architektur zu stehen, denn sie ist geprägt von formaler Strenge und präzisem Naturalismus und sie läutet eine Besonderheit deutscher Fotografie ein, die bis in die Gegenwart ihre Fortsetzung findet: Das Formale genießt Priorität, und das Bild des Menschen als Individuum spielt eine nur untergeordnete Rolle.

Aber die Bewegung war international. Bereits im Jahr 1913 hatte der Amerikaner Alvin Langdon Coburn, der zunächst mit postimpressionistischen Gummidrucken hervorgetreten war, in einer Londoner Einzelausstellung eine Reihe von Aufnahmen gezeigt, die *New York from its Pinnacles* (›New York von seinen Zinnen aus‹) zeigten. Es waren tiefe Blicke in die Straßenschluchten, die Linien stürzten, rechteckige Fassaden wurden zu Trapezen, und die Bauten und Plätze gerieten zu fast abstrakten Kompositionen. Eine Fülle solch extrem kippender und dynamischer Perspektiven veröffentlichte auch der Architekt Erich Mendelsohn, der Erbauer des berühmten Einstein-Turms in Potsdam, in seinem Werk *Amerika. Bilderbuch eines Architekten* (1926). Sie verleugneten nicht ihre Nähe zu Szenerien expressionistischer Lichtspiele, so dass der russische Konstruktivist El Lissitzky fasziniert anmerkte: »Schon ein erstes Durchblättern fesselt uns wie ein dramatischer Film.«[1] Die Bildfolge erscheint in schnellen Schnitten und Kamerafahrten rhythmisiert und feiert das »Weltzentrum« New York wie in sinfonischen Sätzen. Der Band kann stellvertretend stehen für die deutsche Amerikabegeisterung nach dem Ersten Weltkrieg. Der Traum von sagenhaften amerikanischen Lebensstandards schien durch eine Kopie dortiger Produktionsmethoden für jeden erreichbar. Hoch hinaus in Stahl und Glas, das symbolisierte Effektivität, Rationalität und technischen Geist.

Die Euphorie, die eine Flut von Reiseberichten aus Amerika versprühte, leuchtete auf der einen Seite, auf der anderen faszinierte der kollektive Aufbruch der Sowjetunion. Deutschland stand dazwischen und registrierte den weltweiten Impuls von Masse und Macht. Ganz gleich auf welchem Gebiet – die Vertreter der Neuen Sachlichkeit sahen sich selbst an einem Neuan-

Alvin Langdon Coburn: *Octopus, New York,* 1912

fang nach düsteren Zeiten und wussten sich selbst wirkungsvoll zu inszenieren und zu feiern.

»Die geschichte der fotografie weist zwei blüteperioden auf, eine am anfang (daguerre), die andere am ende bisheriger entwicklung«, schrieben Franz Roh und Jan Tschichold in ihrem Buch *foto-auge* 1929. »Was zwischen diesem anfang und ende liegt, ist meist problematisch, weil es, offen oder versteckt, reize der malerei oder grafik imitieren wollte, was natürlich von der eigentlichen aufgabe der fotografen ablenkte, einer aufgabe, die sich den sehformen der zeit zwar nicht entziehen kann, also immer gewisse verwandtschaft mit den künsten zeigen wird, nie aber in imitationen hätte ausarten dürfen.«[2]

Nach jahrelangen teilweise giftigen Debatten über Vor- und Nachteile impressionistischer Effekte, Unschärfe und Edeldruckverfahren wirkten auch die kontrastreichen und formal reduzierten Aufnahmen der Amerikaner Charles Sheeler und Paul Strand wie eine Befreiung. Für beide war die Begegnung mit Stieglitz, der den neuen Tendenzen offen gegenüberstand, wegweisend. Der Hine-Schüler Strand hatte seine erste Einzelausstellung in Stieglitz' *Galerie 291* und publizierte 1916 und 1917 in den letzten Ausgaben von *Camera Work*. Mit Sheeler drehte er 1922 den Experimentalfilm *Mannahatta* und knüpfte enge Kontakte zu bedeutenden Fotografen der vergangenen und kommenden Jahre, zum einflussreichen Fotolehrer Clarence H. White und zum führenden Landschaftsfotografen Ansel Adams. Mit Aufnahmen von Scheunen und Zäunen führten Sheeler und Strand die Fotografie auf ein Formenrepertoire zurück, das in seiner Schärfe und Reinheit an die Frühzeit, an Talbot oder Fenton, erinnert. Adams, der ab 1923 die Weiten der amerikanischen Natur für sich entdeckte, gründete mit Imogen Cunningham und Edward Weston 1932 die Gruppe f 64, die sich die absolute Bildschärfe als oberstes Gebot auf ihre Fahnen schrieb. Ihr Einfluss ist nicht zu unterschätzen und prägte für Jahrzehnte die amerikanische Fotografie. Ob Klosett oder Paprikaschote, ob Sanddüne oder Akt, jedes Objekt erfreute sich bei Weston der gleichen Aufmerksamkeit, konnte sich frei zwischen absoluter Gegenständlichkeit und völliger Abstraktion bewegen und gewann in den Aufnahmen eine unmittelbare und pure Sinnlichkeit.

Das, wofür sich die Bezeichnung »Straight Photography« durchsetzte, war keineswegs eine neue Erfindung. Es war nun lediglich die Reaktion auf eine als verlogen empfundene Kunstfotografie.

Charles Sheeler: *Ford-Werke, Detroit,* 1927

Das Bemühen um nüchternes Erfassen in größtmöglicher Schärfe lief den Idealen des Piktorialismus auf ganzer Breite zuwider. Den Fin-de-Siècle-Aufnahmen mit Anleihen bei Salonmalerei und Impressionismus wurde nun eine klare Absage erteilt. Das bedeutete jedoch keineswegs, dass der Fotografie zugleich ein künstlerischer Wert abgesprochen worden wäre. Im Gegenteil. Strand forderte den Respekt vor dem Objekt, dem man gerecht werden könne, indem man die fast unendliche Skala der Grauwerte ausschöpfe, die in dieser Feinheit nur der Fotografie zu Gebote stünde.

Das Neue Sehen, das sich in den kommenden Jahren in Europa etablierte, durchbrach zudem unmittelbar vertraute Wahrnehmungsgewohnheiten, verabschiedete sich von der ›Bauchnabelperspektive‹, die jeden Gegenstand nur frontal und ohne stürzende Linien erfasste, und gelangte teilweise in Bereiche formalistischer Abstraktion, die ihre Entsprechung in der Malerei des Kubismus und besonders des Konstruktivismus findet. Dass diese Fotografien gelegentlich in gefährliche Nähe einer Imitation von Malerei und Grafik rückten, die Franz Roh (zumindest im Zusammenhang mit dem Piktorialismus) kritisierte, war unvermeidbar. Umgekehrt gab es allerdings auch kritische Stimmen, die der Malerei der Neuen Sachlichkeit vorwarfen, in ihrem unterkühlten Detailreichtum die Fotografie nachzuahmen.

Eine Reihe von Malern verfolgte tatsächlich aufmerksam die Entwicklung der Fotografie und nutzte sie vielfältig. So zog es etwa Christian Schad bereits 1918 in die Dunkelkammer, wo er die Reduktion so weit trieb, dass er ganz auf die Kamera verzichtete und, zurück zu den Wurzeln der Fotografie, Fotogramme schuf, die an die ersten Experimente Thomas Wedgwoods und Henry Fox Talbots erinnern. Die Dunkelkammer als Experimentallabor erfreute sich in der Folge auch bei Künstlern wie Man Ray oder Heinz Hajek-Halke und Amateuren zunehmender Beliebtheit, denn dort konnte man in Fotogrammen, Solarisationen und Collagen die kühle Schönheit des neuen Stils noch weiter zuspitzen.

Das Gefühl der Spontaneität, des Spielerischen und Improvisierten prägte auch über Jahre die Nutzung der Fotografie an der Kunsthochschule Bauhaus, die, 1919 gegründet, die zeitgenössischen Tendenzen begierig aufsog. Die Lehranstalt in Weimar und Dessau wirkte als Multiplikator, und László Moholy-Nagy tat alles, um der neuen Weltsicht durch die Kameralinse zum Durchbruch zu verhelfen. Sie sei ein ideales Medium für

Man Ray: *Das Haarnetz,* 1931

den »totalen Menschen«, der seine Fähigkeiten in alle Richtungen entwickelt.[3] Statt Spezialisten forderte Moholy-Nagy Menschen ohne »sektorhafte« und erdrückende Vorbildung, die sich den Dingen offen und mit Neugier als wahre Amateure nähern sollten.

Aenne Biermann: *Klavier*, 1928

Beispielhaft für dieses Ideal Moholy-Nagys war der Werdegang Aenne Biermanns, die sich ab 1922 autodidaktisch mit Fotografie befasste und regen Kontakt mit der Kunstszene ihrer Zeit pflegte. Mit unglaublicher Vitalität verschrieb sie sich einer ›Bauhaus-Ästhetik‹, in der sie präzisere und radikalere Aufnahmen schuf als zeitgleich die Lehrer und Absolventen der Hochschule in Dessau selbst. Nach zahlreichen Veröffentlichungen in *Das Kunstblatt*, *Die Form* und *Das Neue Frankfurt* erschien 1930 ihr Bildband *Aenne Biermann 60 Fotos*, den Franz Roh herausgab. Sechs Jahre nach ihrem frühen Tod gelang es ihrem Mann 1939, über Italien nach Israel zu emigrieren; 5000 Fotografien Aenne Biermanns wurden dabei jedoch an der Grenze in Triest von den Nationalsozialisten beschlagnahmt und sind seither verschollen.

Auch Florence Henri entsprach dem neuen Menschentyp, der seinen »empfindungen in jedem material form geben«[4] konnte. Sie studierte an der Pariser Académie moderne bei Fernand Léger und Amédée Ozenfant, dann ab 1927 am Bauhaus, wo sie durch Moholy-Nagy zur Fotografie kam, ging nach zwei Jahren zurück nach Paris, widmete sich der Porträtfotografie, bis sie sich 1963 ganz der abstrakten Malerei verschrieb.

Es dauerte bis 1929, dann wurde schließlich doch noch, durch den Direktor Hannes Meyer, ein professioneller Fotograf als Lehrer ans Bauhaus berufen: Walter Peterhans. Er betreute eine eigene Klasse, in der nun auch auf die technischen Grundlagen fotografischer Arbeit Wert gelegt wurde. Er unterrichtete die Bereiche Reproduktion, Bildnis, Reportage sowie experimentelle und gestalterische Fotografie, wobei er den bis dato gepflegten Dilettantismus einiger Kollegen und Schüler einzudämmen suchte. Den Widerspruch in der Vision Moholy-Nagys, der als kreativer Außenseiter ohne reelle Erfolgsaussichten die sozialästhetische Umgestaltung der Gesellschaft anstrebte, versuchte Peterhans aufzulösen, indem er auch die Nutzung der Fotografie im Grafikdesign und als Industriekunst lehrte. Dazu bedurfte es effizienten Foto-Handwerks, das Peterhans in nüchtern-kontemplativen Arrangements der Objektwelt visualisierte.

Im gleichen Jahr 1929 popularisierte eine Reihe von Ausstellungen und Veröffentlichungen den neuen Trend endgültig: in Stuttgart lief die legendäre Werkbundausstellung *Film und Foto (FiFo)*, im Essener Folkwang Museum die Präsentation *Fotografie der Gegenwart*, Moholy-Nagy brachte sein Buch *Vom Material zur Architektur* heraus und Werner Gräff sein Populär-Lehrbuch *Es*

Walter Peterhans: *Stillleben mit Gaze und Blüten*, um 1928–32

kommt der neue Fotograf. »Dieses Buch hat das Ziel, Schranken zu sprengen«, schreibt der Autor[5] und meint damit das Hinwegfegen von Maximen traditioneller Bildgestaltung. Es ist eine Aufforderung an die Amateure, gegen die ›Regeln der Kunst‹ zu verstoßen, und eine Aufforderung an die Industrie, sich den neuen Gegebenheiten anzupassen.

1925 hatte die Firma Leitz bereits einen ersten und wegweisenden Schritt getan und die Leica, eine Kleinbildkamera mit Wechseloptik und einem Film für 36 Aufnahmen mit einem Negativformat von 24 × 36 mm, auf der Leipziger Messe vorgestellt. Flexible und einfache Handhabung ermöglichte spontane und lebendige Aufnahmen, Leichtigkeit und geringe Größe machten sie ständig verfügbar. Bis zum Ende der Weimarer Republik sollte Leitz rund 100 000 Apparate verkaufen.

Die Bandbreite des neuen Stils umfasste das ganze Programm, das auch Walter Peterhans am Bauhaus unterrichtete: Werbung, Produkt- und Architekturaufnahmen, Stillleben, Porträt und politische Dokumentation. Ohnehin war die politisch motivierte Kreativität auf dem Vormarsch, nicht nur in den Zeitschriften, die zunehmend Bildjournalisten beschäftigten, sondern selbst im Porträtsektor. So stand der Fotograf HELMAR LERSKI, der die plastische Wirkung des Lichts auf den groß aufgefassten und angeschnittenen Gesichtern von Unbekannten erprobte, unverkennbar der Arbeiterklasse nahe, auf die er mit seinem Band *Köpfe des Alltags* (1930) eine ästhetische Nahsicht zelebrierte. Mit effektvollen, glatten Inszenierungen überwiegend gebrochener Frauen- und meist entschlossener Männergestalten stellte er seine eigenwillige Solidarität mit dem geschundenen Proletariat unter Beweis. Es gelang ihm durch wechselnde Beleuchtung und Perspektive, die theatralische Wandelbarkeit eines einzelnen Gesichts und zugleich die Vielfalt fotografischer Ausdrucksmöglichkeiten an einem Objekt vorzuführen. Seine Stummfilmerfahrung – er war z.B. 1924 der Kameramann bei Henrik Galeens *Das Wachsfigurenkabinett* – kam ihm dabei sehr zugute.

Statt Arbeitslose und Putzfrauen als Modelle zu engagieren, hielt sich HUGO ERFURTH, der seine Edeldruckverfahren und konventionellen Perspektiven noch aus seiner Zeit als Kunstfotograf herübergerettet hatte, lieber an die kreative Prominenz seiner Generation. Die überzeugende Verbindung von konservativer Technik und einer überwiegend sachlichen Darstellung wurde der geistigen Elite gerecht, deren Fortbestand er über die Grenzen des Kaiserreichs hinaus mit seiner Porträtgalerie konstatierte.

Die Neue Sachlichkeit in Reinkultur scheint auf den ersten Blick der Deutsche ALBERT RENGER-PATZSCH zu vermitteln. Undramatisch und reizlos erfasste er die Dinge fotografisch und blieb stets bemüht, das Medium aus dem Dunstkreis der Kunst

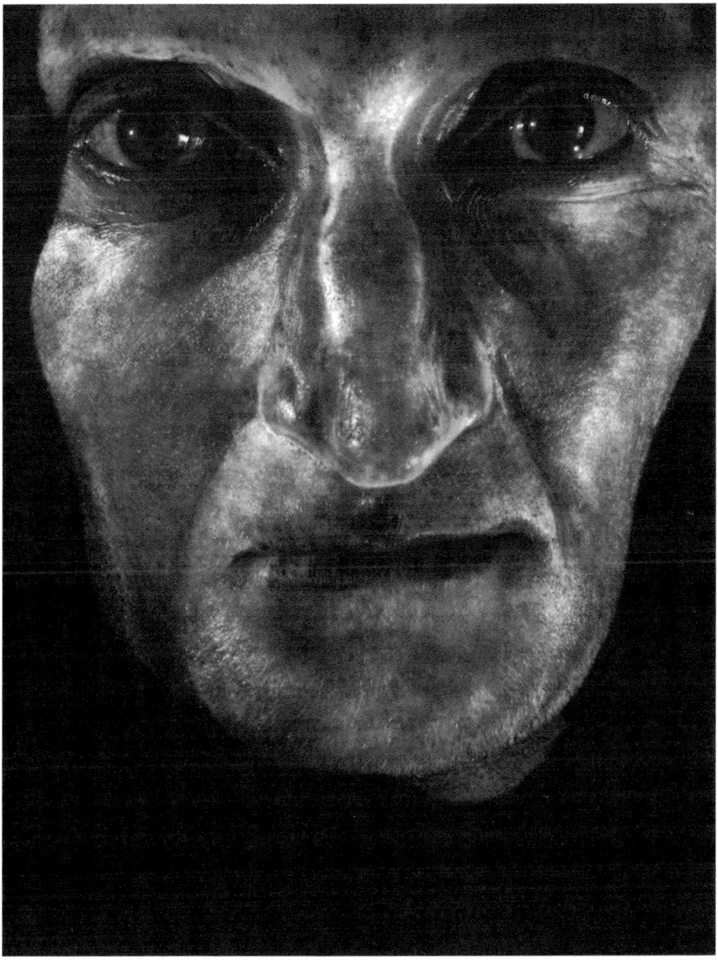

Helmar Lerski: *Verwandlungen durch Licht*, 1936

herauszuhalten. Er begriff die Fotografie als dem Gegenstand und der Technik verhaftet, »während Kunst souverän über den Gegenstand herrscht«.[6] Die nüchterne Fixierung auf das Objekt, die seine Aufnahmen auszeichnet, ist die unmittelbare Konsequenz aus dieser Sichtweise. Das Diktat der Technik in einer

Hugo Erfurth: *Alfred Flechtheim,* um 1930

Welt der Maschinen, in die der Mensch sich nur noch spielerisch eingliedert und in der er letztlich entbehrlich ist, avancierte zum neuen Evangelium. Die Automatisierung nach amerikanischem Vorbild wurde perfektioniert, ästhetisiert und in Publikationen[7] gefeiert. Mit seinem Buch *Die Welt ist schön* (1928) gelang es Renger-Patzsch, der »Revolution des ästhetischen Empfindens«, die alles Existierende – Pflanzen, Menschen, Industrieanlagen – wertfrei in ihrer formalen Wirkung betrachtete, ein Denkmal zu setzen. Den strengen Bildern des Buches steht eine Einführung Carl Georg Heises gegenüber, die in ihrem Pathos die Neue Sachlichkeit bis zum Sakralen verklärt: »Nein, die Dinge selbst sind nicht häßlich oder hübsch, es gilt die in ihnen verborgene Schönheit mit dem schöpferischen Auge ›herauszureißen‹, wie das schon Dürer empfohlen hat. Es gibt nichts, das nicht schön sein könnte.«[8] Und tatsächlich stehen am Ende des Buches »betende Hände«: »Wir erleben den menschlichen Organismus, zu vielgestaltiger Geschäftigkeit durch die komplizierte Beweglichkeit der Gliedmaßen bestimmt, aber zum Ineinandergreifen zu höherem Zweck verpflichtet, wie das die Möglichkeit klaren Zusammenfügens der zehn Finger zweier Hände zur geschlossenen, großen Form [...] beweist. Beweist? Hier versagt jede Redensart. Es läßt sich nicht erzählend nachzeichnen, was nur das Bild in der ganzen Tiefe seiner Deutbarkeit, mit der Fülle seiner geheimen Hinweise auf den Sinn des Universums lebendig machen kann. Wer Augen hat zu sehen, der sehe.«[9] Ganz offensichtlich ist der Autor bemüht, der Neuen Sachlichkeit eine geistige Tiefe zu bescheinigen, die ihr von ihren Kritikern abgesprochen wurde. Heise wie Renger-Patzsch waren vertraut mit den Argumenten, die in den kühlen Bildern nur oberflächliche Reizüberflutung sahen. »Also Effekt um jeden Preis«, wie die Volksfotografin Erna Lendvai-Dircksen schreibt. »Eine Welt fremder Stilmischungen, übergroßer Ausschnitte, künstlicher Primitivität, aber auch seltsamer Lockung bizarrer, raffinierter Formeleganz als überfeinerte Geste spürbarer Dekadenz. [...] Diesen Früh- und Fehlgeburten einer einseitigen Intelligenz muß gegenübertreten die wurzelhafte, lebenskräftige Art der wahren Originalität, die in echter Sicht der Dinge zu leben weiß und dem schleichenden Pessimismus entgiftend entgegenzutreten vermag.«[10]

Die extremen Positionen sind um 1930 längst bezogen, und der ästhetische Machtkampf, der sich parallel zum politischen Kräftemessen der extremistischen Parteien vollzieht, nimmt in Deutschland seinen Lauf, um 1933 in der Schließung des Bauhauses, im Sturm auf die Redaktionsräume der *Arbeiter Illustrierten Zeitung* (AIZ), in der Verfolgung linker, jüdischer oder international orientierter Fotografen zu eskalieren, die fortan fürchten mussten, wie der Bildreporter Erich Salomon, in den Gaskammern von Auschwitz zu enden.

Ernst Kallai · Malerei und Fotografie

Die Rückkehr der Malerei zur sachlichen Darstellung wird vielfach als eine Nachahmung der Natur beurteilt, die bedeutend einfacher und vollkommener mit der Fotografie zu erzielen sei. [...] Das Abbilden der Natur käme für die Malerei lediglich als Rohvorlage oder als untergeordneter Teil der eigentlichen Bildgestaltung in Betracht.

Nehmen wir zunächst an, diese Einschränkung sei richtig. Es fragt sich, wo die Grenze liegt, bei der die Form aufhört Abbildung zu sein und in den Bereich der Gestaltung übergeht. Wohin gehört die peinlichst genaue Nachzeichnung eines Rasenstückes durch *Dürer*? Ist das Porträt des Kaufmanns Georg Gisze von *Holbein* etwa Nachahmung und nicht vielmehr ein Werk höchster künstlerischer Gestaltungskraft? Kann in der Malerei überhaupt eine bestimmte *stilistische* Grenze zwischen äußerem und verinnertem Erfassen der Natur gezogen werden oder ist diese Grenze eine vom jeweiligen Zeitstil unabhängige Frage persönlicher Künstlerhingabe und – Qualität? In einer gegenständlich und stofflich so naturgetreuen, zudem noch atmosphärisch empfundenen Studie von *Leibl* ist mehr Beseelung und Gestaltung als in hundert schludrigen Nachläufern des Expressionismus. Das gleiche läßt sich von einer ganzen Reihe bester Malereien der Neuen Sachlichkeit behaupten, in denen Naturausschnitte mit geflissentlicher Vermeidung jeder besonderen Komposition rein perspektivisch dargestellt sind. Auch diese Bilder sind unzweifelhaft Gestaltungen, trotz der nüchternen Genauigkeit, mit der sie das Äußere der Natur nachahmen. [...]

Wenn aber der lebendige Antrieb einer malerischen Gestaltung auch heute noch gerade darin liegen kann, daß man selbst den bescheidensten Äußerungen der Natur andachtsvolle Bewunderung entgegenbringt, so ist es unmöglich, Nachahmung und Gestaltung als unvereinbare Gegensätze zu betrachten. Und es geht nicht an, jene ausschließlich auf das Gebiet der Fotografie zu beschränken, diese hingegen nur der Malerei zuweisen zu wollen. Um so weniger als die Fotografie, auf ihre besondere Art, genau so darstellerisch und zugleich gestaltet wirken kann wie die Malerei. Sie braucht nur ihren Meister zu finden. [...]

Der Unterschied zwischen Malerei und Fotografie hat demnach nichts mit der Scheinalternative »Nachahmung oder Gestaltung« zu tun. Auf beiden Seiten finden sich schöpferisch belebte d.h. gestaltete Abbildungen der Natur und Gestaltungen, die außerhalb jeder gegenständlichen Bindung stehen. [...]

Schon diese wenigen Erwägungen zeigen zur Genüge, daß die eigentliche Grenze zwischen Malerei und Fotografie in ihrem Ausgang nicht formaler Beschaffenheit ist. Sie ist vor allen formalen Erweiterungen fürs erste durch die stoffliche Verschiedenheit der Malmittel und der lichtempfindlichen Platten, Filme und Papiere bedingt. Diese grundverschiedene stoffliche Bedingtheit genügt, um selbst eine vollkommene objektgebundene malerische Darstellung von einer Fotografie gleichen Motivs fernzuhalten. Der Unterschied ist wesentlicher als die Spanne, die zwischen einem bürgerlichen Genrebild und einem *Picasso* oder einer streng geistigen Komposition der Vergangenheit besteht. [...]

Die Faktur einer Zeichnung oder eines Gemäldes mag noch so verrieben und geglättet sein, sie bewirkt trotzdem, daß die Gestaltung nicht nur als Einheit formaler und farbiger Beziehungen und gegebenenfalls als räumliche Illusion, sondern zugleich als spannungsvoll konsistente Stofflichkeit empfunden wird. [...]

Die Fotografie ist zu diesem eindringlichen Grade der Materialisation und Verdinglichung unfähig. Gewiß, sie schafft Nachbildungen der Wirklichkeit, die blendend klar und deutlich sein können. Aber das real-stofflich bedingte Empfindungssubstrat dieser reichen Sinnestäuschungen ist überaus arm, fast wesenlos. [...] Das Antlitz der Natur wird auf eine Formel allergeringster stofflicher Konsistenz gebracht, zum *Licht*-Bild sublimiert.

Ernst Kallai: Malerei und Fotografie. In: Theorie der Fotografie. Bd. 2: 1912–1945. Hrsg. von Wolfgang Kemp. München: Schirmer-Mosel, 1979. S. 113–115.

Fotografie für alle

August Sander und die Amateurfotografie

Eine Typologie der Menschen des 20. Jahrhunderts, in 45 Mappen nach Ständen geordnet, war das gewaltige Projekt des gelernten Fotografen August Sander. Ein Abbild seiner Zeit wollte er schaffen, die ganze Palette der bäuerlichen Menschen, der Kleinstadttypen, der großstädtischen Handwerker, der modernen Industriellen, des Proletariats und der Bourgeoisie differenziert ablichten. Mit Vorliebe nahm er sie als Ganzkörperportäts in ihrer gewohnten Umgebung auf. Die Bilder sind gestellt, der Blick der Protagonisten ist fast immer in die Kamera gerichtet, es kommt zum direkten Dialog mit dem Fotografen, der damit klar macht, dass es sich nicht um zufällige Schnappschüsse handelt, sondern dass die Menschen vor der Kamera gezielt ausgewählte Repräsentanten ihrer Zünfte sind, die in den Augen Sanders überindividuelle Charakteristika verkörpern. Es ist ein distanzierter Blick, der die Sympathien und Antipathien des Fotografen auszublenden versucht. Die Distanz – so Alfred Döblin in seiner Einleitung zum ersten und einzig erschienenen Band – ist das Geheimnis der Bilder, denn »es genügt schon die Entfernung etwa eines wissenschaftlichen Gesichtspunktes oder eines historischen Gesichtspunktes, eines philosophischen oder ökonomischen. Plötzlich werden wir uns selber Fremde und haben etwas über uns gelernt. […] Wie es eine vergleichende Anatomie gibt, aus der man erst zu einer Auffassung der Natur und der Geschichte der Organe kommt, so hat dieser Photograph vergleichende Photographie getrieben.«[1] Die Aufnahmen zeigen keine solidarische, von einer rassischen Idee getragene Volksmasse, wie sie wenige Jahre später von den Nationalsozialisten ikonisiert wurde, sondern reflektieren eine Gesellschaft im Umbruch, voller Gegensätze und Spannungen. »Die Wahrheit zu sehen, müssen wir vertragen können«, schreibt Sander, zutiefst überzeugt vom unbestechlichen Blick seiner Kamera, »vor Allem aber sollten wir sie unseren Mitmenschen und der Nachwelt überliefern, sei es günstig oder ungünstig für uns. Wenn ich nun als gesunder Mensch so unbescheiden bin, die

August Sander: *Gymnasiast*, 1926

August Sander: *Konditor,* um 1928

Dinge so zu sehen, wie sie sind, und nicht, wie sie sein sollen oder können, so möge man mir dies verzeihen, aber ich kann nicht anders.«[2]

Der Beginn des 20. Jahrhunderts war geprägt durch Bestrebungen, das Leben zu standardisieren: durch Neuregulierung des Geschäftslebens, durch die Einführung von Zeitzonen, von Intelligenzmessungen und Industrienormen. Diese Reglementierungswut wurde durch die verbesserte Kommunikation, durch die Einführung des Telefons, die drahtlose Telegrafie, die Entdeckung der Röntgenstrahlen und die weite Verbreitung des Fotoapparats gefördert. Auch die Kamera selbst und letztlich sogar die ästhetische Wahrnehmung wurden von der Normierung und Rationalisierung nicht verschont, und letztlich ist August Sanders Versuch der Erfassung eines ganzen Volkes auch eine äußerst zeittypische Unternehmung.

Aber es blieb nicht bei der passiven Erfassung der Bevölkerung. Industrie, Politik und Avantgarde zogen unterschiedlich motiviert am selben Strang bei der Ausstattung der Massen mit Fotoapparaten, damit jeder die Möglichkeit bekäme, sich seine Umwelt bildlich anzueignen.

»You press the bottom, we do the rest«, das war der Slogan, mit dem bereits 1888 die Kodak Box von George Eastman propagiert wurde. Endlich gab es die Kamera für jedermann, einfach zu handhaben und erschwinglich. Ein Triumph des Kapitalismus, der nun auch jedem Proletarier seine eigene Spielmaschine ermöglichte. War die Kontrolle der Maschinen bislang Sache der Großindustriellen gewesen, so gab die Industrie nun die Macht über einen kleinen, scheinbar harmlosen transportablen Apparat an alle weiter. Allerdings nur, um auf diesem Wege ihre Kontrolle auf das Bedürfnis der Allgemeinheit nach persönlichen Bilderinnerungen auszudehnen. Auch wenn der Einzelne die Maschine selbst in Gang setzen konnte wie ein Zauberlehrling – »you press the bottom« –, so bedurfte es doch des Meisters, um den Prozess zum vernünftigen Abschluss zu bringen: »we do the rest«. Daran hat sich auch im 20. Jahrhundert nicht viel geändert. Der überwältigende Anteil der Bildproduktion entstand in Zusammenarbeit von Millionen von Kamerabesitzern und einer Reihe von Großlabors, die wiederum von wenigen Papier- und Chemikalienlieferanten der Industrie abhängig waren. Nach der Erfindung des Zelluloid-Rollfilms 1887 waren die Schleusen für eine private Bilderflut geöffnet. Der belichtete 100-Bilder-Film der Kodak Box wurde nach der Belichtung mit Kamera zur Entwicklung ans Labor geschickt, und das Labor lieferte die Kamera mit neu eingelegtem Film an den Kunden zurück.

Die Neugier auf die Möglichkeiten der Dunkelkammerarbeit und das Bedürfnis, die Ausarbeitung der Bilder zu Hause oder in Fotoclubs selbst zu übernehmen, existierte dennoch und wuchs in den ersten Jahrzehnten des 20. Jahrhunderts schnell. Überall hatten sich Fotoamateure zusammengeschlossen, besprachen und tauschten Aufnahmen, stellten ihre Werke aus und lasen die extra für sie (meist von der Industrie) herausgegebenen Zeitschriften. Es war eine, wenn auch vom Großkapital unterstützte, Basis-Bewegung. Franz Roh verkündete 1929: »die apparatur der neuen fototechnik ist derart einfach, daß sie grundsätzlich jedermann handhaben kann.«[3] Seit ihren Anfängen, und auch noch in den 20er und 30er Jahren des 20. Jahrhunderts, lagen die fotografischen Innovationen in den Händen von Amateuren im besten Sinne, von Liebhabern, die die Fotografie nicht kommerziell und damit auch unabhängig von eingefahrenen Geschmacksvorstellungen, die bedient werden wollten, betrieben. Hinter dem Begriff »Amateurfotografie« stand etwas vollkommen anderes, als sich beispielsweise mit dem Amateurwesen auf den Gebieten Sport, Musik oder auch Malerei gemeinhin verbindet. Nicht dilettierende Hobbyisten sind gemeint, sondern die Majorität der wegweisenden Innovatoren des Mediums.

Allerdings besteht ein elementarer Unterschied zwischen Autodidakten wie etwa Moholy-Nagy und Man Ray und den Mitgliedern der Amateurclubs. Man darf sich nicht der Illusion hingeben, die Neue Sachlichkeit habe auf ganzer Breite bis zu den Freizeit-Fotofreunden durchgeschlagen. Die Mehrheit blieb bei ihren konservativen Vorstellungen vom ›guten Bild‹, das ›ordentlich‹ komponiert, belichtet, entwickelt und vergrößert wurde, das unpolitisch blieb und mit Vorliebe Reise-, Landschafts-

und Familienimpressionen lieferte. Das Bild der Fotografie blieb geprägt von einer Reihe innovativer Autodidakten einerseits und einer zunehmenden Zahl von Hobbyknipsern, die sich bestenfalls oberflächlich vom visuellen Zeitgeist streifen ließen.

In den Sphären der klassischen Kunstgeschichte hatte sich das Medium wohl auch gerade deshalb noch keinen Platz erobert. Der Makel des Unprofessionellen wog fast ebenso schwer wie die Tatsache, dass die Fotografie nicht als schöpferisch empfunden wurde. Sie wurde als ›nachschöpfend‹ eingestuft, d. h. als rein abbildend, und die Kunstgeschichtsschreibung überließ sie daher gern der Allgemeinheit. Der Erfindung aus der eigenen Genialität heraus, wie sie dem Maler möglich war, stand aus kunstwissenschaftlicher Sicht bestenfalls die ansprechende Reproduktion des Fotografen gegenüber. Imagination stand gegen Imitation. Fotografie blieb zweitklassig.

Solange Fotografie nicht als Hoch-Kunst ernst genommen wurde, konnte man sie zudem gut auch als Medium für die Frau empfehlen.

Otto Weininger hatte in seinem Bestseller *Geschlecht und Charakter* (1903), der bis 1924 immerhin 26 Auflagen erlebte, den Versuch unternommen, das Prinzip des Weiblichen vor allem als Unfähigkeit zum Genie zu charakterisieren.[4] Alles, was den Anschein des Genialen bei einer Frau ausmachen könne, seien die männlichen Komponenten in ihr. Und Ernst Guhl hatte bereits 1858 in seiner Schrift *Die Frauen in der Kunstgeschichte* angemerkt, die Qualitäten des weiblichen Geschlechts lägen »weniger im Neuschaffen als in der liebevollen Weiterbildung eines Bestehenden und Überlieferten«.[5] In diesem Sinne legten auch die Fotoamateurzeitschriften nach, die die Frauen als Klientel gewinnen wollten, denn es gäbe in der Fotografie nichts, »was nicht ganz eindeutig weiblichem Wesen entspricht. Verlangt doch allein schon die Motivwahl eine ausgesprochene Gefühlsbetontheit. […] Die Liebe zum Kleinen wird die Frau dahin führen, nicht nur die ihr besonders liegenden Kinderaufnahmen zu forcieren, sondern sich auch dem Stilleben zu widmen. Das Haus, die Küche, sind wahre Fundgruben für das suchende Auge.«[6] Der Mann *lebt* sein Leben, während die Frau das ihre *er*lebt, formulieren es die *Photoblätter*: »Nun ist aber gerade bei der edlen Schwarzweiß-Kunst das Erleben das Wesentliche.«[7]

Ohne Genialität und technische Auffassungsfähigkeit, aber mit sensibler Beobachtungsgabe und Hausarbeitsgeschick: Für dieses Frauenbild scheint die Fotografie wie geschaffen. Hatten Frauen an Kunstschulen nur sehr begrenzte Möglichkeiten und wurden selbst an so vermeintlich progressiven Lehranstalten wie dem Bauhaus meist schnell in die Weberei abgeschoben, so eröffnete sich ihnen mit der Fotografie ein künstlerischer Entfaltungsraum, in dessen Grenzen sie sogar von der patriarchalen Kunstelite noch ermutigt wurden. Auch das ist mit Sicherheit ein Grund, warum sich in keiner der bildenden Künste so viele bedeutende Frauen finden wie in der Fotografie.

Mit dem Beginn der Akzeptanz der Fotografie als Kunstform und ihrem Einzug in die Museen im letzen Viertel des 20. Jahrhunderts hat jedoch auch die Geniegeschichtsschreibung Einzug gehalten. Und sofort hat sich das Blatt gewendet, denn es sind nun, wo die Fotografie von der Kunstwissenschaft und den Museen ernst genommen wird, mit wenigen Ausnahmen, doch wieder die männlichen Fotografen, die mit opulenten Werkverzeichnissen und One-Man-Shows gefeiert werden.[8]

Die Heim-, Herd- und Hobbykunst der Fotografie erfuhr in den 20er und 30er Jahren einen großen Aufschwung. Amateurzeitschriften geben einen guten Einblick in die künstlerische Entwicklung und die Breitenwirkung einer sachlichen Ästhetik, die sich in Deutschland weit über die politische Zäsur des Jahres 1933 hinaus halten konnte.

Auch wenn die Zahl der ›völkischen‹ Aufnahmen von Müttern, deutschen Auen und bäuerlichem Leben in Zeitschriften wie *Die Leica*, *Perutz-Mitteilungen* und besonders *Der Satrap* immer weiter zunahmen und Werke wie die Mappen August Sanders mitsamt den Druckstöcken von den Nationalsozialisten vernichtet wurden, hielten sich zumindest neusachliche Kompositionen, wenn auch oft ideologisch aufgeladen, vereinzelt noch bis 1938.[9] Formal reduzierte Kompositionen zeigen nun *Die neuen Straßen Deutschlands* oder Alltagsszenen anlässlich des Wettbewerbs *Gebt mir vier Jahre Zeit*.[10]

Fotografie und Propaganda

Kommunismus und Nationalsozialismus

Viele Künstler Russlands wurden 1917 von der Russischen Revolution überrascht, aber sie witterten sofort neue Möglichkeiten für eine freie Kunst, unabhängig von staatlicher Kontrolle und Zensur. Wichtige Fragen galt es zu beantworten: Was sollte mit den Museen und Akademien geschehen und: brauchte man Künstlerverbände oder ein Ministerium der schönen Künste? Der neu gewonnene Freiraum wurde zunächst einmal genutzt, um die verbalen Schlachten der Vergangenheit fortzuführen und sich gegenseitig die Kompetenz für eine Neuorganisation der Szene abzustreiten.

Aber schon kurz nach der Oktoberrevolution brachen schwere Zeiten für Künstler an, denn von staatlicher Seite wünschte man sich keine revolutionäre Kunst, sondern bestenfalls eine Kunst im Dienste der Revolution. Und, was noch schwerer wog, die Künstler standen außerhalb der industriellen Produktion. Die Brüder Georgij und Wladimir Stenberg, die ihre künstlerische Ausbildung 1917 rechtzeitig durch Lehrgänge zu Militärtechnik und Brückenbau ergänzt hatten, formulierten präzise Vorstellungen für den Umgang mit den Kunst-Kollegen: »Sie sind zu nichts zu gebrauchen. Man sollte sie auf die gleiche Weise behandeln, wie die Tscheka (Geheimpolizei) mit den Konterrevolutionären umgeht.«[1] Der Künstler wurde in dieser extremen Position allein durch seine Existenz zum Staatsfeind. Als Folge machte sich eine aufgeregte Produktion konkurrierender Künstlergruppen bemerkbar, die im Wesentlichen darauf zielte, sich ideologisch korrekt zu institutionalisieren. Diese Rivalität fand 1932 ein Ende mit der staatlichen Gleichschaltung der Künste. Gefordert war nun nicht mehr nur die Aussöhnung zwischen Geist und Maschine, sondern der Verzicht auf jedes individuelle und psychologisierende Denken.

Schon 1923 hatte der gelernte Maler Gustav Kluzis den WCHUTEMAS (Höhere staatliche künstlerisch-technische Werkstätten) die Einrichtung einer »Werkstätte der Revolution« vorgeschlagen, in der Agitations- und Propagandakünstler geschult

Alexander Rodtschenko: *Notleiter,* 1925

Boris Ignatowitsch: *Leningrad, Die Ermitage,* 1930

werden sollten. Er war einer der führenden Plakatgestalter des Landes und bis 1937 international in den Diensten seines Landes unterwegs, u. a. bei der Weltausstellung in Paris. 1938 wurde er deportiert. Sein Lehrer und Kollege Alexander Rodtschenko, Sohn einer St. Petersburger Arbeiterfamilie und Revolutionär der ersten Stunde, wirkte während der 20er und 30er Jahre als Fotoreporter, war Mitglied des INCHUK (Institut für künstlerische Kultur), dort Leiter des Präsidiums – nachdem Kandinsky 1921 ans Bauhaus gewechselt war – und lehrte an der Moskauer Proletkult-Schule sowie an den WCHUTEMAS bis zu ihrer Auflösung 1930. Zusammen mit Rodtschenko gründete Boris Ignatowitsch die Fotosektion der avantgardistischen Künstlergruppe Oktober und arbeitete als Fotoreporter für Zeitschriften wie

Lewis Wickes Hine: *Kraftwerkmechaniker,* 1920

Arkadi Schaichet: *Ein Komsomolze am Steuer,* Balachna 1931

Dajosch! (›Vorwärts!‹) und *UdSSR im Aufbau*, für die auch Rodtschenko tätig war. Scharfe Angriffe gegen Oktober richtete die Gruppe ROPF (Russische Organisation Proletarischer Fotografen), deren bedeutendster Vertreter ARKADI SCHAICHET sich der heroischen Darstellung des Arbeiters verschrieben hatte. Sein Fotoessay über einen Metallarbeiter in der Fabrik des Roten Proletariats *Vierundzwanzig Stunden im Leben der Familie Filippow* (1931) erregte über die nationalen Grenzen hinaus Aufmerksamkeit und wurde unter anderem in der AIZ veröffentlicht. Die Harmonie zwischen Mann und Maschine wurde zum übergreifenden propagandistischen Ideal jenseits aller Ideologien. Und das industrielle Wettrüsten in Ost und West führte auch zu ähnlichen Ikonen, wie sie Hine für die USA und Schaichet für die UdSSR schufen.

Wie die biografischen Skizzen zeigen, war Propaganda ein elementarer Bestandteil jeder sowjetischen Kunstäußerung, ganz gleich ob sie zum Realismus oder zur Abstraktion tendierte, denn auch Rodtschenkos Fragmentierungen von Industrieanlagen, Arbeitsprozessen und Maschinen in Bildsequenzen dienten nach Aussage des Fotografen dazu, die Großartigkeit der Produktivkräfte möglichst effektiv zu vermitteln. Die ideologische Unbedenklichkeit war wohl auch Grund dafür, dass sich die neuen Perspektiven vorübergehend als Ausdruck einer progressiven Grundhaltung behaupten konnten.

Aber es ging der Sowjetregierung nicht nur darum, die Werktätigen zu dokumentieren, sondern auch eine Artikulation des Proletariats mit Hilfe der Kamera zu ermöglichen. Der Volkskommissar für Bildung Anatoli Lunatscharski merkte 1926 an: »Jeder fortschrittliche Genosse sollte nicht nur eine Uhr, sondern auch eine Kamera besitzen. Wir werden in der Sowjetunion nicht nur für eine gute Allgemeinbildung, sondern ebenso für eine photographische Ausbildung Sorge tragen.«[2]

Zweifellos sind das Neue Sehen und die Neue Sachlichkeit eine zunächst im kommunistischen Russland und in der jungen deutschen Demokratie der Weimarer Republik verwurzelte Kräfte, die mit kritischem Blick und radikaler Ästhetik das Denken und Empfinden breiter Bevölkerungsschichten erreichen wollten. Mit der Gleichschaltung der Künste im Sowjetregime und der Machtübernahme der Nationalsozialisten in Deutschland wurden sie zunehmend kontrolliert, eingeschränkt und bekämpft. Dennoch wirkten ihre Impulse in Architektur, Malerei und Fotografie auch weit über das Jahr 1933 hinaus. Formal lieferte die Neue Sachlichkeit einige grundlegende Elemente der Ästhetik totalitäter Staaten, die im neuen Kontext überhöht und umgedeutet wurden. In zahlreichen Bauten des Dritten Reichs findet sich etwa eine sachlich-schnörkellose Strenge wenn auch in monumentalisierten Dimensionen wieder, und die heroisierende Untersicht, die wir von zahlreichen Fotografien aus dem Deutschland der Jahre 1933–1945 kennen, hat ihre Wurzeln in den veränderten Perspektiven, die von führenden Theoretikern der 20er Jahre propagiert wurden.

Das lag mit Sicherheit auch daran, dass die Mehrheit der Nationalsozialisten nach ihrer Machtübernahme zunächst nur sehr vage Vorstellungen von einer angemessenen Staatskunst hatten. Pries etwa Joseph Goebbels in einer Rede vor Theaterleitern am 8. Mai 1933 die Neue Sachlichkeit als »deutsche Kunst des nächsten Jahrzehnts«[3], prangerte Reichsinnenminister Wilhelm Frick »jene eiskalten, gänzlich undeutschen Konstruktionen, wie sie unter dem Namen der neuen Sachlichkeit ihr Geschäft treiben« an.[4] Und auch die Zäsur, die das Jahr 1933 politisch bedeutet hatte, verlief quer durch die Reihen der Maler: Karl Hubbuch, Otto Dix oder George Grosz blieb nur Rückzug und/oder Emigration, während Alexander Kanoldt, Franz Radziwill oder Georg Schrimpf eher noch an Einfluss und Ansehen gewannen. Das gleiche Phänomen findet sich bei der Fotografie. Während Künstler wie Moholy-Nagy und Man Ray ins Exil gingen, arrangierten sich andere Fotografen aus dem Umfeld des innovativen Stils, etwa Hugo Erfurth und Paul Wolff, mit dem neuen Regime. Auch ein Fotograf wie WILLY ZIELKE, der mit seinen sachlichen Arbeiten an der Stuttgarter *FiFo* teilgenommen hatte, versuchte sein Glück und schuf nach 1933 mit dem furiosen Experimentalstreifen *Das Stahltier* (1935) zum hundertjährigen Jubiläum der Eisenbahnstrecke Nürnberg – Fürth den wohl außergewöhnlichsten Film des Dritten Reichs, der selbstverständlich von der

Berliner Filmprüfstelle noch vor seiner Premiere verboten wurde. 1937 erlitt Zielke einen Nervenzusammenbruch und wurde erst nach sechs Jahren durch die Intervention Leni Riefenstahls aus der psychiatrischen Klinik entlassen, in der man ihn untergebracht hatte.[5]

Auch die Kritik an der Neuen Sachlichkeit von Kollegenseite blieb nicht aus. Sowohl die alten Piktorialisten und Edeldruckverfechter als auch die neue Generation der Blut-und-Boden-Fotografen bliesen zum Angriff mit einer ebenso diffusen Mixtur von Argumenten. Heinrich Kühn ließ bereits 1931 wissen: »Sicher ist das eine, deutsch, innerlich deutsch empfunden, ist die Bewegung nicht.«[6] Und Franz Grainer formuliert 1937 ihren Nachruf: »Man wird die ›Neue Sachlichkeit‹ als ein typisches Zeitprodukt besser verstehen, wenn man sich klarmacht, daß der Mensch als ein abgekämpftes, entsetzlich ernüchtertes und armes Geschöpf aus dem Weltkrieg zurückkam. Er brachte den großen Schwung nicht auf, die grausige Not zwang ihn zu gefühlloser Überlegung, zu zweckmäßigster, ja primitiver Daseinsform. Diese Sachlichkeit wuchs nicht aus der Fülle und Urkraft eines gesunden Volkes – sie war konstruiert und daher blut- und seelenlos.«[7]

Aus der Aufbruchsgeneration nach dem Ersten Weltkrieg, die in einer jungen Demokratie die Kunst revolutionierte, wurde rückblickend vom Standpunkt einer ›völkischen Kunst‹ gesehen eine abgestumpfte Horde Primitiver. In einem Punkt kann man Grainer dennoch Recht geben: Die Neue Sachlichkeit ist tatsächlich nicht aus der »Urkraft eines gesunden Volkes« entstanden – unterscheidet sich insofern allerdings auch nicht von anderen Kunstepochen und Stilen –, sondern wurde durch eine internationale Avantgarde gespeist, deren Ideen zwischen 1918 und 1932 einen wachsenden Raum im Alltag Russlands und der Weimarer Republik einnahmen und in anderen europäischen Ländern sowie den USA auch darüber hinaus prägend blieben.

In scharfer Abgrenzung zu diesem Stil der »jüdisch-proletarischen Weltrevolution« war die deutsche Fotografin Erna Lendvai-Dircksen völkischen Urkräften auf der Spur. Bereits vor der Machtübernahme durch die Nazis hatte sie einen ersten Band ih-

Erna Lendvai-Dircksen: *Bauer vom Hardangerfjord,* 1942

rer Reihe *Das deutsche Volksgesicht* veröffentlicht, in der sie uns liebevoll und bewundernd die graduellen Unterschiede der Rassetypen vor Augen führt. Entsprechend zu Hitlers imperialistischer Kriegspolitik ließ sich die Reihe leicht zum *Germanischen Volksgesicht* erweitern. Nicht mehr nur die Typen deutscher Regionen wurden nun abgelichtet, sondern auch Flamen (1941), Norweger (1942) oder Dänen (1943). Als gäbe es eine anthropologische Legitimation, eine wissenschaftliche Notwendigkeit für die Vision eines großdeutschen Reiches, liefert Lendvai-Dircksen Bilder von Vertretern des »Herrentums germanischer Rasse«, die nur darauf warten, aufgerüttelt zu werden und begeistert von einer arisch-germanischen Idee, die die Kulturwerte Europas gegen minderwertige Rassen, vor allem gegen die »Einflüsse anglo-amerikanischer Zivilisation«, verteidigt. »Über einer zu langen Reihe sogenannter guter Tage, des Ausruhens auf dem Tatenruhm heldischer Vorfahren, war ein edles Volk in einen dumpfen Schlaf seiner besten Wesenskräfte versunken, aus dem der Ruf einer neuen Zeit es weckt zu seiner neuen europäischen Sendung«, heißt es etwa im Norwegen-Band,[8] denn nur gemeinsam kann die Festung Abendland unter germanischer Führung gehalten werden: »Die deutsche Wehrmacht ist heute auch Front des deutschen und freien europäischen Geistes«, schreibt der nationalsozialistische Vordenker Alfred Rosenberg. »Sie verteidigt in Ost und West Perikles und Augustus genauso wie Goethe und Beethoven. [...] Wie einst die Griechen gegen Vorderasien kämpfen mussten, so kämpft heute Deutschland gegen alle Feinde der Freiheit und Kultur unseres Kontinents.«[9]

Diesen Äußerungen Rosenbergs war in den 20er und 30er Jahren eine Antikenbegeisterung vorausgegangen, die sich in zahlreichen Griechenland-Bildbänden niederschlug. Begonnen hatte sie mit herausragenden Publikationen von Frederic Boissonnas und Hanns Holdt, dessen Verleger Günther Wasmuth dazu beitrug, den Bildband an sich auf dem Buchmarkt zu etablieren. Walter Hege – der auch die Bildwerke der Dome von Bamberg und Naumburg erfasste, die als germanische Urtypen verstanden wurden – begann bereits die antiken Bauwerke Griechenlands mit fotografischen Mitteln zu dramatisieren und zu monumentalisieren, und Joachim Gerstenberg ergänzte seine Impressionen durch Volksgesichter im Stile Lendvai-Dircksens. Der Einmarsch der deutschen Truppen wurde schließlich nur noch als konsequente Reunion der Herrenrasse empfunden. Erhart Kästner schickte den Soldaten im Balkan 1942 ein literarisches Weihnachtspräsent, das ihnen mit einem Mal den Sinn ihres Tuns vergegenwärtigte, denn sie folgten einem historischen Auftrag, sie kämpften wie einst die Griechen vor Troja, ja sie waren in Wirklichkeit »die ›blonden Archaier‹ Homers, die Helden der Ilias. Wie jene stammten sie aus dem Norden, wie jene waren sie groß, hell, jung, ein Geschlecht, strahlend in der Pracht seiner Glieder«.[10]

Der Faschismus gab den proletarischen Massen, wie Walter Benjamin andeutet, ein Ziel, ohne bestehende Eigentumsverhältnisse anzutasten. Das Ziel war eine Ästhetisierung der Politik, ein Führerkult und eine Verklärung des Krieges. Die Verherrlichung der Technik, wie sie auch von den Futuristen betrieben wurde, mündete in der Erwartung, die veränderte Wahrnehmung durch Politik und Krieg könne künstlerische Befriedigung erzeugen. »Die Menschheit, die einst bei Homer ein Schauobjekt für die Olympischen Götter war, ist es nun für sich selbst geworden. Ihre Selbstentfremdung hat jenen Grad erreicht, der sie ihre eigene Vernichtung als ästhetischen Genuß ersten Ranges erleben läßt.«[11]

Surrealismus zwischen den Weltkriegen

Atget, Man Ray und List

Nicht das Unklare und Diffuse, das Träume an sich haben können, sondern die besondere Schärfe und Klarheit des »Metaphysischen« zeichnete laut Giorgio de Chirico die Pittura metafisica, und in ihrer Nachfolge den Surrealismus, aus. Darstellenswert ist keineswegs eine nebulöse Irrealität, sondern »die Gelassenheit und die unbeseelte Schönheit der Materie«.[1] In der Selbstverständlichkeit, mit der die Objekte aufeinandertreffen, in der Zufälligkeit, in ihrem verblüffenden Dialog liegt das Geheimnis. Sowohl bildliche Klarheit als auch Einbeziehung des Zufalls waren Qualitäten, die die Fotografie vor anderen Künsten auszeichnete. Eine enge Verbindung mit dem Surrealismus schien ihr schon deshalb vorherbestimmt.

Wurde auf dem Gebiet der Literatur Lautréamont als Ahne entdeckt, so umwarb der Amerikaner MAN RAY für die Fotografie den Dokumentaristen des verschwindenden Paris EUGÈNE ATGET, dessen Aufnahmen er sammelte und 1927 in der Zeitschrift *La Révolution surréaliste* publizierte. Atget selbst sah sich keinesfalls als Künstler, aber sein Blick für Straßenszenen und die Arrangements des Zufalls, der in mancher Hinsicht an die Dokumentationen Zilles anknüpft, begeisterten die Surrealisten, und es ist Berenice Abbott zu verdanken, die Atgets Nachlass ordnete, dass wir über das Schaffen des Einzelgängers so gut unterrichtet sind. Walter Benjamin, den die menschenleeren Bilder in der 1930 erschienenen Monografie über Atget faszinierten, sicherte ihm schließlich postum als einem »Virtuosen« seinen Platz in der Fotografiegeschichte: »Atget war ein Schauspieler, der, angewidert vom Betrieb, die Maske abwischte und dann daran ging, auch die Wirklichkeit abzuschminken. [...] Atgets Pariser Photos sind die Vorläufer der surrealistischen Photographie; Vortrupps der einzigen wirklich breiten Kolonne, die der Surrealismus hat in Bewegung setzen können. Als erster desinfiziert er die stickige Atmosphäre, die die konventionelle Porträtphotographie der Verfallsepoche verbreitet hat. Er reinigt diese Atmosphäre, ja bereinigt sie: er leitet die Befreiung des Objekts von der Aura ein, die das unbezweifelbarste Verdienst der jüngsten Photographenschule ist.«[2] Personen sind auf Atgets Bildern fast völlig eliminiert und für Benjamin fällt damit die letzte Bastion des Kultwertes. Im Kult der Erinnerung an einen Menschen lebte noch die Aura des Einmaligen in der Fotografie fort, in Atgets Bildern dagegen, die »eine heilsame Entfremdung zwischen Umwelt und Mensch« vorbereiten, bleibt nun nichts als der stimmungslose Tatort: »Die Stadt auf diesen Bildern ist ausgeräumt wie eine Wohnung, die noch keinen neuen Mieter gefunden hat.«[3]

Dass gerade Man Ray sich für Atget stark machte, verwundert nicht weiter, denn auch seine Werke kreisen immer wieder um die Einsamkeit der Objekte, zu denen selbst die Bildtitel auf seltsame Distanz gehen. Er selbst sah sich lebenslänglich als Ausländer, firmierte unter seinem eigenwilligen Pseudonym (›Mann Strahl‹) und sammelte die Spuren seiner Begegnungen, wobei er

Eugène Atget: *Thronfeier (20. Arrondissement)*, 1925

sich bevorzugt der Fotografie bediente. Er experimentierte, bis die Menschen zu kühlen Objekten und die Objekte zu Körpern wurden. 1922, im Jahr nach seiner Ankunft in Paris, Marcel Duchamp kannte er schon seit 1915 und Jean Cocteau hatte ihn in seinen beachtlichen Bekanntenkreis eingeführt, porträtierte Man Ray die Marquise Casati, war aber von den verwackelten Bildern enttäuscht. Casati jedoch sah in der »surrealistischen Version der Medusa« ein Porträt ihrer Seele: »Das Photo der Marquise machte die Runde in Paris. Auf einmal kamen Menschen, die den am schwersten zugänglichen Zirkeln angehörten, zu mir und alle erwarteten Wunder. Ich mußte mein Hotelzimmer aufgeben und mir ein richtiges Studio suchen.«[4]

Von da an war er nicht nur in den Kreisen der Surrealisten etabliert. Im Jahr darauf präsentierte er seinen ersten Film *Retour à la raison*, stellte Berenice Abbott als Assistentin ein, experimen-

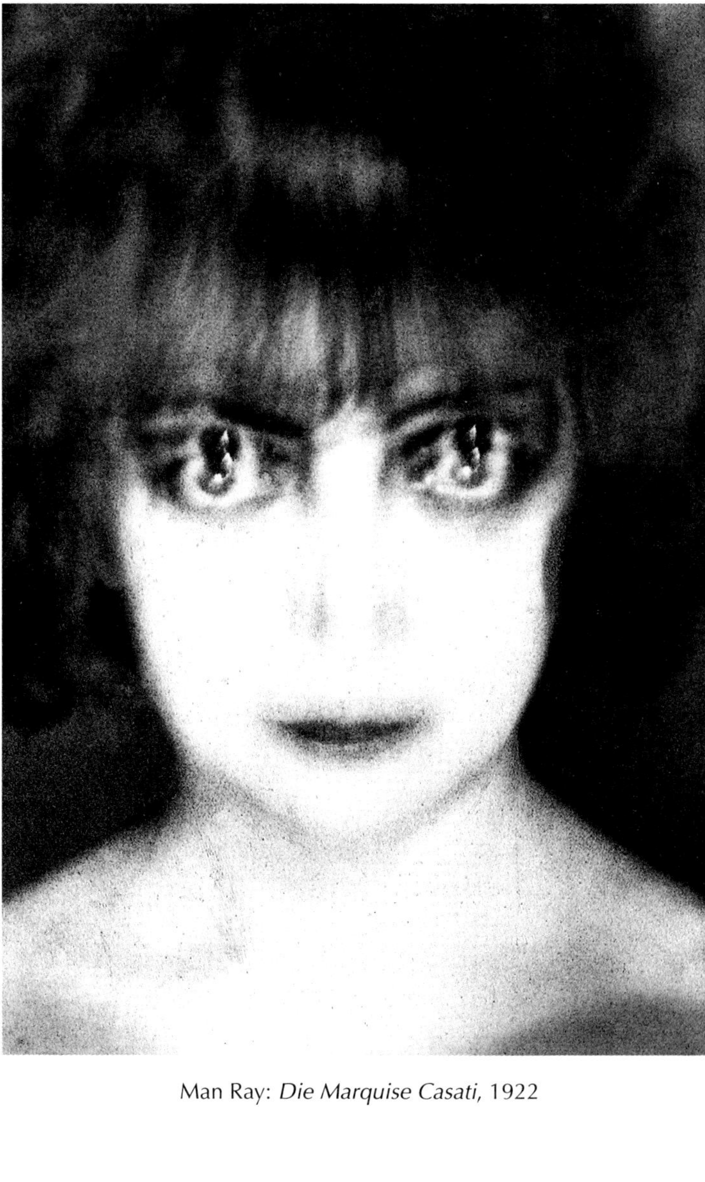

Man Ray: *Die Marquise Casati*, 1922

tierte mit Doppelbelichtungen, Solarisationen und Fotogrammen, die er Rayographien nannte, mit dem Formenrepertoire der Kubisten, Konstruktivisten, Dadaisten und der Neuen Sachlichkeit, war in kürzester Zeit eine der treibenden Kräfte in der avantgardistischen Kunstszene von Paris und das Bindeglied zwischen Frankreich und den USA.

Den Kreis der ausländischen Künstler erweiterten zwei weitere namhafte Assistenten Man Rays, das fotografierende Fotomodell Lee Miller aus Poughkeepsie (New York) und Bill Brandt aus London, der seine Schulzeit in Deutschland verbracht hatte, danach in der Schweiz lebte und mit 25 Jahren nach Paris kam. Sein Kontakt zu den Surrealisten, zu Man Ray, André Breton und Marcel Duchamp, hatte eine Langzeitwirkung, die noch nach dem Zweiten Weltkrieg beachtliche Früchte trug. Seine verzerrten, skulpturalen Akte in Landschaften und seine Städtebilder gaben dem fotografischen Surrealismus noch einmal neue Impulse und verfehlten nicht ihre Wirkung auf die kommende Generation der Subjektiven Fotografie.

Ohnehin werden im 20. Jahrhundert aus Stilepochen mehr und mehr kurzlebige Tendenzen und die Grenzen damit fließend. Der beschleunigte Wandel und die zunehmende zeitliche Parallele der Stile führt dazu, dass auch Fotografen auf die gerade aktuellen Zeitströmungen reagieren. Wer eben noch surrealistisch oder dokumentarisch agierte, kann zugleich oder wenig später neusachliche oder abstrakte Bilder schaffen.

So lieferte der Amerikaner Edmund Teske, der während der 30er Jahre als Dokumentarist und Architekturfotograf gearbeitet hatte, zugleich experimentelle, solarisierte Porträts und Akte, und André Kertész, bekannt als Meister der präzisen Momentaufnahme, schuf 1932 plötzlich eine Reihe von *Distorsions*, weiblichen Akten, die sich im Zerrspiegel zu nahezu abstrakten Gebilden verformten. Wie Brandt, aber mit ganz anderen Ergebnissen, nutzte Kertész die weiblichen Formen, um sie ins Extreme zu überzeichnen und zu organischen Objekten zu modellieren, die gelegentlich an die zeitgleichen Plastiken von Hans Arp oder Henry Moore erinnern.

André Kertész: *Distorsion Nr. 40,* 1933

Die Offenheit und das universale Interesse an gesellschaftlichen und kreativen Prozessen, die am Bauhaus propagiert wurden, förderte auch die Beschäftigung einer Reihe von Schülern und Lehrern mit dem Surrealismus. HERBERT BAYER, der virtuos die Klaviaturen von Typografie, Malerei und Fotografie, von Kunst und Design bediente, schuf einige der überraschendsten surrealistischen Ikonen. Als Bauhaus-Meister für Druck und Reklame und Direktor einer Werbeagentur beherrschte er das Repertoire plakativer Effekte, die er auch in den Dienst seiner fotografischen Experimente stellte.

Ähnlich effektvoll, aber mit einer unheimlichen, fetischistischen Note, nutzte der Werbegrafiker HANS BELLMER die Fotografie. Ab 1933 entstanden Aufnahmen einer Gliederpuppe aus Kunststoff, die die Grenze der Gewalt gegen Menschen und Objekte auf beklemmende Weise aufhoben. Auch in Frankreich hinterließ er einen bleibenden Eindruck, und so konnte er seine Bilder, in einer kleinen Auswahl, vermittelt durch Paul Éluard, 1936 in Paris publizieren.

Verstanden sich die Surrealisten in Frankreich als eine heterogene und äußerst streitbare Gruppe, so blieben die in Deutschland entstandenen surrealistischen Werke in der Regel Beiträge von Künstlern unterschiedlichster Herkunft, deren Gemeinsamkeit sich in einem temporären Interesse an surrealen Manifestationen erschöpfte.

Eine eigenwillige Gestalt in ihrer Runde war der Hamburger Kaufmannssohn Herbert List. Im großen Jahr der Fotografie, 1929, als das Bauhaus und die Neue Sachlichkeit in ihrem Zenit standen und in Deutschland Ausstellungserfolge feierten, griff auch er zur Kamera. Technisch angeleitet durch den Bauhaus-Schüler Andreas Feininger, entwickelte List – inhaltlich weit entfernt von den gesellschaftspolitischen Ambitionen des Bauhauses – eine fast antipolitische Position der Moderne. Seine Bilder spiegeln die Ignoranz des aufgeladenen Politklimas und zeigen zunächst den Rückzug auf Körperkult und private Idealwelten. Hatte Deutschland einen für viele voraussehbaren Kurs auf die gesellschaftliche Katastrophe genommen, begegnete ein großer Teil der Jugend dieser Situation als »Sonnenkinder«[5], die in sportlicher Ertüchtigung, Badespaß und Partys ihren Lebenszweck erkannten. Jean Giraudoux skizziert die Sportbegeisterung der Generation in der – auch von List abonnierten – Zeitschrift *Querschnitt* nicht ohne Ironie: »Der Sport ist das einzige Mittel, dem Menschen die Qualitäten des Urmenschen zu erhalten. Er sichert den Übergang von der verflossenen Steinzeit zur kommenden Steinzeit, von der Urgeschichte zur Nachgeschichte. Dank ihm könnte es so kommen, daß von den Greueln der Zivilisation keine Spur übrigbleibt.«[6]

Neben Aufnahmen sportlicher junger Männer an den Stränden der Ostsee, die der Amateur List in seiner Freizeit machte, begann er bald auch surrealistische Kompositionen mit Kegeln, Kleiderpuppen und Handschuhen in Stil de Chiricos zusammenzustellen, kam aber bald darauf, dass ihn das wirklich zu-

Herbert List: *Weltausstellung Paris*
(Skulptur vor dem Deutschen Pavillon, verpackt), 1937

fällige, vorgefundene Bild mehr fesselte. Es zeigte sich, schreibt List, »daß die Bilder, die ich spontan wahrnahm mit der Beglückung, als ob sie bereits lange in meinem Unterbewußtsein gelebt hätten, bei denen ich das Magische wie im Vorübergehen erfaßte, oft stärker waren als die sorgfältig komponierten.«[7] List übertrug nun nicht mehr, wie bei seinen ›metaphysischen‹ Arrangements, die Objekte de Chiricos in seine Fotografien, sondern übersetzte dessen Surrealismusbegriff mit den Mitteln des Mediums.

Über London und Paris emigrierte er 1936 nach Griechenland, wo sich in eine sehr persönliche Hellas-Vision Körperkult und surrealistische Wahrnehmung ideal einfügten. Als ihn 1941 die Realität des Dritten Reichs und des Krieges in seinem arkadischen Idyll eingeholt hatte, ging List nach München, wo er bald Gelegenheit bekam, als Pendant zu den hellenistischen Ruinen die Trümmer des deutschen Klassizismus zu fotografieren. Mit gleichem entrückten Standpunkt und ästhetischen Anspruch schuf er Bilder, die, entgegen nahezu aller anderen Nachkriegsdokumentation, jede moralische oder emotionale Stellungnahme ausblendeten.

Wissensdurst und Schaulust

Reportagefotografie in der ersten Hälfte des 20. Jahrhunderts

Die zunehmende fotografische Illustration von Zeitschriften eröffnete dem Medium seit Beginn des 20. Jahrhunderts eine ganz neue Breitenwirkung und den Printmedien ganz neue Dimensionen. In Berlin, Hamburg, Köln und München erschienen illustrierte Zeitungen des bürgerlichen Lagers teilweise in Millionenauflagen. Informationsbedürfnis wurde zusehends von Schaulust verdrängt, und der Berufszweig des Bildjournalisten lebte auf, um zugleich an Ansehen zu gewinnen.

Mit seiner lichtstarken Ermanox-Kamera ohne Blitz und mit der Spezialkonstruktion eines lautlosen Verschlusses belauerte der erfolgreichste Vertreter seiner Zunft, der Bankierssohn

Erich Salomon, die Politiker und Prominenten. Er zeigte dem einfachen Leser das diskrete Leben im Casino von Monte Carlo (das allerdings so gut abgeschirmt war, dass Salomon es kurzerhand vor Beginn des abendlichen Casino-Betriebs vom Personal nachstellen ließ) oder schnarchende Staatsmänner bei einer nächtlichen Konferenz. Sein Kollege Hans Baumann, ebenfalls Sohn eines Bankiers und zunächst Illustrator, begann unter dem Pseudonym Felix H. Man 1929 eine Fotografenkarriere und hielt als Mitglied der führenden Agentur Dephot in rund hundert Reportagen alles fest, was versprach, auf populäres Interesse zu stoßen – von Boxkämpfen über Fabrikarbeiter bis hin zu Benito Mussolini privat.

Auch die Redaktion der *Arbeiter Illustrierten Zeitung* (AIZ) erkannte den Trend – rückläufige Zahl politischer Magazine und zugleich Expansion von Illustrierten – und suchte in ihrem Blatt linke Politik und Fotografie zu verbinden. Um nicht auf die bürgerlichen Bildagenturen angewiesen zu sein, wurde die Vereinigung der Arbeiter Fotografen Deutschlands (VdAFD) gegründet, die die AIZ und eine eigene Amateurzeitschrift *Der Arbeiter Fotograf* mit Bildmaterial belieferte.

Der Glaube, mit Hilfe des neuen Mediums Menschen erziehen zu können und den Humanismus zu fördern, beflügelte auch den Pariser Bankier Albert Kahn zu einem Jahrhundertprojekt, das sein ganzes Vermögen aufzehrte. Er entsandte Filmer und Fotografen in alle Weltgegenden, um das Leben fremder Völker erfassen zu lassen. Sein *Archiv des Planeten* umfasste allein 72 000 Autochrome, die zwischen 1909 und 1931 in 42 Ländern aufgenommen wurden, und basierte auf der philanthropischen Idee, dass Wissen über andere Kulturen zu Toleranz und Akzeptanz oder gar zum Verständnis und damit letztlich zum friedlicheren Miteinander führen könne. Es ist nicht ohne Ironie, dass Kahns Vision ausgerechnet von der Ökonomie ein jähes Ende gesetzt wurde. Die Weltwirtschaftskrise raubte ihm 1931 die letzten Ressourcen und zog einen Schlussstrich unter seinen Traum von einer besseren Welt durch Bildung.

Der Glaube an die humanisierende Macht der Bilder beflügelte auch einige der Fotografen der Farm Security Administration

Arthur Rothstein: *Samstagnacht, Birmingham, Alabama,* 1940

(FSA), die den Regierungsauftrag hatte, in den USA die Auswirkungen der großen Rezession auf die Landbevölkerung zu dokumentieren, um einen Ansatzpunkt für Roosevelts »New Deal«-Politik auszumachen. Der Wirtschaftsprofessor Roy Emerson Stryker aus New York organisierte ab 1935 das Unternehmen und engagierte zunächst eine Reihe jüngerer

Fotografen, deren Kreis sich ständig erweiterte, für die dokumentarische Arbeit. Unter ihnen DOROTHEA LANGE, BEN SHAHN, WALKER EVANS, RUSSELL LEE, GORDON PARKS, JACK DELANO und ARTHUR ROTHSTEIN. Es entstanden insgesamt 164 000 schwarzweiße und 1600 farbige Fotografien, die die Armut ländlicher Regionen, die Landflucht und schließlich zweckentfremdet die Aufrüstung der Amerikaner für den Zweiten Weltkrieg zeigten.

Die Fotografenpersönlichkeiten waren so sensibel und überlegt gewählt, dass sich durch die Kombination etwa der klaren Personen- und Objektbilder von Evans, der einfühlsamen Porträts von Lange und der symbolträchtigen Szenen von Rothstein ein vielseitiges und aufschlussreiches Bild der gesellschaftlichen Situation ergab, das ein breites Interesse durch Emotionalität und Mitgefühl mit Einzelschicksalen wecken sollte und so für die gutgemeinten, aber in ihren Ergebnissen fragwürdigen Regierungsprojekte warb. Auffallend viele Frauen, denen wohl eher emotionale und sozial motivierte Menschenbilder zugetraut wurden, waren in der FSA vertreten. So erfüllten MARION POST WALCOTT, die nach einer Hitler-Kundgebung ihr linksdemokratisches Engagement intensiviert hatte, die Modefotografin ESTHER BUBLEY und die Feministin MARJORY COLLINS ihren Auftrag mit ähnlicher Gewissenhaftigkeit wie ihre ältere Kollegin Dorothea Lange.

Obwohl sich real die Situation der Landbevölkerung eher verschlechterte – da von den staatlichen Förderungen vor allem die Großgrundbesitzer profitierten, die in Maschinen investierten und so eine Überproduktion bewirkten, die den Kleinen endgültig die Existenz entzog –, erhielten die FSA-Fotografen spätestens nach dem Kriegseintritt der USA die Weisung, den bewegenden Bildern der Armut aus der Anfangszeit nun positive Aufnahmen einer erstarkten Nation folgen zu lassen. Gegen den patriarchalen Führungsstil Strykers und seine »shooting scripts«, die er an die Fotografen schickte und die den Dokumentcharakter ihrer Arbeit oftmals ad absurdum führten, wehrten sich nicht nur Theo Jung und Ben Shan, die ihr Berufsethos angegriffen sahen, sondern auch Walker Evans, der sich als Künstler empfand und in dieser Auffassung 1938 durch eine ers-

Dorothea Lange:
Trauerzug, Ende einer Ära in einer kalifornischen Kleinstadt, 1938

te Einzelausstellung eines Fotografen überhaupt vom Museum of Modern Art bestätigt worden war.

Die Unternehmung FSA zeigte zunehmend ihre wahre Bestimmung als Werbekampagne der Regierung, die Erfolge vorweisen musste und nun Fotografien von kräftigen, jungen Männern und Frauen sehen wollte, die so aussahen, als ob sie an die Vereinigten Staaten von Amerika glaubten. Dennoch oder gerade deshalb wurden die Fotografien der FSA zu einem Meilenstein der amerikanischen Fotografiegeschichte, an der kein Dokumentarfotograf mehr vorbeikam. Wie in einem beschwörenden Stakkato wurden aus dem riesigen Bildkontingent die immer gleichen 30 Aufnahmen reproduziert, die meist durch eine vertraute Ikonografie einen unmittelbaren emotionalen Zugang ermöglichten, wie etwa Dorothea Langes *Migrant Mother*, die die sorgenzerfurchte Variante einer seit der Antike tradierten Caritas-Darstellung aufleben lässt.

Durch die Industrie- und Werbefotografin MARGARET BOURKE-WHITE, die bei Paul Outerbridge gelernt hatte, erhielt die Maxime des italienischen Futurismus »Ein brüllender Motor ist schöner als die Nike von Samothrake« eine verspätete und zahnlose amerikanische Antwort: »Ein Dynamo ist ebenso schön wie eine Vase.«[1] Allerdings ging es ihr dabei keineswegs um Provokation, sondern um einen ästhetischen Ansatz, der besonders bei der

Margaret Bourke-White:
Zur Zeit der Überschwemmung in Louisville, 1937

Großindustrie wohlwollenden Beifall fand. Als der Verleger Henry Luce sein Unternehmermagazin *Fortune* startete, war Bourke-White die Erste an Bord und ließ es sich nicht nehmen, auch für Luces nächsten und größten Coup, die Zeitschrift *Life*, 1936 die erste Titelgeschichte zu fotografieren. Als im Fahrwasser der FSA eine neue Ära der Sozialdokumentation eingeläutet wurde, entdeckte Bourke-White sofort das neue Marktsegment für sich und schuf in ihrer Heimat und rund um den Globus bewegende Bilder, von hungernden Amerikanern bis zum *Living Dead of Buchenwald*, die maßgeblich zum Erfolg von *Life* beitrugen. Bis zu seiner Einstellung 1972, als das Fernsehen endgültig die Kategorie des »Infotainments« okkupiert hatte, war das Bildarchiv von *Life* auf 18 Millionen Bilder angewachsen, die von bedeutenden Fotografen wie Alfred Eisenstaedt, Cornell und Robert Capa, David Douglas Duncan, George Rodger, Andreas Feininger und rund 50 ihrer Kollegen stammten.

An die Stelle einer Sensibilisierung durch Bilder, wie sie noch Kahn angestrebt hatte, war eine visuelle Betäubung getreten, eine Bilderflut, die unweigerlich Abwehr und Abstumpfung zur Folge haben musste. Statt Bildung zu fördern, dienten die Bilder nun zunehmend zur Verdummung ihrer Rezipienten.

Selten wird die Passivität des fotografischen Aktes quälender deutlich als in den Aufnahmen von *Life*. Dort bestand das ›Leben‹ aus Sensation, wie der Chefredakteur resümierte: »heftige Aktion, überwältigende Porträts, großartige Landschaft, historische Gestalten, schöne Frauen, große Ereignisse, herzzerreißende Augenblicke, groteske Situationen«.[2]

Die Fotografen sind die Außenstehenden, durch die Kamera zu einer Apathie verurteilt, die sie zunehmend mit den Betrachtern der entstehenden Fotografien teilten. »Das Photographieren ist in seinem Wesen ein Akt der Nicht-Einmischung. Wer eingreift, kann nicht berichten«, merkt Susan Sontag an.[3] Die Hoffnung liegt bestenfalls in der Aussicht, durch den Bericht indirekt eingreifen zu können, wie es Jahrzehnte früher Riis oder Hine gelungen war, aber die Chancen, mit Fotografien noch etwas zu bewegen, schwanden zusehends. Unverkennbar ist dafür das mediengerechte Erhaschen plakativer Effekte auf dem Vormarsch, das den Fakten »die internationale Sprache des

Schreckens« hinzufügt, wie Roland Barthes schreibt, dem Betrachter Assoziationen aufdrängt, fertige Interpretationen vorsetzt und ihn damit entmündigt: »Der Fotograf hat uns nichts weiter gelassen als das Recht der geistigen Zustimmung.«[4]

Durch seine völlige Unverfrorenheit, die ihm bis in die Gegenwart einen legendären Ruf bewahrte, setzte der gebürtige Pole und Sohn eines Rabbis Arthur H. Fellig, genannt Weegee, dem Bildjournalismus die Krone des Voyeurismus auf. Vertraut mit der Sensationsgier seiner Mitmenschen setzte er auf Schnelligkeit, auf den Polizeifunk und ein Labor im Kofferraum seines Wagens. Mit grellem Blitz brachte er für Augenblicke Licht in die dunklen Abgründe aus Kriminalität und spektakulären persönlichen Tragödien und konnte sich glaubhaft rühmen, mehr als 5000 Verbrechen fotografisch erfasst zu haben.

Spätestens mit der Erfindung und schnellen Weiterentwicklung des Blitzlichts ohne Geräusch- und Rauchentwicklung ab 1925 war die technische Voraussetzung für diese Boulevardfotografie geschaffen, die nun bei Tag und Nacht überall zuschlagen konnte. Weegee nutzte zusätzlich eine Infrarotkamera, um Paaren am nächtlichen Strand von Coney Island beim Sex oder vereinsamten Stadtstreichern in den Straßen Manhattans aufzulauern. Nebenbei entstanden jedoch auch Momentaufnahmen und Porträts anonymer Mitbürger von großer Intensität.

Wenn er selbst auch große Mühen auf sich nehmen musste, um manche seiner Bilder zu schießen, so konnte er doch die Gewissheit haben, dass sein Publikum sich ihnen kaum zu entziehen vermochte. Durch Presse und Werbung war Fotografie das gegenwärtigste Medium geworden, das unmittelbar und sprachlos wirken konnte. Auf diese Direktheit setzt Weegee alles, und doch scheint er zugleich immer wieder das Bedürfnis zu verspüren, die Verbrechen, von denen er indirekt lebte, sarkastisch zu kommentieren. Davon zeugen nicht nur die Bildtitel, sondern auch Weegees besondere Freude an Werbeslogans, die mehr oder weniger zufälliger Teil der Szenerie waren: So ist der alte Obdachlose vor einem Schild »young and gay« zu sehen, und der Verkehrsunfall mit tödlichem Ausgang wurde aus einer

Weegee: *Sammy's in der Bowery*, 1947

Perspektive aufgenommen, die im Hintergrund die Kinowerbung »Joy of Living« zeigt.

Als Weegee 1945 sein erstes Buch *Naked City* veröffentlichte, wurde es als Sensation gefeiert. Von der Zeitschrift *Vogue* bekam er sofort einen Vertrag, und seinen Buchtitel konnte er an die Filmindustrie nach Hollywood verkaufen, wo 1947 unter der Regie von Jules Dassin ein gleichnamiger Polizeistreifen gedreht wurde, der halbdokumentarisch die Stadt New York in den Mittelpunkt stellte. Das Museum of Modern Art adelte Weegee schließlich durch den Ankauf einiger seiner Fotografien.

Weegees Verbrechensaufnahmen sind Dokumente des Zuspätkommens und der Hilflosigkeit. Ihr Kapital sind die nicht zu verhindernden Straftaten, die er als Fotograf, ebenso wie später seine Rezipienten, passiv und distanziert zur Kenntnis nimmt. Der Fotograf vermittelt uns dennoch den Eindruck, wir seien so aktuell informiert, als wären wir dabei gewesen. Die Zunahme des Erlebens aus zweiter Hand und das massenhafte Arrangement mit Simulationen, das durch Radio, Fernsehen und Internet in Etappen eskalierte, haben zweifellos in der Reportagefotografie ihre Wurzeln. Die Medien belieferten jeden Einzelnen mit Bildern und Worten und nahmen ihm die eigene Erkundung und Erfahrung der Welt mehr und mehr ab. Sie schufen eine Scheinnähe der Wirklichkeit, die die entferntesten Dinge vertraut erscheinen ließ und sie dadurch – mangels eigener Erfahrung – noch mehr entfremdete. Zu Beginn des 21. Jahrhunderts machten Agenturen wie Corbis (Bill Gates) oder Mark Getty jeweils rund 70 Millionen Fotografien über das Internet verfügbar, die nach Stichworten abrufbar das Universum von Android bis Zucchini, von Wal bis Floh, von Liebe bis Luft mannigfaltig zu bebildern vermochten. Zwei der reichsten Männer der Welt konkurrierten um die Macht der Bilder. Sie hatten die Gewalt und die Möglichkeiten der Einflussnahme erkannt und versuchten, die größtmögliche Quantität an Bildinformation unter ihre Kontrolle zu bringen und weltweit elektronisch an zahlende Kundschaft weiterzureichen.

Zeit und Raum, die auch unseren eigenen Standpunkt definieren, verlieren dabei zunehmend an Bedeutung und machen auch die eigene Existenz beliebig, »da es eben zur Struktur des In-der-Welt-Seins gehört, daß sich die Welt in konzentrischen Nähe- und Fernekreisen um den Menschen herum staffelt«, schreibt Günther Anders. »Und weil derjenige, dem alles gleichermaßen nah und fern ist, derjenige, den alles gleichermaßen angeht, entweder ein indifferenter Gott oder ein völlig denaturierter Mensch ist.«[5]

Virtuosen der Oberfläche

Modefotografie seit 1930

Die wirtschaftlichen und politischen Verhältnisse nach dem Ersten Weltkrieg ermöglichten eine Entfaltung der Mode, die schnell zur industriellen Massenproduktion wurde. Die notwendige Vermittlung der Botschaft von der Eleganz für alle oblag den Frauenzeitschriften, die sich mehr und mehr der Fotografie bedienten, um das Image der Labels zu transportieren. Im Hause Condé Nast, dem Herausgeber von *Vogue* und *Vanity Fair*, verschob sich der Etat für Abbildungen zwischen 1930 und 1940 massiv zugunsten der Fotografie. Andere Illustrationen verloren ebenso wie Präsentationen auf dem Laufsteg immer weiter an Bedeutung,[1] denn in der Fotografie hatte die Mode, die einem von der Wirtschaft forcierten ständigen Wandel unterlag, das ideale Medium gefunden. Dort war sie jederzeit aktuell präsent und überdauerte zugleich die Zeiten.

Der Moment ihrer Materialisation ist allerdings der Moment des Todesurteils für die Mode, denn die Zeit geht über sie hinweg und in den Köpfen der Designer gärt bereits die nächste Kollektion. In jeder Saison stirbt sie und wird wiedergeboren. Wie in der Fotografie, die massenhaft verbreitet den Einzelnen wenn schon nicht dauerhaft berühmt, so doch immerhin zum Protagonisten einer Zeitströmung machen kann, so kann auch in der Mode das Individuum zum Repräsentanten eines Gesamtgeistes werden.[2] Das Massenhafte eines publizierten Bildes oder eines Modeartikels allein verleihen ihm bereits Bedeutung und leisten seiner Akzeptanz und Normierung Vorschub.

Die breite Offensive der Modewelt seit den 20er Jahren zielte auf die Frau als Konsumentin, die ab 1918 in Deutschland und England, ab 1920 in den USA, ab 1944 in Frankreich und ab 1945 auch in Italien das Wahlrecht genoss. Sie stand schon immer im Fokus der Branche, doch ihr öffentliches Bild verschob sich allmählich, und dem wurde auch in der Mode Rechnung getragen. Zunehmend suggerierte man ihr, ihr selbst sei die Macht gegeben, sich mittels Mode zum hochpreisigen Luxusobjekt zu trans-

George Hoyningen-Huene:
Abendgarderobe von Mainbocher, 1938

formieren. Die Antikenbegeisterung der künstlerischen und bildungsbürgerlichen Männerwelt in den 30er und 40er Jahren fand ihre Entsprechung im Neoklassizismus der Frauenmode, die vorgab, ihre Trägerinnen in zeitlose und begehrenswerte Kunstwerke zu verwandeln.

Die Fotografen in den Diensten der Konzerne legten mit ihrer Arbeit auch das Fundament für den Model-Kult. Die durch Massenmedien verbreiteten und ratifizierten Schönheitsideale wurden zum ideellen und ökonomischen Wert. Die Auflagen der Magazine sind Beweis für die begehrenswerte Schönheit der Modelle, und ihre Schönheit ist wiederum Argument für den Kauf der Produkte, für die sie werben.

Zu einem der brillantesten Verflechter von Kunst und Kommerz entwickelte sich der gebürtige Berliner ERWIN BLUMENFELD, der sich nach einer Lehre als Blumenverkäufer 1919 in Amsterdam niederließ und Kontakte mit den dortigen Dadaisten pflegte, die sein weiteres Schaffen prägen sollten. Drei Jahre später entschloss er sich, Fotografie zum Beruf zu machen, siedelte 1936 nach Paris über und begann ausgiebige Experimente mit Collagen, Solarisationen und Mehrfachbelichtungen, bei denen gespenstisch-surreale Bilder entstanden. Als Deutscher konnte er sich einer Internierung während des Zweiten Weltkriegs nicht entziehen, nutzte jedoch die erste Gelegenheit nach Kriegsende, um in die USA zu gehen und dort für *Harper's Bazaar, Vogue* und *Look* zu arbeiten. Seine obsessive Fixierung auf die Frau, die in seinen Modeaufnahmen und zahllosen Akten spürbar wird, machte ihn zu einem der bestbezahlten Akteure der Fotoszene. Seiner Arbeit maß er auch psychologische Bedeutung bei, wie er im Dada-Slang witzelt: »Lange vor Freud und Leid und Jung und Alt begann meine mitleidlose Selbstanneliese.«[3] Untrennbar verknüpft mit der persönlichen Entdeckung der Fotografie empfand er den Beginn seines bewussten Lebens, das er ganz in den Dienst der Fotoerotik stellte.

Aus ganz anderen gesellschaftlichen Kreisen, aber ebenso vielseitig und international unterwegs war Baron GEORGE HOYNINGEN-HUENE. Geboren 1900 in St. Petersburg, konnte er dank seiner gutsituierten Herkunft bereits als Kind den Kontinent er-

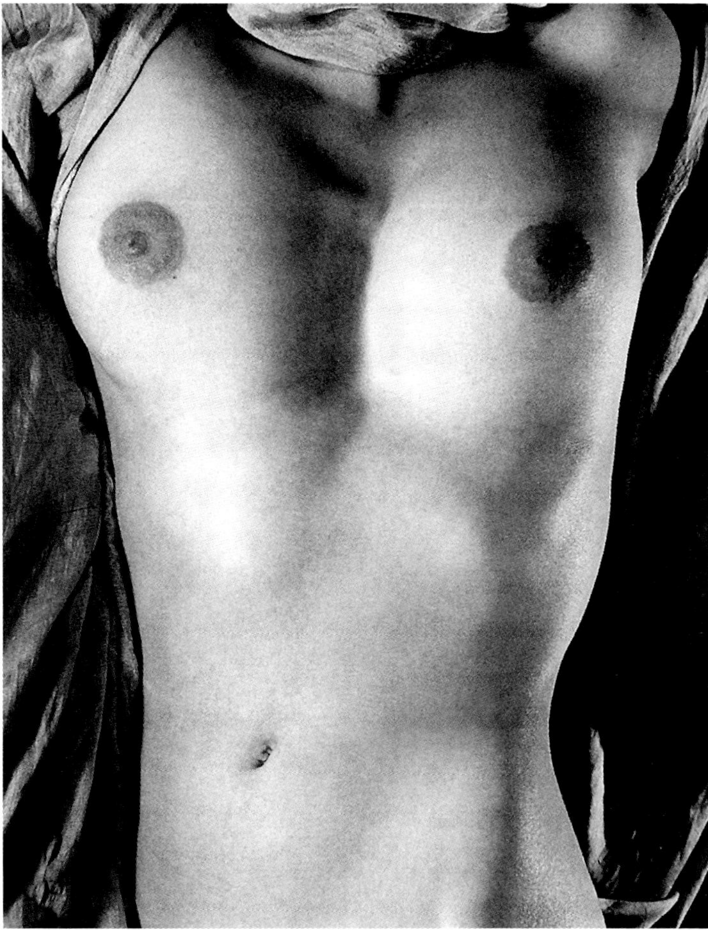

Erwin Blumenfeld: *Akt, Paris,* um 1937

kunden und Englisch und Französisch lernen, bis ihn 1917 die Revolution zusammen mit seiner Mutter nach England verschlug. Sein Interesse an Kunst und Mode führte 1924 zu einer Zusammenarbeit mit Man Ray für ein Modefotografie-Portfolio. Im Jahr darauf erschienen einige seiner Modezeichnungen in *Fairchild's Magazine* und *Harper's Bazaar.* Mit *Vogue*, deren Chef-

George Hoyningen-Huene:
Kleid von Schiaparelli, Hut und Gürtel von Maria Guy, 1929

fotograf 1923 Eduard Steichen geworden war, konnte er einen Vertrag als Zeichner und Assistent des amerikanischen Fotografen Arthur O'Neill unterzeichnen und bereits 1926 erste eigene Fotos für das Magazin machen. Im Jahr darauf arbeitete er zusätzlich für *Vanity Fair*, war 1929 auf der Stuttgarter Ausstellung

Film und Foto vertreten und begann mit Reisen nach Hollywood, Berlin und Chicago international Kontakte zu knüpfen. New York und Hammamet, zwei extreme Orte, die ihn nachhaltig beeindruckten, sollten zu den zentralen Stationen seines Lebens werden. Wie ein Großteil der bedeutenden Modefotografen war Hoyningen-Huene homosexuell und die möglicherweise daraus resultierende distanziertere und obsessionslose Haltung gegenüber dem weiblichen Geschlecht förderte die distinguierte Eleganz seiner Aufnahmen, mit denen er bereits 1934 zu einem der bedeutendsten Vertreter seiner Zunft avanciert und in allen wichtigen Modezeitschriften seiner Zeit vertreten war. Das Emotionsarme der Mode ist eines ihrer auffälligsten Charakteristika. »Um nicht von ihren Mißgeschicken und ihren Dramen behelligt zu werden, spricht Mode nie von der Liebe«, meinte Roland Barthes noch 1967. »Der ›gute Ton‹, der es der Mode untersagt, ästhetisch oder moralisch Häßliches laut werden zu lassen, kommt der Sprache besorgter Mütter sehr nahe, die ihre Töchter vor jeder Berührung mit dem Bösen ›bewahren‹ möchten. Diese systematische Euphorie scheint heute die Besonderheit der Mode zu sein; früher gehörte sie in eine bestimmte Gattung von Literatur für junge Mädchen. Man findet sie in keinem anderen Produkt der Massenkultur (Kino, Zeitschriften, populäre Romane), wo die Geschichten stets von Dramen beziehungsweise Katastrophen handeln.«[4]

Aus einer Reise Hoyningen-Huenes mit Herbert List nach Griechenland ging ein Bildband *Hellas* (1945) hervor, der als Gegenstück zu Lists *Licht über Hellas* (1953) die gemeinsamen Interessen und abweichenden Blickwinkel der Fotografenfreunde deutlich machte: List suchte das lebendige Hellas in klassischer Tradition, Hoyningen-Huene die Ruinen der Antike, die er als Vorbilder für die Künstlichkeiten seiner Studioarrangements entdeckte. In den späten 20er und frühen 30er Jahren entstand außerdem eine Anzahl wohlkalkulierter Porträts in seinem großen und weitgehend prominenten Bekanntenkreis, zu dem auch der Filmregisseur George Cukor, Jean Cocteau und der New Yorker White-Schüler Paul Outerbridge gehörten, dessen unterkühlte Farbfotografien er bewunderte. Eine nähere Zusammenarbeit mit dem neureichen Amerikaner, den er als humor-

Horst P. Horst: *Coco Chanel, Paris,* 1937

los und überheblich empfand, erschien ihm allerdings als Zumutung.

In einem Pariser Café hatte Hoyningen-Huene 1930 Horst Bormann kennen gelernt, der später unter dem Pseudonym Horst P. Horst arbeitete. Horst stand ihm Modell und lernte von ihm die Grundlagen der Fotografie. Die ausgeklügelte Lichtregie und das Spiel mit Schatten, die ihm sein Lehrer vermittelte, kul-

Cecil Beaton: *Oliver Messel*, 1929

tivierte Horst zu einem extremen Manierismus, der suggestiv Erotik als Luxusartikel vermarktete. Seine Fotografien, die er für *Vogue Paris* und ab 1939 für *Vogue New York* machte, inkorporieren zugleich die stilistische Identität des Zeitschriften-Konzerns bis in die Gegenwart.

Cecil Beaton: *Katharine Hepburn,* um 1936

Bereits 1930 besuchten Hoyningen-Huene und Horst gemeinsam CECIL BEATON, den Großmeister der Dekor-Artisten, in England. Tätig als Kostüm- und Bühnenbildner für Theaterproduktionen in London und New York, für die Metropolitan Opera Company und für den Film – er erhielt Oscars für *My Fair Lady* und *Gigi* –, gründete sich Beatons Ruhm jedoch vor allem auf das breite Spektrum seiner wirkungsvollen und stilsicheren fotografischen Arbeit. Es entstanden Porträtreihen der britischen High Society – die ihm die Ernennung zum königlichen Hoffotografen einbrachten –, Kriegsfotografien in Europa, Afrika, Indien und China, aber vor allem opulente Modeaufnahmen für *Vogue, Harper's Bazaar* und *Life.* Er verfolgte die Kunst- und Musikszene bis in das »Swinging London« der 60er und 70er Jahre und schuf noch einfühlsame Ikonen von David Hockney, Gilbert & George, Keith Richards und Mick Jagger.

Die nächste Generation der *Vogue*-Fotografen führte der Amerikaner Irving Penn an, der ab 1943 für das Magazin tätig wurde. Wie Beaton arbeitete er im Auftrag seiner Regierung 1944 als Dokumentarist im Rahmen des American Field Service in Europa und Asien. Aber auch seinen Ruhm begründeten die Bilder mondäner weiblicher Kunstwesen, die dank Condé Nast in Millionenauflagen weltweit Verbreitung fanden.

Die Modefotografie insgesamt übt auch dort, wo sie mit zeitgenössischen Kunsttendenzen wie etwa der Neuen Sachlichkeit oder dem Surrealismus sympathisierte, immer Zurückhaltung. Kompromisslos auf die Avantgarde einzusteigen barg jenes schwer kalkulierbare Risiko, das die Demarkationslinie zwischen freier Kunst und Wirtschaft charakterisiert, die nur wenige zu überwinden vermochten.

Das entscheidende Hemmnis der Mode gegenüber der Kunst ist jedoch ihr Selbstzweck. Mode trifft keine Aussagen, Form und Inhalt sind bei ihr identisch, denn ihre Macher haben keine neuen Botschaften. Mode verkauft sich nur, wenn sie gesellschaftlichen Grundstimmungen und Bedürfnissen entspricht und die Produkte im Schatten dieser Stimmungen von Saison zu Saison modifiziert werden. Sie unterliegt dem von der Ökonomie diktierten Innovationszwang, der die Möglichkeit, an einer Überzeugung festzuhalten, ebenso wie spontane Kreativität ausschließt, und ist von der unbedingten Affirmation der Konsumenten abhängig. Daher sicherten sich auch die wirklich bedeutenden Modefotografen der Generationen nach Beaton und Penn, wie Helmut Newton, Richard Avedon oder Terry Richardson, einen autonomen künstlerischen Freiraum, der

Irving Penn: *Marlene Dietrich*, 1948

neben ihrer Arbeit für die großen Magazine existierte. Den Beigeschmack der reproduktiven Dienstleistung konnte die Branche nie ganz abstreifen, und so erklärt sich auch das Verhalten eines innovativen Fotografen wie George Platt Lynes, der vor seinem Tod einen Großteil seiner Fashion-Bilder vernichtete, um nicht als Modefotograf in die Geschichte einzugehen.

Einen neuen Boom erlebte die Branche in den 80er und 90er Jahren des 20. Jahrhunderts, als das Diktat der Frauenmode alle Schichten der Gesellschaft erreicht hatte und die nächste Offensive auf die Männer zielte. Mode diente nun auch nicht mehr als Barriere zwischen gesellschaftlichen Klassen, sondern der demokratisierten Nivellierung der Extreme. Die Postmoderne brachte eine Reihe von People-Fotografen wie HERB RITTS und BRUCE WEBER hervor, die vor allem in der routinierten Adaption vergangener Stile brillierten. So beschrieb Mark Haworth-Booth die Melange, die Weber anrichtet, als Verbindung von »Alexandr Rodschenko, dem Hollywood eines Nicolas Ray und John Ford, vergessenen Glamour-Fotografen wie André de Dienes und Roger Corbeau und dem englischen Protraitstilisten Cecil Beaton – gelegentlich sehen seine jungen Männer aus wie die Gruppe um den englischen Dichter W. H. Auden in seiner Jugend«.[5] Gerade durch diese geschickte, hier vielleicht etwas überzeichnete, Mixtur war die erfolgversprechende Wiedererkennung des Altbekannten im Neuen durch den Konsumenten garantiert. Die erzielte aseptische Ästhetik der sterilen Körper wurde zur ansprechenden und unverbindlichen Projektionsfläche für jede Manifestation des Wohlstands und seiner Produkte.

Marshall McLuhan sah bereits 1951 die expandierende Passivität und Entmündigung in der Gesellschaft in Magazinen wie *Vogue* und *Time* manifestiert. Sie »gehören wie das Radio zu den wichtigsten politischen Kräften, die ihre Schafherden auf den Wegen von Bequemlichkeit und Sensation führen«.[6] Der amerikanische Medienwissenschaftler begriff Freiheit als »aktives Empfindungs- und Urteilsvermögen«[7] und sah die Phantasie im Konsum erlöschen. »Die Gesellschaft beginnt den Charakter einer behüteten Frau anzunehmen, von der Unterwürfigkeit und luxuriöse Passivität erwartet werden. Jeder Tag bringt immer noch mehr Seidenkleider, kleine Schmuckstücke und schimmernde Apparate, neue Möglichkeiten, sich zu vergnügen, und neue Pillen, um ihn schwungvoll und schmerzlos zu überstehen.«[8]

Der besondere Augenblick

Kertész, Brassaï und Cartier-Bresson

Unbestritten war Paris die führende Kunstmetropole der ersten Hälfte des 20. Jahrhunderts – höchstens kurzzeitig attackiert von Berlin – und in seiner fruchtbaren Kontinuität der vitale Anziehungspunkt für Künstler aller Nationen. Das beschleunigte Leben der Millionenstadt war geradezu prädestiniert, um als Herausforderung der Fotografie, und besonders der Momentaufnahme, seine Wirkung zu entfalten. Eine Reihe von Fotografen kultivierte in diesem Umfeld in den 20er und 30er Jahren eine Fotografie des Augenblicks. Sie rückte den Menschen in den Mittelpunkt und machte parallel zum allgemeinen Trend, dem zunehmenden Eindringen des öffentlichen Lebens in die Privatsphäre, nun den Wert des Privaten, des Intimen und Persönlichen visuell öffentlich.

Für den Ungarn André Kertész wurde die Kamera ab 1912 zur ständigen Begleiterin, mit der er bei jeder Witterung und allen Lichtverhältnissen mit Neugier und Geduld versuchte, die Flüchtigkeit und Zerbrechlichkeit des Lebens zunächst in Budapest, ab 1925 dann in Paris festzuhalten. Die Eleganz dieser Metropolen stieß bei ihm allerdings auf wenig Interesse; er erkundete lieber die Nebenstraßen und Alltagswinkel, denn die besondere Faszination lag für ihn im Normalen, dem er äußerst vielschichtige Ansichten abgewann.

Wie seinen Landsmann Martin Munkacsi zog es Kertész nach New York. Doch wo der geschäftige Munkacsi sofort in der Modewelt Fuß fasste und zu einem der gefragtesten Fotografen von *Harper's Bazaar* wurde, blieb Kertesz in seinem geschäftlichen und künstlerischen Umgang ein Außenseiter, der beharrlich auf seinen Amateurstatus pochte und dessen komplexe Bilder nicht den Anforderungsprofilen der Magazine und staatlichen Stellen entsprachen. 1941 wurde er im Zuge des Kriegseintritts der USA aufgrund seiner Nationalität zudem als »enemy alien« mit Publikationsverbot belegt und eine Rückkehr nach Europa war in dieser Situation gleichfalls unmöglich. Erst

André Kertész: *Der Pont des Arts,*
durch die Turmuhr der Académie Française gesehen, 1929–32

Brassaï: *Nachts in Paris,* 1933

nach Kriegsende konnte er erste Anerkennung und kleinere berufliche Erfolge verbuchen, musste jedoch bis zu seinem siebzigsten Geburtstag auf museale Würdigungen warten.

1926 hatte Kertész Gyula Halász, genannt Brassaï, aus Kronstadt (Siebenbürgen) kennen gelernt, der in Budapest und Berlin

Kunst studiert hatte und nun das Schicksal des Fremden in Paris teilte. Kertész motivierte ihn zu einer intensiven Auseinandersetzung mit der Fotografie, die in einem elegischen Bildband über das desolate nächtliche Paris (1933) ihren Niederschlag fand.

»Während ich schreibe, bricht die Dunkelheit herein und die Leute gehen zum Abendessen. Ein grauer Tag ist zu Ende, wie man ihn in Paris oft erlebt«, beginnt Henry Miller seinen Roman *Stille Tage in Clichy*. »Als ich um den Häuserblock ging, um meine Gedanken an die frische Luft zu führen, wurde mir unwillkürlich wieder der enorme Gegensatz zwischen den beiden Städten – New York und Paris – bewußt. Es ist die gleiche Stunde, der gleiche trübe Tag, und doch hat das Wort grau, das die Assoziation hervorrief, nur wenig gemeinsam mit jenem *gris*, das für die Ohren eines Franzosen eine ganze Welt von Gedanken und Gefühlen einschließt.«[1] In dieser verbrauchten, verwahrlosten und verblichenen Welt der Grautöne, auf dem Montmartre, lernte der Amerikaner 1932 den Fotografen Brassaï kennen, dessen Aufnahmen Millers literarische Sicht in Fotografie umzusetzen scheinen und mit dem ihn eine lebenslange Freundschaft verbinden sollte. Beiden war die Not vertraut, die Zensur und Ablehnung, das Gefühl des ewigen Exilanten, und Brassaï hat dieser Gemeinsamkeit in einer Biografie Millers Rechnung getragen.[2] Mit zweiundsechzig Jahren kehrte Miller noch einmal zurück, um das Paris seines Romans und der emotionalen, äußerst persönlichen Bilder Brassaïs wiederzufinden: »Ich habe mir einen Panzer umgelegt, um mich vor den tiefsten Enttäuschungen zu schützen. Wie soll man ein Bild vor der Zerstörung retten, von dem man in seinem Herzen weiß, daß es in der Wirklichkeit niemals existierte?«[3]

Scheinbar mühelos hat sich dagegen über vierzig Jahre Henri Cartier-Bresson mit freien Arbeiten und Reportagen auf internationalem Parkett bewegt. Er begann 1931 – nachdem er in den späten 20er Jahren ein Studium der Malerei bei André Lhote absolviert hatte – zu fotografieren, und bereits die Bilder seiner ersten Jahre waren von einer solchen Unmittelbarkeit, dass sie international Aufsehen erregten. Offensichtlich wollten sie nicht

Henri Cartier-Bresson:
Trafalgar Square am Tag der Krönung von George VI., 1937

Trost spenden, nicht Hoffnung geben, nicht die Welt verbessern oder verschönern. Es ging Cartier-Bresson auch nicht um die Spurensicherung, wie sie etwa Atget in seinen Straßenbildern betrieb, oder um die Tatorte der Verbrechen, wie sie Weegee festhielt, sondern um den Augenblick der Tat selbst. Zeigten sich Atgets Szenerien ereignislos und menschenleer und kündeten Weegees Bilder stets vom Zuspätkommen, davon, dass der entscheidende Augenblick bereits Minuten oder Stunden zurücklag, so wurde Cartier-Bresson als Fotograf selbst zu einem Täter, der seine ›Opfer‹ in den spontanen Choreografien des Lebens überraschte. Es war demzufolge auch nicht das Verbrechen, das er zeigte, sondern die bildgewordene Begeisterung über das Sichtbare, von dem er als Fotograf ebenso überrascht schien wie die Dargestellten von der Präsenz des Fotografen. Höchste Konzentration und Offenheit für das Unerwartete forderte er, denn nur so könne man zum klareren Verständnis der Menschen und Geschehnisse kommen. »Der Bildgehalt eines Photos beruht nicht auf einer Ansammlung von Tatsachen, denn Tatsachen an sich sind nicht sehr interessant. Bedeutsam ist die Art, wie man sie auswählt, wie man jene Tatsache herausgreift, die in ihrem Verhältnis zur tieferen Wirklichkeit wahr ist, mit einem Wort, wichtig ist die Art, wie man dem Wahrgenommenen gegenüber seinen eigenen Standort bestimmt.«[4]

Waren arrangierte Aufnahmen für Cartier-Bresson daher völlig uninteressant, zeigte sich Robert Doisneau durchaus bereit, dem Zufall nötigenfalls auf die Sprünge zu helfen. Anlässlich eines Prozesses, in dem Doisneau sich Honorarforderungen der scheinbar zufälligen Passanten gegenübersah, die sich auf seinem berühmten Foto *Kuss vor dem Pariser Rathaus* von 1950 wiedererkannt haben wollten, konnte der Fotograf vor Gericht belegen, damals die eigens engagierten Modelle entlohnt zu haben. Aber auch ohne vorheriges Casting lauerte Doisneau – weit mehr als Cartier-Bresson, der stets die spontane Begegnung suchte – seinen Protagonisten in skurrilen Szenerien auf, um seine liebenswerten und originellen Momentaufnahmen zu erzielen. Oft wirkten seine Fotografien wie Standbilder aus kleinen, gelegentlich sentimentalen Geschichten, die anekdotengleich

Henri Cartier-Bresson: *Alicante,* 1933

aus der Vergangenheit herüberklingen und von einer zutiefst humanistischen Einstellung getragen werden. Den Optimismus seiner humorvollen, poetischen Bilder wollte er als eine Ermutigung zum Leben verstanden wissen, zur Selbstbehauptung im großen Theater des Realen.

Ausgehend von der Vorstellung, dass jede Fotografie etwa einen Zeitraum von einer Hundertstelsekunde umfasse, sah Doisneau sein Gesamtwerk als eine Spanne von ein, zwei oder drei Sekunden, die er der Ewigkeit abgetrotzt hatte und die mit den Erinnerungen verschmolz, die ihm besonders kostbar waren. Die Selektion, die er dabei zwangsläufig betrieb, erinnert an seine eigenen heiteren Gedanken über die Winkelzüge des Alters: »Gedächtnisschwäche ist ein fabelhafter Vorwand für alte Leute, um ihr Falschgeld in Umlauf zu bringen. Die Unordnung in den Schubladen der Erinnerung ist keineswegs ungewollt. Wie durch Zufall kommen die Erinnerungen abhanden, für die mangels Attraktivität kein Platz da ist, bis jene Episoden die Oberhand gewinnen, die unserer Eigenliebe schmeicheln.«[5]

Auch den Schweden CHRISTER STRÖMHOLM zog es nach Paris. 1946 immatrikulierte er sich an der Académie des Beaux-Arts und verfolgte ein breites Spektrum fotografischer Genres. Zum einen entstand eine Porträtgalerie von Berühmtheiten (Le Corbusier, Alberto Giacometti u. a.), zum anderen eine einfühlsame Reportage über die Transsexuellen an der Place Blanche, dazwischen stimmungsvolle Straßenszenen und anonyme Menschenbilder, die sich durch eine besonders sanft modulierte Lichtwirkung auszeichnen.

Seine Liebe zu Paris und die Liebe der Fremden in Paris erfasste der Niederländer ED VAN DER ELSKEN, der Anfang der 50er Jahre die weitgehend arbeitslose Jugend in den Cafés von Saint-Germain-des-Prés begleitete und ihr in einem Aufsehen erregenden Bildband mit filmischem Charakter ein Denkmal setzte.

Die Voraussetzung für die Arbeit dieser Fotografen war die technische Errungenschaft einer kurzen Belichtungszeit, die die Foto-Forscher interessanterweise parallel zu den ›Momentbildern‹ des Impressionismus entwickelten, die aber erst in den

Robert Doisneau: *Der Hund auf Rädern*, 1977

20er Jahren wirklich ausgereift war. Auf den Moment zu zielen setzte neue ästhetische Wertmaßstäbe voraus. Nicht mehr die Reflexion des Bleibenden genoss uneingeschränkte Priorität, sondern die Schönheit des Spontanen verschaffte sich mehr und mehr Aufmerksamkeit. Dieses Denken, das sich zunehmend in temporären Kunstwerken manifestierte, eröffnete auch der Fotografie, die ihre einzigartigen Qualitäten in der Erfassung des Flüchtigen besaß, neue Sphären künstlerischer Akzeptanz.

Henri Cartier-Bresson · Den Atem anhalten

Die Photographie hat sich seit ihren Anfängen nicht verändert bis auf gewisse technische Verfahren, die für mich keine wesentliche Bedeutung haben.

Die Photographie ist nur scheinbar eine einfache Beschäftigung; in Wirklichkeit handelt es sich jedoch um einen vielseitigen und komplexen Vorgang. Bei der Unterschiedlichkeit der praktischen Anwendung bleibt als einzige Gemeinsamkeit das Werkzeug. Alles, was dieses Aufnahmegerät hervorbringt, kann den Zwängen einer Welt der Verschwendung, deren ständig zunehmenden Spannungen und ökologischen Konsequenzen nicht entkommen.

»Produzierte« oder gestellte Photographie interessiert mich nicht. Und jede meiner Beurteilungen kann nur aus psychologischer oder soziologischer Sicht erfolgen. Ich unterscheide zwischen denjenigen, die Photos vorher arrangieren, und denen, die auf die Suche nach einem Bild gehen und es dann festhalten. Die Kamera ist für mich ein Skizzenblock, ein Instrument der Intuition und Spontaneität, der Meister des Augenblicks, der mit den Mitteln des Visuellen gleichzeitig fragt und entscheidet. Um die Welt »mitzuteilen«, muß man sich in den Ausschnitt, den der Sucher begrenzt, einbezogen fühlen. Diese Haltung verlangt Konzentration, Disziplin des Bewußtseins, Sensibilität und Sinn für Geometrie. Nur durch äußerste Sparsamkeit der Mittel erreicht man Einfachheit des Ausdrucks. Photographieren setzt unbedingten Respekt vor dem Objekt und vor sich selbst voraus.

Photographieren heißt, den Atem anhalten, wenn sich angesichts der flüchtigen Wirklichkeit alle unsere Fähigkeiten vereinigen. Das Einfangen des Bildes in diesem Augenblick bereitet physische und geistige Freude.

Photographieren heißt, mit größter Wachheit das Geschehen zu registrieren und gleichzeitig die Formen, in denen es sich darstellt, zu ordnen, um es zu charakterisieren.

Photographieren – wie alle anderen Ausdrucksmittel auch – bedeutet für mich nicht Erfinden sondern Entdecken. Photographieren ist eine Möglichkeit zu schreien, sich zu befreien, nicht aber seine eigene Originalität auszuprobieren oder sie unter Beweis zu stellen. Es ist eine Art zu leben.

Henri Cartier-Bresson: Vorwort. In: Henri Cartier-Bresson. München: Rogner und Bernhard, 1978. S. 7f.

Auferstanden aus Ruinen

Nachkriegsfotografie in Deutschland und die *Family of Man*

In den Aufnahmen, die von deutschen Fotografen in den letzten Jahren des Zweiten Weltkriegs gemacht wurden, geht es zunächst einmal um die Verurteilung der amerikanischen Luftangriffe und um einen Durchhalte-Appell, der direkt in eine fotografische Motivation zum Wiederaufbau nach dem Krieg übergeht. Fast scheint es, als bemühe man sich, die totale Zerstörung als glückliche Chance zu einem Neuanfang zu begreifen. Im ersten Jahr der neu gegründeten Deutschen Demokratischen Republik erschien Richard Peters Bildband *Dresden – Eine Kamera klagt an*, der durchaus pittoreske Trümmerbilder mit dem architektonischen Neustart kontrastierte. Die Anklage allerdings schwingt nur en passant mit, wenn es in einem Einleitungsgedicht heißt: »Der Glanz [...] / er mußte weichen durch die eigne Schmach und durch die Schmach / die Wallstreets Namen trug.«[1] Deutsche und Amerikaner werden hier gleichermaßen für das Desaster verantwortlich gemacht, aber nur, um noch nachhaltiger den Willen zu einer sozialistischen Zukunft zu beschwören: »Du Stadt am Strom, du hebst dein Haupt empor, weil sich dein Volk, das leidverstummte fand / und deine Schuttgebirge überwand und singen lernte im geeinten Chor.«[2]

Im Westen setzte sich Hermann Claasen in seinem Band *Gesang im Feuerofen* (1947) mit der Zerstörung Kölns auseinander, ganz im Bewusstsein, durch die Kraft des Glaubens neuen, hoffnungsvollen Elan zu erlangen, der eine Menschheit zusammenführe, »die unterwegs ist zur Heimkehr in die großen Ordnungen der Schöpfung Gottes«.[3] Jeder politischen Reflexion entkleidet, werden die Ruinen bestenfalls zu Symbolen für den machtlosen anonymen Menschen und »sein Ausgeliefertsein an die Geschichte«.[4] Alle Beteiligten sind Opfer einer offenbar unabwendbaren Katastrophe. So ist Geschichte auch in den Augen des fotografienenden Pazifisten HILMAR PABEL eine Macht, die unabhängig von Menschen existiert und in die man wehrlos hineingeboren wird, »nur dazu bestimmt [...], sie zu vollziehen«.[5]

Ähnlich die Bildberichte der amerikanischen Besatzer, die vor allem den Überlebenswillen der Deutschen spiegeln. Eine Reihe von Reportern, unter ihnen auch ROBERT CAPA, 1945 in Berlin stationiert, zeigen neben der verheerenden Zerstörung auch den Informationshunger und die ungebrochene Dynamik der Besiegten. In Blättern unter amerikanischer Aufsicht – wie die *Neue Zeitung* oder *heute* – arbeiteten herausragende Fotografen wie Henri Cartier-Bresson, Herbert List, Ernst Haas und Robert Capa, die alle später für die Agentur Magnum tätig wurden und großteils im Dienst der neuen globalen Machtkonstellation besonders die Bemühungen eines demokratischen Aufschwungs unter westalliiertem Protektorat in der Bundesrepublik Deutschland herausstellten. Einen strategischen Neuanfang organisierte auch die Fotoindustrie, die sich in einem Verband zusammenschloss und eine Messe ins Leben rief, die Handel und Kultur zu verbinden suchte, weltweit beworben wurde und ab 1950 als *Photokina* in Köln stattfand. Die ambitionierten Bilderschauen organisierte L. Fritz Gruber, der sich gleichermaßen um die Wiederentdeckung vergessener und die Förderung junger Fotografen bemühte und einen maßgeblichen Beitrag dazu leistete, die Bedeutung der Fotografiegeschichte im deutschen Bewusstsein zu verankern.

1962, ein Jahr nach dem Bau der Berliner Mauer, die für fast dreißig Jahre die Teilung Deutschlands sichtbar machte, erschien aus politisch neutraler Perspektive ein Bildband über *Die Deutschen* in Ost und West des Schweizers RENÉ BURRI, der nicht nur zeitlich, sondern auch formal manche Parallele zu Robert Franks *The Americans* (1958) aufweist: der graue Nachkriegsmief der

René Burri: *Rheinpfalz*, 1959

50er Jahre, das erstarkende Selbstvertrauen, das mit Zigarren und Limousinen zur Schau gestellt wird, und eine Jugend zwischen Bierzelt, Rock 'n' Roll und Sozialismus. Burri, wie sein Landsmann Werner Bischof Schüler Hans Finslers und ab 1959 Mitglied der Agentur Magnum, schuf ein schwermütiges Zeitbild der internationalen Spaltung, eine sehr menschliche Bestandsaufnahme des Frontstaates Deutschland mitten im Kalten Krieg. Das britische Gegenbild entwarf in den 60er Jahren Tony Ray-Jones, der mit Humor und dem Blick fürs Skurrile seine Mitbürger, die es sich nach den Weltkriegsturbulenzen wieder in ihrem Inseldasein bequem gemacht hatten, in ihrer Freizeit beobachtete.

Die deutsche Fotografin Abisag Tüllmann knüpfte mit ihrem Werk an diese Position an und entfaltete einen unaufdringlichen und komplexen Blick auf den Wandel ihres Landes von der elegischen Nachkriegsschwere zur Studentenrevolution. Auf zahl-

Abisag Tüllmann:
Wartesaal im Hauptbahnhof, Frankfurt am Main, Mai 1959

reichen Reisen, teilweise im Auftrag von Zeitschriften wie *Der Spiegel* oder *Die Zeit*, nutzte sie die feinsinnige Melancholie ihrer Wahrnehmung für Reportagen in Algerien, Simbabwe, Südafrika, Tokio, Südkorea, Polen und im Libanon, kam jedoch immer wieder zurück auf die Spannungen und Widersprüche in der Geschichte ihres eigenen Landes.

»Grau. Wenn man sich Fotografien aus den deutschen Nachkriegsjahren anschaut, überfällt einen diese Farbe geradezu: Graue Mäntel, grauer Staub, graue Trümmer, graue Äcker, graue Häuser, ja, sogar die Menschen wirken irgendwie grau. Grauenvoll. Trümmerdeutschland war aber gar nicht so«, schreibt der deutsche Bildreporter Robert Lebeck. »Ich hatte nach dem Krieg lange genug in den USA zugebracht, um die Gemütslage einer satten, siegreichen Nation kennenzulernen, die zu ahnen beginnt, daß ihre besten Zeiten vorbei sind. Genau umgekehrt war es in Deutschland. Dort herrschte eine Aufbauatmosphäre, ein ›Hurra wir leben noch!‹ und die euphorisierende Gewißheit, daß nun das Schlimmste überstanden war.«[6] Vitalität und Aufbruch atmen denn auch Lebecks Aufnahmen dieser frühen Jahre der zweiten deutschen Republik. 1953 begegnet er in Heidelberg dem ewig mittellosen Herbert Tobias, der als Assistent des Modefotografen Willy Maywald und dann für *Vogue* in Paris gearbeitet hatte und nach seiner Ausweisung aufgrund seiner »unglücklichen Veranlagung« und eines »Verstoßes gegen die guten Sitten« sein Glück nun vergeblich in Deutschland suchte. Seine Reflexionen der Nachkriegszeit sind vom exzentrischen Lebenshunger bestimmt, der jedoch nichts von der bereits spürbaren

Abisag Tüllmann:
Obdachloser im Parkhaus der Staatsgalerie Stuttgart, 1992

Saturiertheit des Bürgertums hatte, sondern sich zu ihr in deutliche Opposition setzte und zugleich den Versuch unternahm, sich in der repressiven Wirtschaftswunder-Gesellschaft zu behaupten. Tobias, dem alles Etablierte und Karrieristische zutiefst

Robert Lebeck: *Konrad Adenauer empfängt Winston Churchill im Palais Schaumburg, Bonn,* 1956

Herbert Tobias: *Sehnsucht Elvis,* 1958

suspekt war, tat sich damit schwer, denn parallel zur McCarthy-Ära der USA florierte in den Anfangsjahren der Bundesrepublik Deutschland die Verfolgung der Linken und Homosexuellen in ungebrochener Kontinuität der Politik des Dritten Reichs.

Ein Jahrzehnt nach Ende des Zweiten Weltkriegs ging die von Edward Steichen kuratierte Ausstellung *The Family of Man* auf Tour und wurde mit 85 Stationen in 69 Ländern zur meistbesuchten Show überhaupt. »Ein Kamera-Testament, ein Drama vom Grand Canyon der Menschlichkeit, eine epische Verflechtung von Freude, Geheimnis und Heiligkeit«, wie Carl Sandburg emphatisch den Katalog einleitet.[7] Unter den 503 Fotografien

Herbert Tobias: *Es kamen nicht nur Carepakete …*, 1954

machten Ruinenbilder einen verschwindend kleinen Teil aus und wurden stets eingebunden in die Botschaft von der großen Menschenfamilie, die das unbenannt Schreckliche hinter sich lässt auf dem Weg in einen hoffentlich ewig währenden Weltfrieden unter göttlicher Obhut. Inzwischen hatten die Amerikaner die erste Wasserstoffbombe gezündet, der Koreakrieg und der Sputnik-Schock hatten international Spuren hinterlassen, der Kalte Krieg hatte seinen Höhepunkt überschritten, Stalin war gestorben, und in den USA wurde unter Präsident Eisenhower die Kommunistenhatz der McCarthy-Ära eingeleitet. In der *Family of Man* jedoch gibt es darauf keine Hinweise, es gibt keine Täter und Opfer, keine Politik und keine Geschichte mehr, sondern nur noch Milliarden von Menschen, die im großen Zyklus des Lebens Jugend, Reife und Alter durchlaufen, sich lieben, Kinder zeugen, gelegentlich von der unabänderlichen Plage eines Krieges oder einer Hungersnot heimgesucht werden und schließlich in Würde alt werden und sterben. Die *Family of Man* strebt nach allgemein-menschlicher Harmonie, ohne je wirklich zu konkreten Ereignissen und Schicksalen Stellung zu beziehen, ihr gelingt das Paradoxon, mit überwiegend dokumentarischen Bildern die Wirklichkeit so weit auszublenden, dass einer idealen Vision von humaner Koexistenz Raum gegeben wird, oder, wie Edward Steichen sagt: »Die Ausstellung ist keine Propagandaschau für eine irgendwie geartete politische Doktrin oder eine geteilte Welt, und so existiert in ihr auch kein Eiserner Vorhang. Den Besuchern soll nur vor Augen geführt werden, daß in allen Menschen ein guter Kern steckt und in den einfachen Belangen ein allen Gemeinsames.«[8]

Macht der Masse

Magnum und die Problematik der Bildreportage

In einem Gemälde ist der Maler – und später auch der Betrachter – vom Diktat des Augenblicks befreit. Er kann Ereignisse komprimieren, verschiedene Stimmungen, Aktionen und Menschen addieren, ohne an reale Bedingungen gebunden zu sein. Die Zeit kann sich beliebig dehnen und, wie etwa in einer Sacra Conversazione, in der Heilige verschiedener Jahrhunderte in Gesellschaft der Muttergottes zu einem stillen Gespräch zusammenfinden, fast völlig aufgehoben sein. Die Fotografie ist ebenfalls nahezu zeitlos, allerdings in umgekehrtem Sinn, denn sie entsteht in einem kaum noch wahrnehmbaren Sekundenbruchteil. Dort, wo die Malerei komprimiert, selektiert die Fotografie radikal. Um ein Ereignis sichtbar und anschaulich zu machen, bedarf es aber der Zeit. Erst der Ablauf einer Handlung mit einem Vorher und einem Nachher macht sie verständlich. Die Dokumentarfotografie einer Aktion wirft deshalb in der Regel mehr Fragen auf, als sie beantwortet. Sie zeigt einen Fakt, ohne ihn erklären zu können. Das Attentat, das Erdbeben, der siegreiche Politiker wird konstatiert, aber erst ein begleitender Text vermag die Hintergründe zu erläutern. So ist das Bild von maximaler Authentizität das oberflächlichste und zugleich auch rätselhafteste. Hinter seiner Oberfläche bleiben Beweggründe, Schicksale und Folgen, kurz: die Realitäten, im Dunkeln. Jean Baudrillard sieht darin eine Methode, die Welt zum Verschwinden zu bringen und durch visuelle Simulationen zu ersetzen. Gelänge es, die Wirklichkeit hinter der Simulation unbemerkt auszulöschen, so hätten wir es mit dem perfekten Verbrechen zu tun. »Die Bilderverehrer von Byzanz waren spitzfindige Leute, die vorgaben, Gott um seines Ruhmes willen darzustellen, die jedoch gerade dadurch, daß sie Gott in Bildern simulierten, das Problem seiner Existenz verschleierten«, schreibt Baudrillard. »Von seinem Platz hinter jedem dieser Bilder war Gott nämlich verschwunden. Er war nicht tot, er war verschwunden. Das Problem stellte sich also gar nicht mehr. Durch Simulation war es gelöst. Das gleiche tun wir mit dem Problem der Wahrheit oder der Realität dieser Welt: wir haben es durch technische Simulation gelöst und durch die Flut von Bildern, auf denen es nichts zu sehen gibt.«[1]

Bildinformation bedeutet, Dinge inhaltsleer sichtbar zu machen. Wer gut informiert ist, d. h. ein erklärtes und geklärtes Weltbild aus Daten und Fakten besitzt, der braucht nicht mehr zu fragen, nicht mehr zu denken, nicht mehr zu begreifen und nicht mehr zu erkennen. Die kritische Reflexion, die Voraussetzung für Wissen ist, wird überflüssig. Information kann daher auch in »Echtzeit« übermittelt werden, denn sie braucht nicht die zeitliche Verzögerung, deren jede Reflexion bedarf.

Zwischen dem Gegensatzpaar Information und Wissen aber balanciert die fotografische Ereignisdokumentation. Sie informiert über die Ansicht einer realen Situation in einer bestimmten Sekunde, die der Fotograf für bedeutsam hielt, offenbart aber zugleich ihr Unvermögen, eine Aussage zu treffen. Vor die Realität schiebt sich ein aufgeblähter ahistorischer Augenblick, ein zeitliches und inhaltliches Nichts, mit dem sich das Gros der

Konsumenten zufrieden gibt. Wird aus dem zwangsläufigen Nicht-erklären-Können des Mediums Fotografie in den Händen eines Fotografen jedoch ein bewusstes Nicht-erklären-Wollen, dann kann die Dokumentarfotografie allerdings zum Impuls für das Denken und ein Anreiz zum Wissenwollen werden.

»Der Blick des Professional auf die Wirklichkeit gleicht dem der Nutte auf den Kunden: Er sucht sie nach Ausbeutungsmöglichkeiten ab«, polemisiert Dieter Hacker. »Der Profi steht immer zu Diensten. Aber nicht jedem. Selber ein charakteristisches Produkt unserer Gesellschaft, stellt er seine Fähigkeiten dem Teil der Gesellschaft zur Verfügung, der die Normen bestimmt. Da findet er das Geld und die Anerkennung.«[2] Diese Sicht auf den Berufsstand der Bildjournalisten würden die meisten der Mitglieder der Agentur Magnum, die sich durch eine von den Fotografen kontrollierte Verwaltung eine gewisse Unabhängigkeit zu bewahren suchte, weit von sich gewiesen haben.

Die Vermittlung zwischen Fotografen und Printmedien, die mehr und mehr eigenständige Bildagenturen übernommen hatten, degradierte die Fotografen zu entmündigten Zulieferern. Als Verteiler kassierten diese Agenturen zudem meist einen Großteil der Honorare, und die Fotografen verloren die Kontrolle über ihr Material, das in den Redaktionen gerne verfremdet, verfälscht oder uminterpretiert wurde. Für die Anfälligkeit der Fotografie gegenüber solchen Manipulationen hatte bereits Gisèle Freund deutliche Worte gefunden: »Die Objektivität des Bildes ist nur eine Illusion. Die Kommentare, die man ihm mitgibt, können seine Bedeutung völlig verändern.«[3] Um dieser Entmündigung zu entgehen, gründeten Robert Capa, David (Chim) Seymour, Henri Cartier-Bresson, George Rodger, William Vandivert und Maria Eisner 1947 die Bildagentur der Fotografen Magnum. Sie teilten die tiefe Überzeugung, »dass die welt fotografiert werden muss um verstanden zu werden, dass das medium existiert um uns zu einem erneuten blick zu zwingen«[4], dass mit den Reportagebildern von Orten und Schicksalen aus aller Welt noch etwas zu bewegen sein könnte. Für diese Illusion von Objektivität setzten sie durchaus ihr Leben aufs Spiel. Robert Capa, Werner Bischof und David Seymour

Werner Bischof: *Peruanischer Flötenspieler*, 1954

fanden den Tod bei ihren Expeditionen in Kriegsgebiete oder unwirtliche Regionen und erlangten damit den Nimbus fotografischer Freiheitskämpfer, die ihr Leben für unterdrückte Völker aufopferten. Capa fotografierte fünf Kriege, vom Spanischen Bürgerkrieg bis zum Indochina-Krieg, und war auch mit der Kamera »eher ein Kämpfer als ein Künstler«.[5] Seine fast sportlich

Robert Capa: *Bei Wesel, Deutschland,* 1945

Sebastião Salgado: *Ceará, Brasilien,* 1983

zu nennende Devise »Wenn deine Bilder nicht gut genug sind, warst du nicht nah genug dran« brachte seine Berufsauffassung als persönliche Mut- und Bewährungsprobe und als Abenteuer für die Menschlichkeit auf den Punkt. Generationen von Bildjournalisten nach ihm haben sie sich zu Eigen gemacht.

So auch Sebastião Salgado, ab 1973 als Fotojournalist weltweit in den Regionen der Armut und Unterdrückung unterwegs, der den Glauben an die politische Wirksamkeit von persönlichen fotografischen Stellungnahmen nicht verloren hat und den Geist der Magnumfotografie lebendig erhält. »Ein Berichterstatter kreiert keine Ereignisse, wie oft suggeriert wird, er sorgt für den ›Spiegel der Kritik‹«, schreibt er, und seine Hoffnung ruht auf der Rettung der Welt durch Bilder: »Es ist die Gewalt auf der Welt, die sie uns vermitteln. Man kann uns nie genug da-

Robert Lebeck: *Der Kulturpalast in Warschau*, 1961

von zeigen. [...] Es ist von größter Bedeutung, daß jeder diese Bilder sieht und sich darin wiedererkennt. Geschieht dies nicht, wird die Menschheit, die Täter und Opfer dieser Grausamkeiten ist, eines Tages verschwinden.«[6]

Die von führenden Bildberichterstattern selbstgesetzte Abgrenzung gegenüber der Kunst, die ihrer Auffassung nach durch Interpretation und bewusste Subjektivismen die scheinbare Reinheit des dokumentarischen Ansatzes verunklären könnte, schließt jedoch nicht aus, dass Dokumentarfotografie nachhaltig in Museen integriert wird und stilistisch im Werk von Fotografen, die dem eigenen Selbstverständnis nach Künstler sind, Wirkung zeigt.

Der unauffällige Foto-Flaneur Robert Lebeck etwa, der alles Artifizielle aus seinen Bildern zu verbannen suchte und stolz darauf war, dass seine gesamte Ausrüstung in eine Umhängetasche passte,[7] empfand sich selbst als Bildjournalist, hinterließ jedoch wie seine Kollegen Mary Ellen Mark, Sebastião Salgado oder Philip Jones Griffith auch einen nachhaltigen Eindruck bei der jungen Kunstfotografen-Generation der 70er und 80er Jahre.

Leitbilder

Das repräsentative Porträt

Weit mehr noch als in anderen Genres der Fotografie scheint die Voraussetzung für die erfolgreiche Arbeit als Porträtfotograf eine innere Ruhe, eine große Geduld und eine Konstanz zu sein, die die Begeisterung für das Metier über Jahre und Jahrzehnte aufrechterhält. Oder haben wir es möglicherweise mit dem umgekehrten Fall zu tun? Sollte die intensive Auseinandersetzung mit menschlichen Individuen doch ein Spektrum an Optionen eröffnen, das sich mit jeder Begegnung erneuert und deshalb den Fotografen nicht mehr loslässt? Die faszinierende Begegnung mit den Reichen und Schönen, den Mächtigen und Krea-

Michail Nappelbaum: *Wladimir Tatlin*, 1928

tiven tut ein Übriges. Sie sind es, die nach Ikonen ihrer selbst verlangen, die Bilder wünschen, die mehr als ein Abbild ihrer äußeren Erscheinung transportieren, sondern ihrem Image entsprechen oder dieses Image sogar erst konditionieren.

Der Armenier Yousuf Karsh kam 1924 als Flüchtling nach Kanada, wo eine fast siebzigjährige Laufbahn ihren Anfang nahm – er schloss sein Atelier in Ottawa 1992. Die Happy

Few der westlichen Hemisphäre waren seine Modelle. In gewisser Weise setzte er in der Neuen Welt die Arbeit des Russen Michail Nappelbaum und des Deutschen Hugo Erfurth fort. Nappelbaum, der 1895 in Minsk ein Atelier eröffnete, und Erfurth, der von 1893 bis zu seinem Tod 1948 die Elite aus Kunst, Gesellschaft, Wirtschaft und Politik aufnahm, schufen in respektgebietenden und ausdrucksstarken Bildnissen Denkmale bleibender, letztlich konservativer Werte, deren vordringliche Aufgabe es war, die Wirren der Zeiten zu überdauern.

Geschult an der Theaterfotografie verewigte Karsh mit noch wirkungsvollerer Lichtmodellierung und in ähnlich markanter Positur die Großzahl seiner Modelle. »Karsh, Sie haben mich unsterblich gemacht«, soll der Zeitungsmogul Lord Beaverbrook angesichts seines Konterfeis ausgerufen haben. Karsh verbreitete die Bildnisse gezielt in den Printmedien und erweiterte den intimen Kreis der Rezipienten zu einem Massenpublikum. Dem zunehmenden Verbreitungsgrad der Porträts folgte ein zunehmender Bekanntheitsgrad der Modelle, deren Bildnisse in wachsender Auflage wiederum den Namen des Fotografen populär machten. Und dieser Name des Fotografen sollte es letztlich sein, der ein Begriff blieb, als die meisten Modelle längst vergessen waren.

Der Erfolg eines Porträtisten gründet sich auf die Zustimmung des Abgebildeten. Während einer Sitzung wird der Fotograf unweigerlich mit drei Momenten konfrontiert: mit dem öffentlichen Image, das durch das Wirken des Prominenten entstand, mit bereits vorhandenen bekannten Bildnissen und schließlich mit der Sicht des Dargestellten auf sich selbst. Alle drei Faktoren beeinflussen seine Arbeit. Bevor die bekannte Persönlichkeit mit dem Fotografen zusammentrifft, ist diesem in der Regel das ›Leitbild‹ vertraut, das die Persönlichkeit des öffentlichen Lebens von sich in Umlauf gebracht hat und das gewöhnlich eine Übereinstimmung mit ihrem Werk anstrebt, um so Ruhm oder Popularität zu steigern. So kommt es zu den zahllosen Bildnisreihen Prominenter, die von verschiedensten Fotografen in immer gleicher Pose und mit immer gleichem Ausdruck aufgenommen worden sind, weil sie »sozusagen ihr Bild

Yousuf Karsh: *Peter Lorre,* 1946

von zu Hause mitbringen«.[1] Vor allem dem Schriftsteller – ganz gleich ob Franz Kafka, Thomas Mann oder James Joyce –, dessen Äußeres meist nur durch Fotografien bekannt ist, scheint an einem eindeutigen Charakterporträt gelegen. Es bedeutet für ihn »die einzige direkte Verbindung, die er zu seinen Lesern herstellen kann. Wir möchten prüfen, ob die Gesichtszüge mit dem Bild übereinstimmen, das wir uns beim Lesen von dem Autor machen«, schreibt Gisèle Freund.[2] Sich dem Diktat dieses Leitbildes zu entziehen, gelingt nur wenigen Fotografen.

Henri Cartier-Bresson versuchte, ganz im Stil seiner sonstigen Momentfotografie, mit dem scheinbar Zufälligen des Zusammentreffens in einer Reihe von Bildnissen den Eindruck einer Persönlichkeitsinzenierung zu unterlaufen. Durch das Einbeziehen einer Assistenzfigur in einigen seiner Porträts erscheint die Begegnung noch spontaner und komplexer, denn zusätzlich

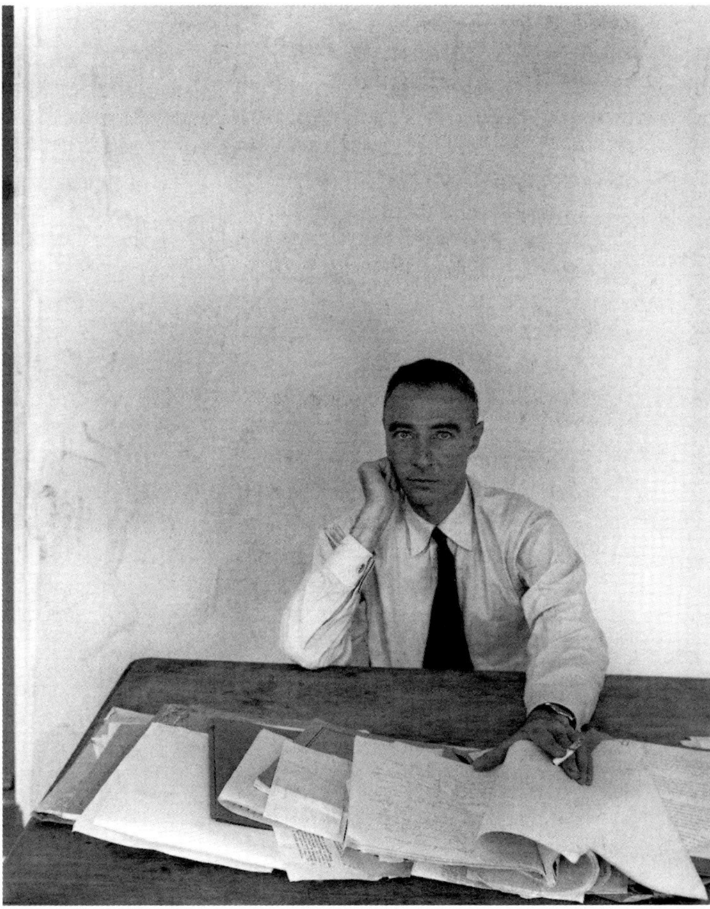

Arnold Newman: *J. Robert Oppenheimer,* Berkley 1948

zum Dialog mit dem Fotografen kommt es zur Interaktion mit einer weiteren Person. Wie Gisèle Freund porträtiert Cartier-Bresson vornehmlich die Pariser Kunstszene.

In den Bildern Arnold Newmans dagegen begegnen uns zahlreiche Emigranten in Amerika. »Das Wort ›Porträtist‹ ist ein Etikett, gegen das ich bald eine Abneigung entwickelt habe. Als Berufsfotograf ist es befrachtet mit einer Geschichte der Schmeichelei, des Katzbuckelns, lächerlicher Bilder, von Standardposen, Attitüden und der Kommerzialisierung in ihrer denkbar schlimmsten Form«, schreibt Newman,[3] und man fühlt sich angesichts dieser Worte doch unmittelbar an Inszenierungen, wenn auch Inszenierungen auf höchstem Niveau, von Erfurth oder Karsh erinnert. Newman sucht die Konventionen auf anderem Wege als Cartier-Bresson zu durchdringen, indem er die Persönlichkeit mit wenigen Andeutungen skizziert: Die Strenge der Musik Strawinskys wird im musikalischen Scherenschnitt eines Flügels deutlich, die klare Gedankenwelt Robert Oppenheimers bleibt eingegrenzt zwischen chaotischen Bergen von Papieren und der Leere des Raums, und Alfred Krupp wird zum dämonischen Imperator über die Hallen seiner Stahlfabrik stilisiert. Der emotionalen Konstruktion seiner Aufnahmen, der ein ehrliches Interesse am Sujet zu Grunde lag, ist Newman seit den frühen 40er Jahren treu geblieben.

Zur 200-Jahr-Feier der USA erhielt er allerdings den Auftrag, die von einer Jury als typisch ausgewählten Amerikaner zu porträtieren. Der Eindruck der Zufälligkeit, den er sonst in seinen »environmental portraits« auszuschließen suchte, ließ sich hier schon durch das fragwürdige Selektionsverfahren nicht vermeiden, das darüber hinaus dem Einzelnen nur Bedeutung in einem Gruppenzusammenhang zubilligte. Ob Newman für diese ehrenvoll-patriotische Aufgabe die richtige Wahl war, bleibt zweifelhaft.

Das Gefühl, dort deplatziert zu sein, begleitete auch den New Yorker Richard Avedon auf seiner Reise in den amerikanischen Westen. Seine sinnlichen Modefotos und Bildnisse der Upperclass und Kunstszene ließ er hinter sich, um die Arbeiter in In-

David Bailey: *Mick Jagger*, Dezember 1964

dustrie und Landwirtschaft, die Verkäuferinnen und Arbeitslosen in der unermesslich weiten Provinz der USA zu fotografieren. Er sah sich als humanistischen Dokumentaristen einer erneuten wirtschaftlichen Depression, die in den 80er Jahren das Land erfasst hatte. Die Modelle scheinen ihm gegenüber jedoch eher argwöhnisch.[4] Mit Skepsis blicken sie in die Linse des ewig jungen und eloquenten Society-Fotografen, und gerade in diesen Blicken der Vorbehalte und Resignation liegt die Kraft der Porträts: »Die soziale Mobilität der Angloamerikaner, der große amerikanische Traum, war ausgeträumt. Es gab keine Chance mehr, dass ein Angehöriger der Arbeiterklasse einmal Präsident werden könnte. Dazu braucht man heute sehr viel Geld.«[5] Die

Worte Avedons charakterisieren die Grundstimmung der Protagonisten, deren ausgeprägte, manchmal angeschnittene Gesichtslandschaften er durch weißen Hintergrund aus ihrem Umfeld herauslöste. Diese stilistische Behandlung unterscheidet sich nicht von der der Künstler, Schriftsteller und Intellektuellen, die Avedon sonst porträtierte.

Eine ähnliche Ästhetik entwickelte auch der Modefotograf David Bailey – den Avedon zu Recht als Konkurrenten betrachtete und zusammen mit Bert Stern als »die Penns ohne Pfiff« abkanzelte[6] – in seinen Bildnissen bereits seit Mitte der 60er Jahre. Er verkörperte die bewegten Zeiten des Cool Jazz und des Rock, in denen er mit der ungehobelten Dreistigkeit der Arbeiterklasse die Fotostudios von *Vogue* eroberte, um, wenn auch in gemäßigter Form, die raue Vitalität auf die meist triste Mode zu projizieren. Seine Porträts präsentierten die ewig junge und wilde kreative Elite aus Film und Musik und leisteten einen nicht unwesentlichen Beitrag zu ihrer Unsterblichkeit und Idolfunktion.

Hier knüpften auch die Prominentenfotografen Annie Leibowitz und Anton Corbijn an, deren Modelle und ihre Images fast ausnahmslos, und bereits lange bevor sie sie fotografierten, in öffentlichen Besitz übergegangen waren. Die Mode-, Werbe- und Pressefotografin Leibowitz zelebrierte ihre Kundschaft farbenfroh und mit liebevoll ironischem Blick für die Starklischees. Corbijns Aufnahmen in hartem Schwarzweiß zeigten dagegen die Coolness der Popstars, und die einsame Kälte der VIP-Welt verklärte sich in ihnen zur Legende einer romantischen Melancholie zerbrechlicher Helden, die wie zufällig an den seltsamsten Locations dem ewigen Underground-Fotografen über den Weg liefen. Beide, Corbijn und Leibowitz, wurden, wie schon Karsh, durch ihren Umgang mit der Prominenz selbst zu Prominenten und gehören zu den gefragtesten Porträtisten der Gegenwart.

Den Berühmtheiten konnten die fotografischen Momente des Stillstands inmitten der Rasanz ihrer Existenz zur Selbstvergewisserung dienen, sie konnten vorübergehend auf Distanz zu ihrem Image gehen, und sie sahen zudem die Vervielfältigung dieses Images garantiert. Die Fotografie war ohnehin bestens geeignet, die eigene »unerträgliche Einmaligkeit Lügen zu strafen«, wie Günther Anders es formulierte. Hatte das Leben wieder einmal maßlos beschleunigt und seine Protagonisten mitgerissen, so blieben doch die Bilder, die den Modellen und ihren Fans die Realität des Geschehenen auch nach Jahrzehnten noch beweisen konnten. Damit schließt sich der Kreis. Die Prominenz wird verbreitet durch die Bildnisse, und die Bildnisse belegen ihre Prominenz. Und lebt jeder berühmte Darsteller und letztlich jeder Mensch »selbst auch ›nur‹ als das Modell, irgendwie existiert ›er‹ eben doch auch in seinen Kopien. Daß diejenigen unter uns, denen multiples Dasein am eindrucksvollsten gelingt (die also in mehr Augen sind als wir gewöhnlichen Sterblichen): nämlich die *Film-Stars*, unsere beneideten Vorbilder sind, ist ganz folgerichtig.«[7]

Entscheidend für den Erfolg dieses multiplen Daseins ist jedoch nicht die Vielzahl unterschiedlichster Bildnisse, sondern die möglichst weite Verbreitung *eines* Images, gegebenenfalls in zahllosen Varianten. Beim Porträt-Dialog mit dem Fotografen geht es demzufolge für den Prominenten zunächst darum, sich zu behaupten. Hat er sich bewusst auf einen Starfotografen eingelassen, so muss ihm zusätzlich daran gelegen sein, dessen Stil zu respektieren, damit das entstandene Bild stilistisch unverkennbar als Werk des begehrten Porträtisten erkannt werden kann und damit wiederum den eigenen erlesenen Geschmack unter Beweis stellt.

Die wichtigste Voraussetzung des Porträt-Dialogs ist jedoch das Vertrauen des Porträtierten gegenüber dem Fotografen. Gerade weil es nicht möglich ist, sich selbst als Körper zu sehen, bedarf es des Vertrauens gegenüber den anderen, die sich ein Bild von einem machen. In der eigenen Wahrnehmung ist der Körper »auch das BILD, das die anderen von ihm haben, dieses Bild zu dem man [selbst] letztlich keinen Zugang hat«, sagt Roland Barthes.[8] Korrekturen am eigenen Image können demnach nur durch den Dialog vorgenommen werden, der zum Bestandteil einer lebensnotwendigen Selbstkontrolle wird. Die Wahrnehmung seiner selbst funktioniert am besten, indem man einen Dialogpartner als Spiegel nutzt und die Reflexionen aufmerksam zu deuten weiß. Barthes wünschte sich, sich in die Augen sehen zu können, wenn er einen geliebten Menschen ansehe, aber er konnte sich immer nur in den Blicken der anderen entdecken.[9] Dieser sehnsüchtige Wunsch bleibt auch in den fotografischen Porträts unerfüllt, denn sie werden, so Barthes, nach der Aufnahme zu komplexen und geschlossenen Kräftefeldern: »Vier imaginäre Größen überschneiden sich hier. Stoßen aufeinander, verformen sich. Vor dem Objektiv bin ich zugleich der, für den ich mich halte, der, für den ich gehalten werden möchte, der, für den mich der Fotograf hält, und der, dessen er sich bedient, um sein Können vorzuzeigen.«[10]

Am Ende steht erneut die Polarität von Selbstvergewisserung und Popularisierung. Dank des Gesichts kann man von anderen ›gesichtet‹ werden, die dargestellte Oberfläche wird nach Hinweisen abgetastet, nach Merkmalen kategorisiert und benutzt. Sie wird so zur Schnittstelle, zum ›Interface‹, zwischen Information und Vorstellung.[11] Porträts dienen der Einschätzung, des Rückschlusses auf eine Existenz und ihre Qualitäten. Sie sollen nicht nur das Vorhandensein des abgebildeten Individuums belegen, sondern aufgrund der Oberfläche auch Codes den Charakter betreffend vermitteln. Je unmittelbarer Tugenden wie Schönheit, Entschlossenheit, Charme, Erotik oder Witz imaginiert werden, desto nachhaltiger ist die Wirkung des Bildnisses.

Dem wachsenden Misstrauen gegenüber der Authentizität der Fotografie assistiert zugleich die wachsende Manipulation der biologischen Vorgaben. Denn die Gesichter der medial zu vermarktenden Prominenz dienen heute bekanntlich immer häufiger nur noch als Ausgangsmaterial für chirurgische Angleichung an ein imaginäres Ideal. Trotzdem oder gerade deshalb ist die Sehnsucht nach Bildnissen ungebrochen, denn an diesen Idealen will das Gros der Konsumenten partizipieren und nimmt den Verlust des Individuellen billigend in Kauf.

American Dreams / American Nightmares

Arbus, Frank und Mark

Eine Reihe äußerst unterschiedlicher Fotografen hat die Auseinandersetzung mit dem American Way of Life gesucht. Einige waren Immigranten und konnten sich der Faszination ihrer neuen Heimat nicht entziehen, deren Größe und Vielfalt sie mit dem distanzierten und aufmerksamen Blick des Außenstehenden festhielten. Andere begriffen ihre Aufnahmen als Versuche der Bewältigung der unabsehbaren Macht Amerikas, der sie sich ausgeliefert fühlten. Vom apokalyptischen Szenarium bis zur vorsichtigen Hommage an die Multikultur der USA reichte die Palette der fotografischen Stellungnahmen.

Nach der Blüte amerikanischer Dokumentarfotografie im staatlichen Auftrag der FSA machten sich in den 40er und 50er Jahren zunehmend skeptische Stimmen bemerkbar, die durch die perfide Verfolgung so genannter unamerikanischer Umtriebe unter den Regierungen Truman und Eisenhower genügend Nahrung erhielten. Die Euphorie der Supermacht war gebremst, und an der Unverwundbarkeit der Nation kamen erste Zweifel auf, die im Trauma des Vietnamkriegs ihren vorläufigen Höhepunkt finden sollten.

Mit einer breiten Emigrantenwelle aus Europa war 1937 auch die Wiener Jüdin Lisette Model in die USA gekommen. Zunächst hatte sie eine Laufbahn als Pianistin eingeschlagen, bei Arnold Schönberg studiert und war dann, nach dem Tod ihres Vaters, 1924 nach Paris gegangen, um Sängerin zu werden. Erst neun Jahre später begann sie sich mit den Möglichkeiten der Kamera zu befassen, mit der sie in den Metropolen Amerikas auf das Straßenleben und die Jazzszene losging. Nach einigen Jahren in den Diensten von *Harper's Bazaar* begann sie Ende der 40er Jahre für den Rest ihres Lebens eine Lehrtätigkeit, zunächst an der California School of Fine Arts in San Francisco und dann an der New School for Social Research (1951–1982). Dort traf sie auf eine der außergewöhnlichsten Persönlichkeiten der amerikanische Fotografie: Diane Arbus. Anfangs folgte die junge New

Lisette Model: *Matrose und Mädchen, Sammy's Bar, New York*, 1940

Yorkerin den familiären Pfaden – ihre Eltern besaßen ein angesehenes Modehaus – und wurde Modefotografin an der Seite ihres Mannes. Erst 1957 entschloss sie sich, bestärkt durch ihre Lehrerin Lisette Model, die für sie unbefriedigende Arbeit in einer Scheinwelt, in der einzig die Eitelkeit real war, aufzugeben und sich dem anderen gesellschaftlichen Extrem zuzuwenden. So bevölkern die kaputten Gestalten amerikanischer Metropolen

Diane Arbus:
Eine Familie am Abend in einem Nudistencamp, Pennsylvania, 1965

ab 1960 ihre düsteren Bilder. Armut, Psychose, Krankheit und Elend nahmen immer neue und immer erschreckendere Gestalt an, und das gespenstisch Absurde ihrer Fotografie, das ihr auch heftige Kritik einbrachte, schien sie persönlich zu verfolgen. International gefeiert wurde ihr Werk erst nach ihrem Selbstmord 1971.

Vorausgegangen war ihrem Werk ein Meilenstein in der Amerika-Rezeption des gebürtigen Schweizers Robert Frank, der das Straßenleben in Frankreich und England fotografiert hatte, ab 1955 für zwei Jahre die USA erkundete und anschließend den

Bildband *The Americans* vorlegte. Seine fotografische Tour, die er in 83 Fotografien komprimierte, schloss alle Gegenden des Landes und alle Schichten der Bevölkerung ein, bezog in radikaler und von ihm selbst nicht wieder erreichter Klarheit Position zu den uramerikanischen Tugenden und den Menschen, die oft wie entrückte Zombies ihre eigene erloschene Welt bevölkern. Fortan musste sich die Dokumentarfotografie an der poetischen und unromantischen Schärfe von Franks Bildwelt messen lassen. Jack Kerouac schrieb im Vorwort: »Dies verrückte Gefühl in Amerika, wenn die Straßen von der Sonne heiß sind und Musik aus einer Musicbox kommt oder von einer Beerdigung in der Nähe, das ist es, was Robert Frank in den gewaltigen Fotografien eingefangen hat, die er auf seinem Weg durch beinahe achtundvierzig Staaten in einem alten, gebrauchten Auto machte (mit Guggenheim Stipendium). Mit Behändigkeit, Geheimnis, Begabung, Traurigkeit und mit der seltsamen Verschwiegenheit eines Schattens fotografierte er Szenen, die nie zuvor auf Film zu sehen waren.«[1]

Frank publizierte das Buch bereits in dem Bewusstsein, dass er nicht so enden wollte wie eine Vielzahl von Fotografen, die »nach einer gewissen Zeit, oder in einem gewissen Alter, nur mehr wiederholen, was sie zur Zeit des Höhepunktes ihrer Karriere erreicht haben«.[2] Daher wechselte er das Medium und wandte sich nach Fertigstellung von *The Americans* dem Film zu.

Ebenfalls als Fotograf und Filmemacher arbeitete der New Yorker William Klein, dessen Buch über seine Heimatstadt bei seinem Erscheinen 1956 heftige Reaktionen hervorrief. Aggression, Hektik und Tristesse summieren sich zu einer metropolitanen Impression ohne Glamour und schimmernde Fassaden. In den folgenden Jahren schlossen sich Städtedokumentationen über Rom, Paris, Tokio und Moskau an, die deutlich machen, dass die dominante äußerst subjektive Sicht des Fotografen die extremen Unterschiede zwischen den Orten fast vollständig zu nivellieren vermag.

Mit ihren Menschenbildern knüpft Mary Ellen Mark an Franks fotografisches Werk an und gab der *Amerikanischen Odyssee* eine neue, emotionalere Wendung. Auf ihren Reisen durch die USA hatte sie wie Frank unvorstellbare Gegensätze von Arm und Reich, von Wahn und Wirklichkeit erfahren: »Wunderbare, aber auch entsetzliche Menschen haben meinen Weg gekreuzt«,[3] schrieb Mark und machte aus ihren Sympathien und Antipathien für die ›Extremisten‹ der Gesellschaft auch in ihren Bildern keinen Hehl. Nach ihrer fotografischen Ausbildung war sie zunächst in Europa auf Distanz zu ihrer Heimat gegangen, um nach ihrer Rückkehr in die USA mitten in das aufgeheizte politische Klima im Zuge des Vietnamkriegs zu geraten. Was ihr Werk prägte, war jedoch nicht so sehr der amerikanische Mainstream und seine Zerrbilder, sondern die Randgestalten der Gesellschaft, die sie mit ihrer Kamera aufspürte und nicht selten als Freunde gewann.

Im Jahr 1967 kuratierte John Szarkowski im Museum of Modern Art in New York die Ausstellung *New Documents*, die erste größere Show, in der Fotografien von Diane Arbus, GARRY

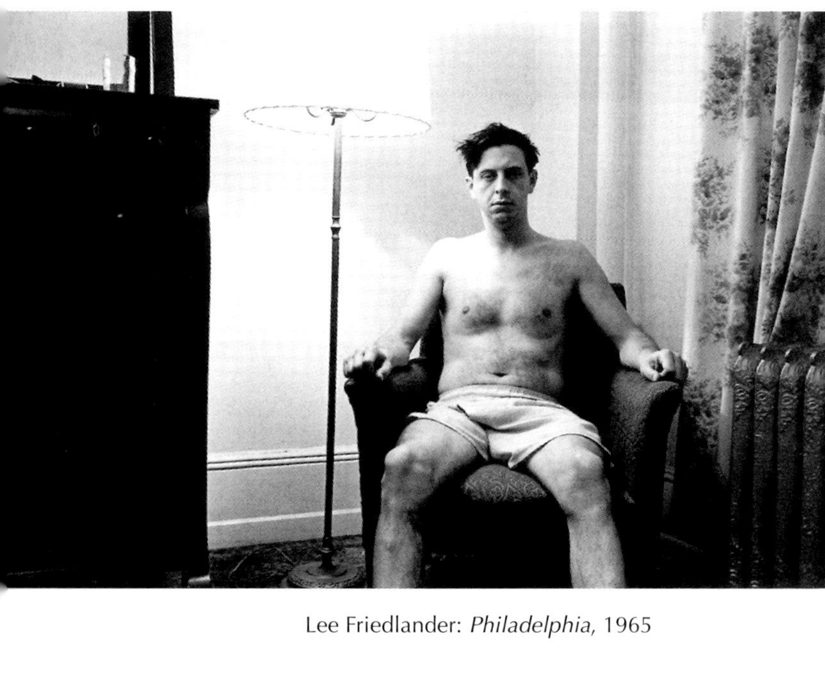

Lee Friedlander: *Philadelphia*, 1965

Mary Ellen Mark: *Pro-Vietnam-Demonstration, New York City,* 1968

WINOGRAND und LEE FRIEDLANDER gemeinsam vertreten waren und ein neues Amerika-Bild vermittelten. Weit mehr noch als Robert Franks Bilder strahlen Winogrands Schnappschüsse und Friedlanders Serien und Porträts eine abgeklärte Depression aus. Emotionslos bewegen sich die Menschen zwischen dem visuellen und akustischen Müll der Großstädte und Motels, und auch als Betrachter kann man leicht zwischen die Schichten dieser Anhäufungen geraten und dort jenseits jeder Sinnsuche umherirren, bis einem Hören und Sehen vergeht.

Die Aufnahmen dekonstruieren gerade durch ihre Passivität den amerikanischen Traum, dem der Fotograf STEPHEN SHORE mit einer Serie aus Stillleben, Landschaften und Porträts 1972 den fotografischen Todesstoß versetzt: Mief, Dreck und schlechter Geschmack gerinnen zu einer optischen Beklemmung.

Joel Sternfeld: *McLean, Virginia*, Dezember 1978

Die Bekanntschaft mit John Szarkowski war auch für WILLIAM EGGLESTON ein wichtiges Ereignis seiner Laufbahn und führte auch für ihn zu einer Ausstellung im Museum of Modern Art (1976). Weitgehend reduziert auf die Banalität der Objekte und konsequenterweise in Farbe, die den Dingen die letze Spur von Geheimnis zu rauben vermochte, entwarf der junge Fotograf, der von einer Plantage im Mississippi-Delta stammte, ab Anfang der 60er Jahre sein fotografisches Weltbild, überzeugt davon, dass grundsätzlich alles überall bildwürdig sei. Damit konstatierte er die absolute Beliebigkeit, die völlige Gleichwertigkeit der Objekte und die Aufhebung aller Werte und der damit verknüpften Hierarchie-Traditionen. Führte man Egglestons Position konsequent zu Ende, so diente das Medium Fotografie fortan nur mehr dem Sammeln der Indizien für eine endgültige Kapitulation vor den Gegebenheiten der realen Welt: »Es tut mir leid, dass es mehr Menschen gibt, als ich mir vorstellen kann, die es nicht weiter schaffen, als ein rechteckiges Bild zu verstehen mit einem Objekt genau in der Mitte, das sie identifizieren können. Sie kümmert es nicht, was um das Objekt herum ist, solange es das Objekt im Zentrum nicht störend beeinflusst. Sogar nach den Lektionen von Winogrand und Friedlander haben sie es nicht kapiert. [...] sie wollen das Offensichtliche [...]. Ich befinde mich im Krieg mit dem Offensichtlichen.«[4]

Die ins Wanken geratene Ordnung der Realität stellt Joel Sternfeld auf den ersten Blick wieder her. Seine amerikanischen Ansichten sind Stillleben auf dem Gipfelpunkt ihrer Stille. Der gespenstische Frieden der Porträts potenziert sich, wenn die Kamera zurückzoomt und das bösartige Chaos hinter der gelähmten Welt durchbricht. Das Somnambule der Bilder korrespondiert mit der Gleichgültigkeit gegenüber dem, was wir zu sehen bekommen: das Modell eines Landes, das nur noch in der Lage ist, sich künstlich zu erregen. Der Verlust der emotionalen Dimension findet seinen Widerpart in der Irrealität der Szenen, die immer wieder wie im Maßstab verkleinerte Studiokulissen wirken.

Das Fokussieren Amerikas und seiner Bewohner, die als Gemeinschaft die wirtschaftliche und militärische Supermacht verkörpern, fällt aus allen Blickwinkeln kritisch aus. Von schrankenlosem Vertrauen in die Errungenschaften der Zivilisation und bedingungsloser Solidarität mit ihren Zielen ist wenig zu spüren. Die pluralistische Struktur der Nation räumte diesen fotografischen Positionen jedoch eine Koexistenz neben dem ›offiziellen‹ Image ein, das die USA vor allem als Garant für Toleranz und Wohlstand und Botschafter für Frieden und Demokratie zeigt und das überwiegend durch Film und Fernsehen seine Verbreitung findet.

Auch in den USA der 60er und 70er Jahre wurde einmal mehr die Demokratisierung des Blicks durch die Fotografie sichtbar.

Während es für die Kontrolle der bewegten Bilder Geld und Lobby brauchte, stand das Medium der statischen Bilder grundsätzlich Vertretern aller gesellschaftlichen Schichten offen und wurde auch genutzt, um dem tendenziell überindividuellen Repräsentationsbild Amerikas Studien von ganz persönlicher Wahrnehmung und Befindlichkeit entgegenzuhalten.

Subjektive Fotografie

Steinert und die Folgen

Die Subjektive Fotografie der 50er Jahre sah sich in der Tradition des Neuen Sehens und der Neuen Sachlichkeit der 20er und 30er Jahre, an die sie in mehrfacher Hinsicht anzuknüpfen versuchte. Zum einen propagierte Otto Steinert, neben J. A. Schmoll, gen. Eisenwerth, Sprachrohr des institutionalisierten Neubeginns, wie einst Moholy-Nagy und Roh, die Fotografie als das »breitenwirksamste Mittel«, das »das visuelle Bewußtsein unserer Zeit maßgeblich zu formen vermag«,[1] zum andern favorisierte er auch stilistisch die Fotografie der 20er Jahre. Die Brücke zur Bauhaus-Ära stellte der Katalog zur ersten der beiden international bestückten Subjektive-Fotografie-Ausstellungen 1952 mit einem Textbeitrag Rohs und sieben Aufnahmen aus neusachlicher Zeit her. Die Subjektive Fotografie gründete sich auf Prinzipien des Neuen Sehens, auf grafische Klarheit, gelegentlich auf eine Reduktion bis hin zur völligen Abstraktion und auf Techniken wie Solarisation, Negativdruck, Fotogramm und Montage.

Der auf sein Plädoyer für eine Breitenwirkung folgenden Ernüchterung verleiht Steinert dann bereits drei Jahre später, im zweiten Katalog, Ausdruck: »Stillosigkeit und Niveausenkung« seien die unmittelbaren Folgen der »Vermassung der Fotografie«.[2] Die erdrückende Quantität der Fotografie war weit entfernt vom Ideal Steinerts, von seiner Vorstellung einer höchsten Vollendungsstufe, der »absoluten fotografischen Gestaltung«.[3]

Die Vorstellung von der Subjektivität der Fotografie, die Steinert – Professor an der Essener Folkwangschule – einem größeren Publikum vermitteln wollte, war selbstverständlich so alt wie die Diskussion um ihren Kunstwert. Und die Behauptung Eisenwerths, die Fotografie spiegele seit ihrer Frühzeit »das subjektive Empfinden der verschiedenen Stilphasen«, sei sich dabei aber »ihrer Subjektivität durchaus nicht bewußt« gewesen,[4] erscheint in Anbetracht der Fülle von fototheoretischen Schriften des 19. und frühen 20. Jahrhunderts zu diesem Thema als wenig fundiert. Dennoch hatte sich die Überzeugung, dass ein künstlerischer Umgang mit dem Medium Fotografie auf seinen Qualitäten einer möglichen subjektiven Nutzung beruhen müsse, weitgehend durchgesetzt. Das Medium als Reflektor einer individuellen Wahrnehmung, der Sehbegabung eines geschulten Auges, das sich der Möglichkeiten der Kamera und vor allem des Labors bedient, um eine maximale Visualisierung seiner Vorstellungen zu erreichen.

Steinert postulierte eine Vier-Stufen-Hierarchie: 1. die reproduktive fotografische Abbildung, 2. die darstellende fotografische Abbildung, 3. die darstellende fotografische Gestaltung und 4. die absolute fotografische Gestaltung, die schließlich auf jede objekthafte Wiedergabe verzichtet oder den Gegenstand so weit entmaterialisiert, bis er nur noch Formelement und Kompositionsbaustein ist.[5] Dieses etwas blutleere und statische Diktum, das vor allem Reportage- und Dokumentarfotografie, aber auch jede Form der Straight Photography abwertete, stieß selbst im engeren Kreis der Vertreter einer subjektiven Fotografie auf wenig Resonanz. Die Vielfalt subjektiver Wahrnehmung, die durch solche Richtlinien eingeschränkt worden wäre, genoss in der Bewegung der Subjektiven Fotografie zu jeder Zeit deutliche Priorität.

Dennoch ist die rigorose Reduktion und Verfremdung, die Steinert lehrte, auch im Werk der Generation von Fotografen, die in den 70er Jahren in Deutschland tonangebend war, auf unterschiedlichste Weise präsent. Die Steinert-Schüler André Gelpke, Milan Horacek und Heinrich Riebesehl betrieben ein Spiel der Kontraste und Fragmente, lakonisch und verstörend.

André Gelpke: *Mann mit Brille*, 1978

Heinrich Riebesehl: Ohne Titel, 1975

Mit gleichem Willen zur konstruktiven Abstraktion arbeitete ANDREAS MÜLLER-POHLE. Auch er thematisierte die medienimmanente Ausschnitthaftigkeit bis zur beinahe völligen Abwesenheit des Wiedererkennbaren.

»Es sind Bilder, die nicht appellieren und nicht agitieren, die nicht schockieren und nicht berichten«, so Dieter Wellershoff zu einer gemeinsamen Ausstellung der genannten Fotografen. »Sie wollen dem Betrachter überhaupt nichts Bestimmtes sagen. Sie verdanken sich auch keinem sozialen, psychologischen, moralische Engagement, noch überhaupt irgendeiner besonderen menschlichen Betroffenheit oder Anteilnahme. Sie wollen keine Übereinstimmung stiften, nicht erschüttern, nicht bewegen.«[6] Diese universale Negation führt zu Bildern der Leere, die sich jedoch keineswegs aus dem gesellschaftlichen Diskurs verabschiedet haben, sondern vielmehr auf die multimediale Bilderflut reagieren. Das Paradoxon einer Visualisierung des Nichts sucht Freiräume zu schaffen, die dem Ansturm der lärmenden Beliebigkeit standhalten.

In Opposition zur Profanität des Alltäglichen traten weitere Fotokünstler, allen voran Robert Häusser, der mit überzeichneten Schwarzweißkontrasten seinen entvölkerten Schauplätzen hyperreale Züge verlieh. Der Weitwinkel zeigt ein Mehr an Einsamkeit, öffnet den Blick für das Ungewisse. Jede von Häussers Aufnahmen ist eine Visualisierung der Melancholie in kristalliner Prägnanz und Deutlichkeit und ein Ausdruck innerster Befindlichkeit: »Der Apparat sieht nur das, was ich sehe. Aber das, was der Apparat sieht, muß identisch sein mit demjenigen, der sich dieses Bild seiner Wirklichkeit machen will. Objektive Fotografie gibt es nicht.«[7] Die Reflexion des persönlichen Kosmos im Sinne Häussers fand sich bei einer ganzen Reihe jüngerer Kollegen in sehr differenzierten Perspektiven wieder.

Verena von Gagern inszenierte vielschichtige Ausblicke vor allem auf die Kindheit, die als zeitlose Welt bis zur Ewigkeit dehnbarer Momente erscheint, überlagert durch Schatten, verdoppelt oder gebrochen in Spiegelungen. Ralph Gibson, der zu Beginn seiner Karriere als Assistent Dorothea Langes gearbeitet hatte, wandte sich um 1970 von der Dokumentarfotografie ab und kultivierte eine Annäherung an die Objekte in zunehmend kontrastreichen Aufnahmen, um eine Form von Abstraktion zu bewirken, die alles nicht unmittelbar zum fokussierten Bildgegenstand Gehörige ausschloss. Das Fragmentieren der Dinge und ihre wertfreie Vereinzelung war die unmittelbare Folge. Humberto Rivas bespielte das gesamte Spektrum der Genres. Seine Stillleben und Porträts offenbaren den gleichen Blick auf die desolaten und morbiden Aspekte der Existenz wie seine Landschaften, Ruinen und Interieurs.

Das pluralistische Element der Subjektiven Fotografie war auch in der jungen Nachkriegsdemokratie Japans auf breite Resonanz gestoßen. Takeji Iwamiya hatte bereits an der ersten

Robert Häusser: *Absurde Szene*, 1979

Ausstellung Steinerts 1952 teilgenommen, und der poetische und verfremdende Umgang mit dem Realen sollte Tradition haben. Ikko Narahara, neben Eikoh Hosoe, Shomei Tomatsu und anderen Mitglied der einflussreichsten japanischen Fotografengruppe Vivo – die zur Verdeutlichung ihres internationalen Anspruchs ihren Namen in Esperanto wählte –, vermittelt in äußerst artifiziellen und meditativen Aufnahmen, die auf Reisen

Ralph Gibson: Ohne Titel, 1970

Humberto Rivas: *Cabo Nati,* 1989

Ikko Narahara:
Indian Village, USA, aus: *Where Time Has Vanished*, 1971

durch Japan, Europa und die USA entstanden, das Gefühl, die Zeit anzuhalten und zum Verschwinden zu bringen.[8] Bevor sich Eikoh Hosoe, wie sein Kollege Narahara, auf Reisen durch Europa und die USA begab, suchte er die unmittelbare und intensive fotografische Auseinandersetzung mit der eigenen Tradition. 1963 erschien seine Serie über den japanischen Dichter Yukio Mishima, die dessen physisches Verblühen und den rituellen Tod, den Mishima später in Form des Seppuku real vollzog, in einer manieristischen Inszenierung vorwegnahm: Das Sterben in der Fotografie als prophetischer Verweis auf eine zukünftige Wirklichkeit (vgl. Abb. S. 15).

Josef Koudelka verließ nach der Niederschlagung des Prager Frühlings, den er fotografisch dokumentiert hatte, 1970 die Tschechoslowakei und beantragte Asyl in England. Das Leben der Zigeuner, mit dem er sich identifizierte und das er in den 60er Jahren mit der Kamera begleitete, war für ihn Ausdruck des Verschwindens, der ständigen Gefahr einer Selbstaufgabe durch völlige Assimilation. Er zog durch Europa, wurde 1971 Mitglied der Agentur Magnum, nahm 1987 die französische Staatsangehörigkeit an und kehrte 1990 erstmals zurück in seine Heimat, deren traurigen Zustand zwischen desolatem Fortschritt und industrieller Zerstörung er in Panoramen festhielt.

Seine *Gypsies*, die ihm internationale Anerkennung brachten, sind ein so persönliches Statement, dass sie die Grenzen der Dokumentarfotografie sprengen und an die Stelle einer verbindlichen Information die subjektive Spurensicherung setzen. Die Dargestellten erscheinen wie Protagonisten einer privaten Kunstwelt und das grobe Korn der Aufnahmen unterstreicht den Charakter einer flüchtigen Irrealität der Szenarien.

Josef Koudelka: *Spanien*, 1971

Paolo Nozolino: *Nouakchott, Mauretanien*, 1990

Auch der gebürtige Portugiese Paulo Nozolino bediente sich einer ähnlichen Bildsprache für die Bilder von seinen Streifzügen durch die arabische Welt, in der er sich sofort heimisch fühlte. Das helle Licht auf den Städten Nordafrikas wandelt sich in seinen Aufnahmen in schemenhafte Düsternis, die Körnigkeit des Films verschmilzt mit dem Wüstensand und dem Putz der Wände und wird zur Quelle der Orientierung auf einer persönlichen Suche. »Ich hatte Angst, daß alles, was ich empfand, ausgelöscht werden könnte, wenn ich die Kamera vor meine Augen nahm«, schreibt Nozolino über seine ersten Annäherungen an die Eindrücke des Fremden,[9] und erst als er sich nach Jahren im Fremden wiedererkannte, seinem Doppelgänger in einem Teehaus im Yemen begegnete und ihn fotografierte, war die Reise für ihn beendet. Nozolino nutzte die Fotografie zur Sicherung

Cristina García Rodero: *Die Kraft der Seele, Puente Genil,* 1976

der Spuren, die zu ihm selbst führten, und begriff die Außenwelt als weites Feld subjektiver Erkundungen.

Mit einer leidenschaftlichen Reportage über das kultische und okkulte Wirken in ihrem Land begab sich die Spanierin Cristina García Rodero zurück in den Kreis der Dokumentaristen. Ihre Bilder leben von den bizarren lokalen Bräuchen und Kostümierungen, die sich wie surreale Versatzstücke in den mediterranen Alltag einfügen. Das Bild des Menschen findet dennoch zu einer Objektivität zurück, die der fotografischen Studie aus ethnografischer und anthropologischer Sicht besonderen Wert verleiht.

Die Grenzen zwischen den Blöcken Dokumentar- und Kunstfotografie, die von Sammlern, Museen und auch Fotografen immer wieder aufs Neue gezogen wurden, aufzulösen und damit dem Medium seine uneingeschränkte visuelle Potenz zuzugestehen war letztlich Ziel der Bewegung.

Die Maximen Steinerts aus den Nachkriegsjahren blieben zwar ohne größeren Einfluss, aber durch den manifestierten Anspruch absoluten individuellen Ausdrucks standen die vom Geist der Subjektiven Fotografie geprägten Aufnahmen durchaus zu einer elitären Grundhaltung. Sie hat ihre Entsprechung in der zunehmenden Subjektivierung anderer bildender Künste seit den 50er Jahren, die vermehrt auf Abstraktion oder private Ikonografien setzten oder durch irritierende Brückenschläge zur Massenkultur die überkommenen Grenzen der Kunst zu sprengen suchten. Die Fotografie zieht hier also einmal mehr mit anderen Kunstmedien gleich und versucht auch damit ihren Kunstanspruch zu untermauern, der nach wie vor im Wesentlichen von ihrer »Subjektivität« hergeleitet wird. »Wenn das Objekt wirklich objektiv wäre, hätte die Photographie nichts mit Kunst zu tun«, schrieb Herbert List, ein Sympathisant der Initiative Steinerts, bereits 1943, »da es jedoch sehr subjektiv sein kann, ist es ebenso reich an Ausdrucksmöglichkeiten wie Meißel, Pinsel oder Zeichenstift.«[10]

Anonym: *Der Mann mit dem schwarzen Handschuh*, USA, um 1855

Heinrich Kühn: *Landschaft,* 1897

Léon Gimpel: *Start des Zeppelins Zodiac III*, 28. August 1909

Paul Outerbridge: *Akt mit Bandleader-Jacke,* um 1936

Martin Parr: *Goa, Indien*

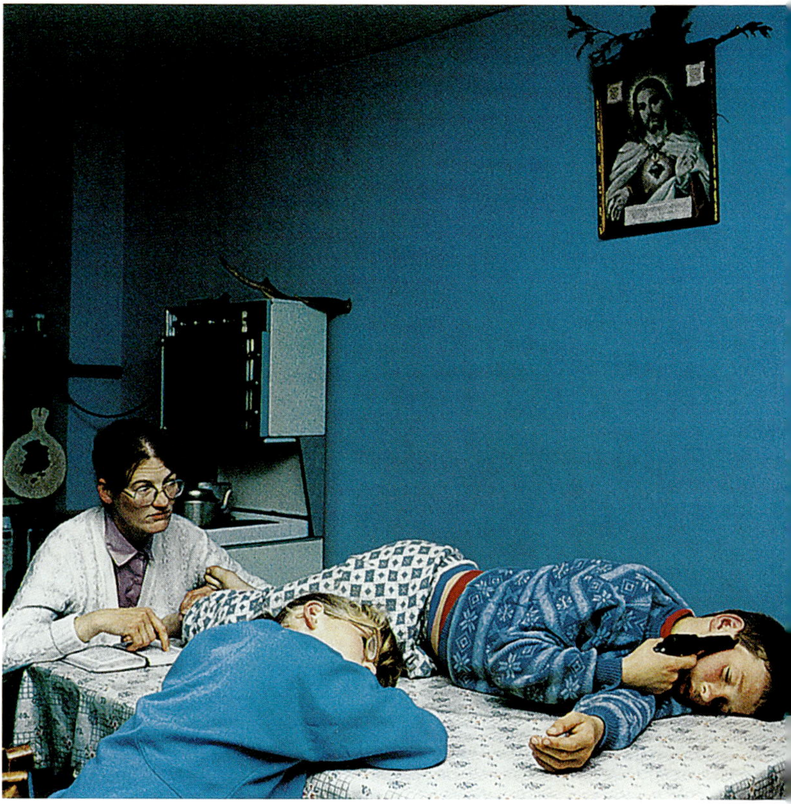

Anthony Haughey: Ohne Titel, aus: *Home,* 1991

Nick Waplington: Ohne Titel, aus: *Living Room*, 1991

David Hockney: *Henry putzt seine Brille,*
Los Angeles, 20. März 1982

Beate Passow: *Lotuslillies – Maos Erbinnen*, 2000

Mark Morrisroe: *Ramsey, Lake Oswego*, 1988

Jack Pierson: *From the sixth floor, 233 w42nd St.*, 1992

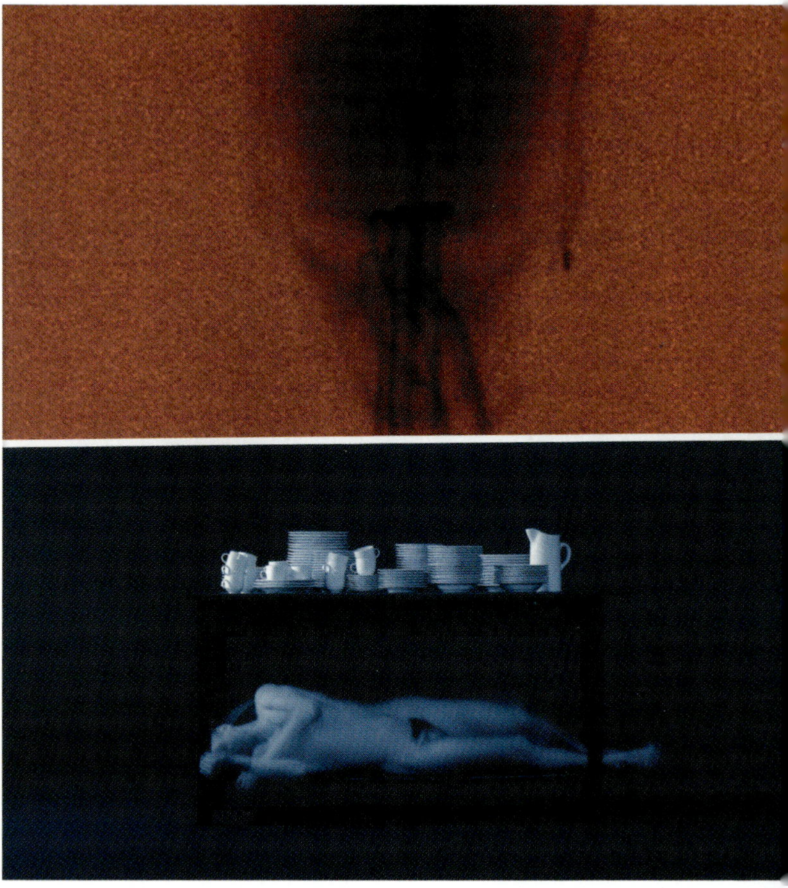

Jürgen Klauke: *Trost für Arschlöcher oder Desaströses Ich,* 1996/2000

Julia Kissina: *Große Sphinx*, 1999

Thomas Struth: *Stanze di Raffaello I,* Rom 1990

Thomas Ruff: *Nacht 3 II,* 1992

Andreas Gursky: *Autosalon,* Paris 1993

Voyeurismus und Intimität

Waplington, Clark, Araki und Mapplethorpe

Walter Benjamin hatte es vorausgesehen: Nachdem jahrhundertelang ein Schreibender oder Künstler einer tausendköpfigen Schar von Rezipienten gegenüberstand, hat sich dieses Verhältnis mittlerweile grundlegend gewandelt. Jeder kann heute publizieren, jeder fühlt sich prinzipiell berufen, ohne jede handwerkliche Voraussetzung zu singen oder in Film und Fernsehen in Erscheinung zu treten. Man ist nicht mehr Darsteller, sondern Selbstdarsteller. Jeder Mensch hat heute scheinbar einen »legitimen Anspruch« auf sein Reproduziert-Werden[1] und somit auch auf sein Objekt-Werden.

Damit einher geht eine Grenzverwischung zwischen Werbung, Mode, Dokumentation, Kunst und Pornografie, zwischen Hoch-, Tief- und Subkultur, die sich besonders in der Fotografie manifestiert. Nirgendwo kann man sich unkomplizierter zum Objekt machen oder machen lassen. Schon deshalb nimmt die Selbstbespiegelung und die intime Reflexion des engsten persönlichen Umfeldes in der Fotografie des ausgehenden 20. Jahrhunderts auf allen Ebenen eine zentrale Rolle ein. Der Beschäftigung mit dem menschlichen Körper wurde zusehends Raum gegeben. Die Darstellung bewegt sich zwischen den Polen Exhibitionismus und Autismus.

Wo üblicherweise die Massenproduktion von Urlaubsfotos auf Hochtouren läuft, mischte sich Martin Parr unauffällig ins Geschehen und raubte seine in Sachen Humor und Farbe schrillen Bilder, die durch ihre zutiefst britische Sichtweise die Popularität des Fotografen begründeten. Die (vor allem touristische) Massenkultur und der Massengeschmack rund um den Globus, die Parr in seinen Fotografien kritisiert, ist nur eine Spielart des Konsums, der ihn als Mode-, Werbe- und Dokumentarfotograf am Leben hält. Das Ambivalente dieser Sicht kann beim Betrachter der Prints ein Ekelgefühl erzeugen, das den Selbstekel des Fotografen einzuschließen scheint, der von den Nahsichten auf den Interieur- oder Tourismus-Grusel gebannt, die Bilder in sein Hirn einbrennen ließ. Die Aufnahmen wirken, als ob weder

Larry Clark: Standfoto aus dem Film *Kids*, 1995

Fotograf noch Opfer die Existenz eines Fotoapparates als Barriere zwischen ihnen wahrgenommen hätten.

Die Kamera kann so zum Bestandteil des täglichen Lebens werden, dass sie nicht mehr als Fremdkörper empfunden wird. Wie selbstverständlich fotografierte der Ire ANTHONY HAUGHEY über längere Zeit die sympathisch-asozialen Verhältnisse im Haus seines Onkels, dessen Familie ihn und seine Kamera schon bald fast völlig aus ihrem Alltag ausblendete. So entstanden überaus vitale und farbige Bilder, die Haughey als Kommentare zu sozialen und politischen Problemen verstanden sehen will. Eine ähnliche Nahsicht lieferten die Briten RICHARD BILLINGHAM, der die Existenz seiner Eltern und seines Bruders zwischen Alkohol, Schlägereien, Nippes und Hausgetier in Schnappschüssen festhielt,[2] und NICK WAPLINGTON, der seinen leidenschaftlichen Blick auf zwei befreundete Familien der Arbeiterklasse mit großer Sympathie für das Chaos richtete. »Indem er mit den Dingen und Menschen, die er fotografiert, zusammenlebt und zu einer Art Komplize wird, kann Nick Waplington verschiedene Schattierungen des zärtlichen Umgangs mit dem Alltäglichen erzeugen. Weit weg von den unechten, mitleidigen Konventionen einer sozialen ›Reportage‹, kann er uns einbeziehen, nah genug, daß wir fast an der menschlichen Würde dieses komplizierten Umfeldes Anteil nehmen«, schreibt Christian Caujolle.[3] Der Begriff menschlicher Würde wird in diesen Bildern neu definiert, aber das existentielle und ehrliche Bedürfnis der Fotografen nach einer Reflexion ihres eigenen Ursprungs und ihrer unmittelbaren Umwelt ist in allen Fotografien präsent. Fast besessen setzen sie Nähe und Authentizität gleich und kultivieren die Distanzlosigkeit.

Im musealen Kontext oder Kunstbildband tritt das Reportagehafte der Fotografien in den Hintergrund und die Dargestellten werden zu Ikonen eines Proletariats, das vom Bildungsbürgertum mit der gleichen verhohlenen Faszination bestaunt wird wie ihrerzeit die derben Wirtshausszenen der Niederländer des 17. Jahrhunderts. Der bürgerliche Kunstmarkt mit seiner distinguierten Rhetorik verleibt sich Grenzbereiche der Reportage oder Pornografie ein, die den Betrachter zum Voyeur machen.

Den amerikanischen Fotografen und Filmer Larry Clark, der 1971 mit *Tulsa,* einem Reportagebuch über seine Generation in seiner Stadt, Furore machte, ließ die Beobachtung der Jugend auch in den folgenden Jahrzehnten nicht mehr los. So entwickelte er sich über die Jahrzehnte in seinen Serien *42nd St.* und *Teen Lust* zum alternden Dokumentaristen, dessen Verlangen nach Teilhabe an der Jugend seiner Protagonisten mit der wachsenden Kluft der Zeit obsessiven Charakter annahm. Auf dem Weg zu seinem Bewährungshelfer, den er nach einer Gefängnisstrafe regelmäßig aufsuchen musste, lernte er rund um die Subway-Station an der 42. Straße puertoricanische Stricher kennen. Das triebhaft Unbewusste und Rauschhafte der postpubertären Jungen, ihre Sexualität und ihr Drogenkonsum, wurden zu schmerzhaften Bildern des eigenen Verlusts dieses archaisch-unreflektierten Zustands. Seine Welt der Schüsse aus Pistolen, Spritzen und Kameras konnte nicht darüber hinwegtäuschen, dass mit jedem Jahr, mit jeder neuen Fotografie die zeitliche und reflexive Distanz größer und die fotografisch erfasste Intensität der Spuren von Gewalt, Betäubung, Sex und Geld in den »Lost Generations« der Lowerclass verzweifelter wurde. Dennoch blieb Clarks Blick ungemein sachlich auf eine vermeintlich unveränderbare Normalität der Jungen gerichtet, deren Vertrauen er gewonnen hatte: »Sie schaffen an, verkaufen ein bisschen Marihuana, schnappen sich eine Halskette oder zwei. Sie tun das, was zu tun ist.«[4] In die Zeit der Veröffentlichung von *Teen Lust* fielen allerdings die ersten Berichte über Aids, und die unbekümmert-animalische Vitalität wich einem ängstlichen Bewusstsein von der Sexualität als tödlicher Gefahr.

Geht es Larry Clark zunächst einmal unmittelbar darum, einem Teil seiner eigenen Geschichte nachzuspüren, so werden seine Bilder außerhalb dieses intimen Rahmens zu Objekten des Skandals, des Voyeurismus oder, nobilitiert im Museumskontext, zu einem rücksichtslosen Jugendbild von künstlerisch dichter und direkter Bildsprache. Die Bilder bleiben die selben, nur die Wahrnehmung verschiebt sich und eröffnet neue Möglichkeiten der Rezeption. Aktiv an dieser Umwertung beteiligt sind maßgebliche Vertreter des Kunstmarktes.

Ein weiteres markantes Beispiel für eine solchen Umwertung liefert die Ästhetik der Bondage-Bilder des japanischen Popidols Nobuyoshi Araki. Dieselben Bilder, die in Japan im Auftrag eines S/M-Magazins aufgenommen und veröffentlicht werden, werden von der westlichen Kunstszene geläutert, um sie als ›Museumskunst‹ zu etablieren.[5] Dass ein und dasselbe Werk von unterschiedlichen Bevölkerungsschichten oder Kulturkreisen verschieden wahrgenommen wird, ist fraglos ein altes Phänomen, in diesem Fall aber lanciert der Künstler selbst die zweigleisige Rezeption seiner Arbeit.

Anstatt jedoch die Grenze zwischen High und Low einzureißen und vor Augen zu führen, dass ein und dasselbe Werk abhängig von Kontext (Museum oder Pornoheft) und persönlicher Sozialisation des Betrachters verschieden wirken kann, wird von der westlichen Kunstkritik die Möglichkeit einer pornografischen Lesart geleugnet: Das Pornografische habe nur Zitatcharakter, die Bondage-Bilder seien nur im übertragenen Sinne als

Nobuyoshi Araki: *Gefesseltes Mädchen,* 1983

»Definitionen eines intimen Innenraums« zu lesen, und der Fotograf gebe im Unterschied zur Pornografie dem »weiblichen Körper das Recht auf Selbstbehauptung« zurück.[6] Will man aber die ohnehin flexible Grenze zwischen Kunst und Trivialkultur aufrechterhalten, so muss man in diesem Zusammenhang von einem doppelten Betrug, zugleich an Porno- und Kunstkonsumenten, sprechen. Oder aber von einer sich selbst betrügenden Kunstszene, die blind im Bann ihrer sublimierten Libido das als Kunst konsumiert, was sie sich als Pornografie versagen würde. Araki zielte nach eigener Aussage auf das weibliche Herz, das er in Fesseln legen wollte, bemühte jedoch auch die Allianz zwischen Fotografie, Sexualität und Tod: »Man muß immer bereit sein. Es gibt keinen idealen Moment. [...] Ich habe das große Glück, daß meine Opfer mir quasi ohne eigenes Zutun in die Falle gehen. Sie kommen zu mir, verlangen ihre Ermordung. Ja. Ich bin ein Genie, aber dann auch bloß wieder nur Erfüllungsgehilfe des Schicksals, verstehen Sie?«[7]

Immer wieder als Pornografie empfunden und als solche gelegentlich beschlagnahmt wurden auch einzelne Fotografien des New Yorkers Robert Mapplethorpe. Sehr detailliert und in äußerst kühler Ästhetik zeichnete er homosexuelle sadomasochistische Praktiken nach, die er gern zwischen Porträts, Körperstudien in der Tradition George Platt Lynes und Blumenstillleben im Stile Horst P. Horsts einstreute. Sein bedingungsloses Verlangen nach Schönheit nahm in der oftmals fetischistischen Verherrlichung seiner Modelle Gestalt an. Mapplethorpe machte, ähnlich wie Araki, deutlich, dass er als »teilnehmender Beobachter«[8] jederzeit seinen sachlichen Blick des Aufnehmenden gegen die Rolle des Teilnehmers am Geschehen eintauschen könnte. Das Ambivalente dieser Begierde spiegelte sich in der Kontroverse, die die Bilder auslösten. Als Kunststudent sah Mapplethorpe Pornomagazine und verspürte den Wunsch, das aufregende Gefühl, das sie in ihm, schon durch ihr Verbot, erzeugten, in seiner Kunst zum Leben zu erwecken. Er erreichte durch die zeitlose ästhetische Klarheit seiner Aufnahmen – die sich in Traditionen der Neuen Sachlichkeit und der Modefotografie der 30er und 40er Jahre verankerte – eine Verschmelzung

Robert Mapplethorpe: *Cedric*, 1977

von affirmierter Kunst und Obszönität, mit der es ihm gelang, Pornografie salonfähig zu machen, die Grenzziehung zu beseitigen und seine Sex-Bilder theoretisch Kunst- *und* Pornokonsumenten zu offerieren.

Mapplethorpes Vertrauen in die liberale Haltung, das er in den 70er Jahren teilweise völlig gerechtfertigt dem Staat und seinen Institutionen entgegenbrachte, musste durch die zunehmend restriktive Prüderie der folgenden Jahrzehnte allerdings enttäuscht werden. Die Ächtung des Sextourismus vor allem im asiatischen Raum und die Hysterie, die besonders Aktdarstellungen von Kindern und Jugendlichen vermehrt auslösten, mögen letztlich auch Gründe dafür gewesen sein, warum die westliche Kunstszene den Pornografie-Aspekt bei Araki so weit von sich wies.

Von vergleichbarer Popularität wie Mapplethorpe und Araki ist der New Yorker Fotograf ANDRES SERRANO, der sich selbst als Populist empfindet und bewusst die einfachen Dinge, die Grundthemen der Existenz in plakativer Unmittelbarkeit umsetzt. Seine Vermischung von Sexualität, Religion, Körperlichkeit und Tod löste, ähnlich wie bei Mapplethorpe, heftige Debatten aus. Die äußerst ästhetischen und nahezu abstrakten Gesten, die Serrano in den 80er Jahren unter Verwendung von Körperflüssigkeiten wie Blut und Sperma erzeugte und fotografierte, spielten bereits mit einer Ambivalenz von Schönheit und Ekel, von Idee und Physis. In seinen Leichenbildern aus der Serie *The Morgue* paart sich Gewalt und Zerstörung mit einer friedlichen Intimität, die die unvoreingenommene Neugier des Fotografen ohne jede Hemmungen durch Pietätsgefühle offenbart. Die Frage: Was passiert nach unserem Tod mit uns? beantwortet der Fotograf nicht mit Spekulationen über das Jenseits, sondern mit Nahsichten auf verfallendes Fleisch, das gerade weil es noch immer als Individuum und nicht als kaltes Objekt aufgefasst ist, eine gelegentlich schwer erträgliche Nähe erzeugt: »Ich habe manchmal die Füße von Leuten oder ihre Hände fotografiert, aber egal welcher Körperteil es war, es lag immer noch eine menschliche Präsenz darin, ein Gefühl, das mich immer dazu gebracht hat, diese Menschen als Menschen zu betrachten, oder, wenn es sein musste, auch als Körper, aber niemals als Leichnam«, sagte Serrano. »Ich hatte immer das Gefühl, dass diese Menschen immer noch Menschen blieben, selbst wenn sie nicht mehr als solche erkennbar waren.«[9]

Definitionen der Grenzen des ›guten Geschmacks‹, der Moral und Pietät unterlagen stets den Variablen von Politik, Kultur und Religion. Sie bestimmten die Bildwürdigkeit und prägten den Stellenwert der unterschiedlichen Medien. Was in der Malerei möglich war – das hatten bereits Fotografen wie Fred Holland Day um 1900 erfahren –, wurde noch keineswegs selbstverständlich auch der Fotografie eingeräumt. Daran hatte sich auch hundert Jahre später nichts grundlegendes geändert. Die mit der Betrachtung einer Fotografie verknüpfte Vorstellung, dass der dargestellte Nackte, Tote oder Asoziale ein reales Vorbild haben müsse und nicht die Möglichkeit besteht, dass er nur in der Vorstellungswelt eines Künstlers beheimatet ist, erzeugt noch immer ein besonderes Unbehagen. Die Abbilder des Realen verletzen mehr als die Abbilder der Ideen, obwohl klar sein müsste, dass alle Ideen längst auch irgendwo Realität sind oder unausweichlich über kurz oder lang Realität werden.

Das Unbehagen gründet sich außerdem auf den kulturell verankerten Respekt vor dem Individuum. Die distanzlose Abbildung von Tod, Krankheit oder Elend ist erträglicher, wenn sie durch künstlerische Läuterung vom individuellen Schicksal in Allgemeingültigkeit überführt wird. Die Malerei kann das leisten. Das Konkrete, von dem die Fotografie abhängt, steht dem jedoch im Weg.

Grundproblem bleibt jedoch das Abbild an sich. Islam und Christentum erlaubten zwar das Sehen, verboten jedoch das Abbilden. Mit dem Befolgen dieses Gebots wird eine bedingungslose, von Ort und Zeit unabhängige visuelle Verfügbarkeit des Anderen verhindert. Diskretion als Zeichen verfeinerter Kultur und das tief verwurzelte Wissen um das Bildnisverbot macht das Überschreiten der Grenzen besonders reizvoll. Was im Blick des voyeuristischen Betrachters zu Obszönität werden kann, erfährt in der Abbildung noch eine Steigerung. In ihr gerinnen Tod und Sexualität zu Produkten. Und so, wie sich Sexualität erst durch die Medien in Pornografie verwandelt, wird der Tod erst in seiner Abbildung zur Respektlosigkeit.

Sofortbilder

Kunst und Polaroid

Dem Motto der westlichen Konsumgesellschaft »Ich will alles, und zwar gleich« entsprach nichts mehr als die Erfindung des Sofortbildes. Das Unternehmen Polaroid warb 1975 folgendermaßen für seine Kamera: »Macht Ihnen das Aufhören unmöglich. Plötzlich sehen Sie überall ein Bild … Und jetzt drücken Sie auf den roten Knopf. Rrrr … zack! Schon ist's da! … Bald machen Sie Schnellfeueraufnahmen – alle 1½ Sekunden ein Schuß!«[1]

Die massenhafte Verbildlichung der unmittelbaren Vergangenheit im Normformat konnte tatsächlich den Charakter einer Aggression, eines Amoklaufs bekommen. Mindestens der Verlust eines natürlichen Selektionsvermögens, das den Menschen vor der ultimativen Reizüberflutung schützt, wurde durch die Möglichkeiten der Sofortbildattacke gefördert.

Die Unabhängigkeit vom Labor, die die Forschungen des Amerikaners Erwin Land 1947 ermöglichten, verkürzte den fotografischen Prozess von der Belichtung bis zum fertigen Bild auf eine Minute. Die erste Polaroid Land Camera, ein unhandliches Zwei-Kilo-Instrument, kam im folgenden Jahr auf den Markt und wurde zunächst zum Vergnügen wohlhabender Schichten. Die rapide Vergünstigung der zusehends handlicheren Kameras in den kommenden Jahrzehnten garantierte jedoch den langfristigen Durchbruch. Neben der schnellen Verfügbarkeit war auch die neue Autonomie des Sofortbildes ein entscheidendes Kriterium für seine Popularität, denn es entfiel die potentielle Sichtung der Negative und Abzüge durch die Fotolabors, auf die der Großteil der Fotografierenden angewiesen war. Mit der Polaroid-Kamera – wie später mit der Videokamera – konnte man jede Intimität hemmungslos festhalten, denn die absolute Kontrolle über die Aufnahmen lag nun beim Fotografen.

Wie zu Beginn der Fotografiegeschichte die Daguerreotypien waren auch die Sofortbilder Unikate und ließen sich (mit wenigen Ausnahmen) nur auf dem Weg der Reproduktion vervielfältigen. Die Verbindung von Spontaneität und Einzigartigkeit erweckte auch bei Künstlern Interesse. Ein besonderes Spiel mit der Reproduzierbarkeit trieb der Niederländer PAUL DE NOOIJER, der die Möglichkeiten, ein gerade entstandenes Polaroid gleich im nächsten weiterzuverwenden, nutzte. Die Transformation des Realen durch die Stadien seiner Abbildung mündete im Hyperrealismus.

Um 1970 hatte sich ANDY WARHOL eine Polaroid Big Shot zugelegt, mit der er seine oft stundenlangen Porträtsitzungen in der Factory bestritt und die Vorlagen für seine Siebdrucke anfertigte. Bereits bei der Aufnahme versuchte er durch extremes, weißes Make-up bei den Frauen und eine markante Konturierung bei den Männern – oft mit den Händen des Modells im Bild – die Annäherung an ein glamouröses Filmstarimage. Das Sofortbild ermöglichte Warhol die stetige Prüfung und schrittweise Annäherung an das, was ihm vorschwebte. Es entstanden tausende von Aufnahmen, die ein »work in progress« dokumentierten und die er nie an seine Modelle herausgab; für sie war nur die endgültige Bearbeitung im Siebdruck bestimmt.

Auch ein beachtlicher Teil der 30000 Fotos in rund hundert Alben, die der Maler und Zeichner DAVID HOCKNEY bis Mitte der 80er Jahre gemacht hatte, sind Sofortbilder, mit denen er in Bildreihen einen sehr persönlichen Blick auf seinen Alltag entwickelt. Ein Fernsehabend in Los Angeles 1981 wird zu einem Tableau aus Zigarettenschachtel, tanzendem Fred Astaire und Beinen vorm Kamin, der Kaktusgarten, der Swimmingpool oder der Körper des Freundes auf der Liege werden aufgerastert in Dutzende von Fragmenten.

Wie in den Tableaus des Belgiers STEFAN DE JAEGER verdoppeln sich auch in den Porträts Hockneys die Gesichtspartien und Körperteile durch die Überlappungen der Wirklichkeitsausschnitte und die Bewegung des Dargestellten zwischen den einzelnen Aufnahmen, die sich nie völlig zu einem geschlossenen Ganzen fügen lassen. Für Hockney entsprechen diese Bilder seiner Seherfahrung, die durch kubistische Perspektivwechsel geprägt ist, und entfernen sich, schon allein durch die Entstehungszeit von mehreren Stunden, deutlich vom Schnappschuss: »Jedes Gesamtbild ist Gegenstand einer Fülle von Entscheidun-

Stefan de Jaeger: *Philippe*, 1981

gen, die Wahlmöglichkeiten, was Textur, Farbe, Umriß, Schärfe oder Unschärfe und Tiefenschärfe betrifft, sind zahlreich. [...] Unsere Augen wandern ständig durch die verschiedenen Wahrnehmungsebenen. Um diese Fähigkeit des Auges in meinen Polaroidphotos gerecht zu werden, mußte ich mich immer wieder anders hinstellen, meinen eigenen Standpunkt zum Gegenstand immer wieder neu überprüfen. [...] Ich habe wie ein Verrückter photographiert, und ich bin jetzt der Überzeugung, daß uns die Photographie immense Möglichkeiten zur Verfügung stellt, und wenn es nur die Möglichkeit ist, auf einer Fläche die wunderbare Arbeit des Sehens wiederzugeben. Genau das ist es, was ich suche, und was ich auch wieder in meine Malerei einbringen will.«[2]

Exemplarisch für eine andere Form der Überprüfung des eigenen Standpunktes nutzte Mark Morrisroe das Sofortbild. In einem »visuellen Tagebuch« konstruierte er ein sehr exzentrisches Porträt seiner Sexualität und seines durch Aids verursachten körperlichen Verfalls, das ihn als lebenshungrigen Verlierer zeigt: »Seine Lebenseinstellung ist das Schauspiel, seine Selbstbehauptung die Lüge. Nüchtern und zugleich poetisch bringt er in seinem Werk Wahrheit und Lüge zur Deckung.«[3]

Die Verdichtung von Realität und Fiktion, die unmittelbare Konfrontation von ›Wahrheit‹ und ›Lüge‹, machte die Popularität des Sofortbildes aus. Und in der kaum noch zu unterbietenden zeitlichen Nähe zwischen Aufnahme und Abbild lag auch die besondere Faszination für den Fotokünstler. In der zunehmenden Unübersichtlichkeit der Realität konnte es der raschen Kontrolle der eigenen Sicht und ihrer visuellen Wirkung dienen und in Sekunden Objekte schaffen, in denen sich die eigene Wahrnehmung materialisierte, distanzierte und damit besser einschätzbar machte.

Fotografie erobert die Kunstbetriebe

Vom Mixed Media zum Großbild

Die Eroberung der Museen als Tempel der auratischen und originalen Kunstwerke stellt eine weitere Etappe auf dem Siegeszug der »Ikonomanie« (Günther Anders) dar. Fraglos lagen Druckgrafik und gegossene Skulptur bereits weit jenseits des Unikat-Kults, aber ihre mehr oder weniger hohe Auflage wurde mit Hinweis auf den sichtbaren und spürbaren handwerklichen Duktus und Begriffe wie »Originalgrafik« verschleiert. Nun hatte man es jedoch mit Produkten zu tun, die theoretisch beliebig oft und ohne Qualitätsverlust reproduzierbar waren.

Genau dieses Phänomen thematisierten in den 60er Jahren Künstler wie PETER ROEHR und ANDY WARHOL. Die Wiederholung des immer gleichen Bildes suggeriert seine massenhafte Verbreitung, seine ständige Verfügbarkeit und überführt es zugleich in das Stadium ornamentaler Beliebigkeit, das die Bilder eines Kotflügels oder eines Verkehrsunfalls in ein dekoratives All-over zu verwandeln vermag. Der unmissverständliche Kommentar zum visuellen Konsumverhalten forderte zu Recht seinen Platz in den Museen der Gegenwartskunst.

Zu den ersten Fotografien, die diese Museen erreichten, gehörten allerdings die fotografischen Dokumentationen temporärer Kunstaktionen und topografisch gebundener Werke. Happenings von ROBERT RAUSCHENBERG, ALLAN KAPROW, YVES KLEIN oder JOSEPH BEUYS, Concept- und Land-Art von ROBERT SMITHSON oder CHRISTO hielten auf dem Weg über die Fotografie Einzug in die Kunsttempel, wobei eine Reihe dieser Künstler nicht der Versuchung widerstehen konnte, diese Dokumentationen wiederum ›künstlerisch‹ im Museum zu arrangieren. Typische Unzulänglichkeiten fotografischer Aufnahme oder Ausarbeitung – wie grobes Korn, Überbelichtung oder Unschärfe – wurden dabei oft bewusst herausgestellt.

Die Ära der Postmoderne zwischen Vieldeutigkeit und Beliebigkeit ermöglichte der Fotografie schließlich auch Zutritt als Kunst im Mixed-Media-Verbund: Unter dem Deckmantel der Installation, des Kunstraums oder der Objektkunst, untrennbar verschmolzen mit anderen, ›klassischen‹ Kunstmedien, schlich sie sich geradezu subversiv ein und konnte von innen heraus nach und nach auch eine autonome Position ausbauen. Nach rund hundertfünfzig Jahren Fotografiegeschichte wurde die Debatte über »Fotografie als Technik« oder »Fotografie als Kunst« nun endgültig obsolet. Die normative Kraft des internationalen Kunstbetriebs hatte unübersehbare Fakten geschaffen. Und auch in Deutschland begann sich langsam die Museumslandschaft der Fotografie zu öffnen.

»Sie kann als endgültig eingeführt betrachtet werden, die Fotografie im bundesdeutschen Kunst- und Kulturbetrieb«, schrieb Rolf Sachsse 1985. »Diverse Museen haben ihr Kabinette eingerichtet, mit eigenen Kustoden und oft aufwendigen Sammlungskatalogen. Gattungsspezifische Groß- und Sonderausstellungen verzeichnen Rekordbesucherzahlen und Riesenabsätze teurer Katalogwerke.«[1]

Seit ihrer Erfindung hatte die Fotografie Vorlagen für Gemälde bereitgestellt. Vom Naturalismus und Impressionismus des 19. Jahrhunderts bis zur Pop-Art und zum Fotorealismus des 20. Jahrhunderts. Inzwischen wurde das in die Jahre gekommene Medium jedoch selbstverständlicher und gleichberechtigter Baustein im Multimediakontext der Kunstlandschaft. Im Werk von Künstlern wie Andy Warhol, Arnulf Rainer oder Sigmar Polke besetzte sie zentrale Positionen, und eine ganze Reihe von Grenzgängern zwischen den Medien wie Christian Boltanski, Beate Passow oder Jorma Puranen nutzten vorgefundene historische Fotografie für ihre Installationen. Die amateurhaften Bildchen aus dem Fotoalbum der eigenen Kindheit werden im Prozess der Identitätssuche bei Boltanski zu einem Erinnerungstableau und die in der Zeitung abgedruckten Sterbebildchen toter Schweizer formieren sich zu einem spärlich illuminierten, anonymen Memorial-Kabinett. Puranen bringt aus französischen Archiven, in die man sie ›verschleppt‹ hatte, die ethnologischen Porträtfotografien der Samen, der nomadisierenden Ureinwohner Lapplands, zurück in ihre Heimat, um sie dort in der Landschaft zu verankern. Die fotografische Dokumenta-

Jorma Puranen: *Imaginäre Heimkehr*, 1991

tion dieser *Imaginären Heimkehr*, dieser fernen und temporären Kunstaktion, ist dabei längst zum eigentlichen Kunstwerk geworden.

Beate Passow betreibt über eine künstlerische Neuinterpretation historischer Fotografien hinaus eine intensive Spurensicherung verschwindender kultureller und politischer Zeichen. Die KZ-Nummern auf den Unterarmen der Opfer einer aussterbenden Generation gruppieren sich zu einer stillen Versammlung; die alten Chinesinnen, die letzten, die mit eingebundenen Füßen durchs Leben gingen, bewegen sich in einer seltsamen Welt zwischen Holzhütten und Hotelbunkern. Passow begreift ihre fotografischen Exkursionen als Bausteine einer durch Historie fundierten Gegenwartsbewältigung. Ihre Serien haben damit doppelt musealen Charakter, als Großbilder/Installationen und als visuelle Bestätigungen einer fast unbemerkt verblassenden Geschichte.

Gerade die Fotografie als Hilfsmittel zur Musealisierung vergänglicher Kunst vollzog einen bemerkenswerten Wandel. Diente sie zunächst der reinen Dokumentation einer öffentlichen Performance, so fanden Aktionen bald auch unter Ausschluss der Öffentlichkeit nur noch für die Kamera statt, die nachträglich eine Öffentlichkeit herstellte. Die *Vasenekstasen* und *Küchenkoller* von Anna und Bernhard Johannes Blume oder die Selbstdarstellungen Jürgen Klaukes sind dafür charakteristisch.

Den Anspruch auf einen Status als Museumskünstler manifestierten die führenden Fotografen der 80er und 90er Jahre auch auf entwaffnend schlichte Weise: schon allein durch die Formate ihrer Abzüge. Die Großfotografie, die seit den 80er Jahren entsteht – und oftmals an einen Fotorealismus mit fotografischen Mitteln erinnert –, ist nicht mehr für private Apartment-Dimensionen konzipiert. Sie verlangt nach repräsentativen Großräumen, nach Bankfoyers oder Museumshallen.

Zudem wurde allen Skeptikern, denen sich noch immer nicht der Kunstwert der Fotografie erschloss, nun ihr Materialwert entgegengehalten. Blieb es Konsumenten versagt, den Unterschied zwischen Amateurknipserei und Künstlerfotografie zu erkennen, so wurde ihnen die Differenzierung fortan durch die respektgebietenden und schon in der Herstellung teuren Formate vereinfacht. Die klare Hierarchie der Genre vom Stillleben bis zur Historiendarstellung, die in kunsthistorischer Tradition in der Regel mit der zunehmenden Größe der Bilder korrespondierte, erlebte nun, da die Verunsicherung der Betrachter angesichts der Bildmotive wuchs, tendenziell ihre Umkehrung: je monumentaler eine Vergrößerung aufgeblasen wurde, desto bedeutungsvoller erschien sie. Diese Richtlinie erleichterte wiederum den nichtprofessionellen Sammlern in Unternehmen der freien Wirtschaft, die angesichts sinkender staatlicher Unterstützung des Kulturbetriebs an Bedeutung gewannen, die Auswahl der Exponate. Deren Dimensionen garantie-ren zudem eine Sichtbarkeit, die in der Öffentlichkeit als

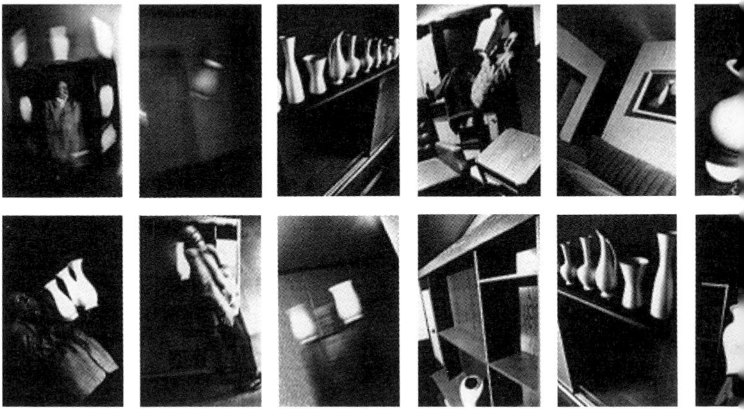

Anna und Bernhard Blume: *Vasenekstase*, 1990

Bestandteil einer progressiven, weltoffenen Corporate Identity ihren Niederschlag finden konnte.

Die internationale Verflechtung und zunehmende Globalisierung der Märkte, auch des Kunstmarktes, und die daraus folgende Nivellierung der stilistischen Eigenheiten nach dem Ende des Kalten Krieges schlug sich gleichfalls in der künstlerischen Fotografie der Postmoderne und Post-Postmoderne nieder. »Die Neigung zum Pastiche hat die zum Erfinden mehr oder weniger abgelöst, was innerhalb eines weiten Bereichs postmoderner Praxis nicht mehr zu übersehen ist und sich in der Massenkultur wie auch in der Kunst offenbart«, schreibt Abigail Solomon-Godeau bereits 1982. Das massenhafte Revival von Stilen macht offensichtlich, »daß moderne Vorstellungen wie Autonomie, Authentizität, Originalität und Selbstreferentialität im Grunde genommen eher unterwandert als untermauert werden«.[2]

Das Pastiche der Zitate und Stile wurde ergänzt durch ein Pastiche der Medien, so dass die Fotografie am Ende des 20. Jahrhunderts aus den Museen für moderne und zeitgenössische Kunst nicht mehr wegzudenken war. Das lag auch an der Strategie einiger wichtiger privater Sammler, die ihre Fotografien Museen zur Verfügung stellten, um konservatorische Betreuung,

Depot- und Versicherungskosten zu sparen und zugleich mit der Nobilitierung durch die museale Präsentation die Marktpreise der Exponate wirkungsvoll zu steigern. Die Folge der Musealisierung des Mediums war eine deutliche Verbreiterung der Gräben zwischen Knipsern, Amateuren, Profifotografen und Künstlern.

Es darf nicht übersehen werden, dass fraglos der größte Teil der fotografischen Produktion der ›angewandten Fotografie‹ verpflichtet blieb. Aber die musealisierten ›fotografierenden Künstler‹ sorgten nicht nur für eine Erweiterung des Kunstbegriffs, sondern auch des Künstlermythos. Der Fotograf wurde als potentieller Kunstproduzent von einem breiteren Publikum entdeckt, akzeptiert und als solcher be- und gehandelt. Auf Auktionen zogen die Preise vor allem für Farbfotografien an und erzielten sechsstellige Dollarbeträge.[3] Und das im Bewusstsein der sehr beschränkten Haltbarkeit der Materialien, die zur selben Zeit dazu führte, dass bedeutende Fotosammlungen wie die Bettmann Collection – die Otto Bettmann seit den 30er Jahren zusammengetragen hatte und die heute mindestens sechs Millionen Aufnahmen umfasst – aus konservatorischen Gründen in Bergwerksstollen mit dem Charakter von Endlagern für Gefahrgut komplett tiefgekühlt gelagert werden mussten.[4]

Wirklichkeit, Wunsch und Lüge

Autobiografien mit der Kamera 1980–2000

Die Nähe von Fotografie und Tod mischt sich bei einer jungen Fotografengeneration der 80er und 90er Jahre des 20. Jahrhunderts explizit mit einer zweiten Konstante: der Nähe von Fotografie und Erotik. Der französische Autor und Fotograf Hervé Guibert betrieb in seinem literarischen Werk eine schonungslose Selbstanalyse, der er reale und imaginäre Aufnahmen an die Seite stellte, die von verblassender Erinnerung, von Nostalgie

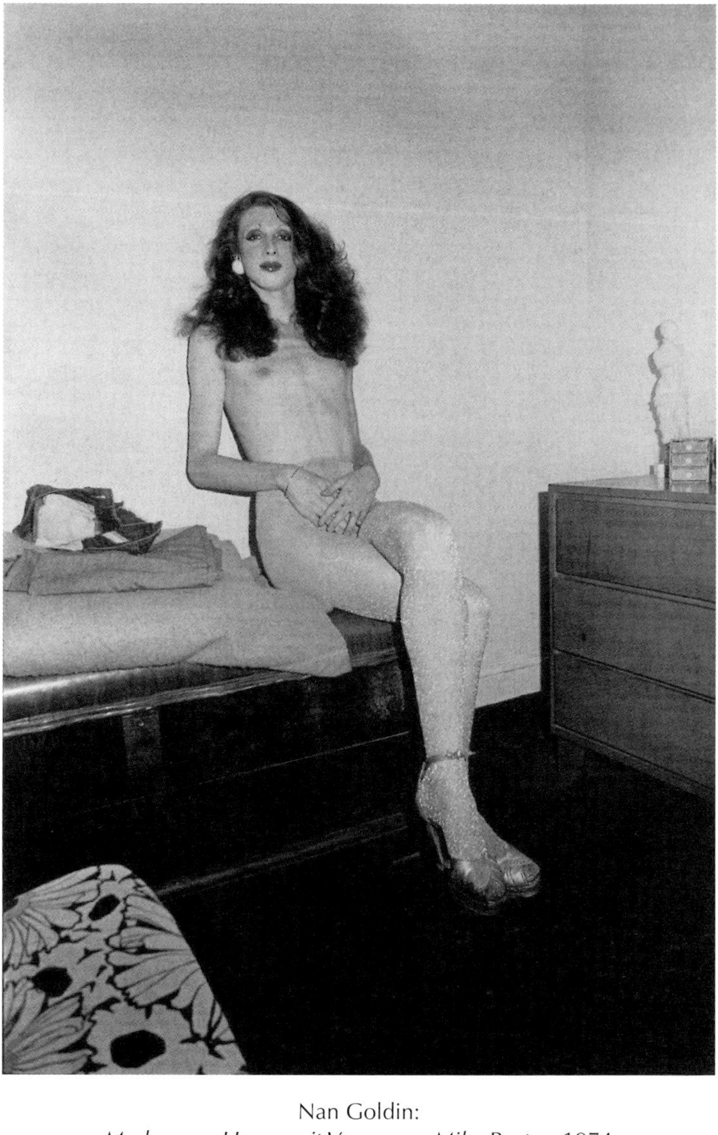

Nan Goldin:
Marlene zu Hause mit Venus von Milo, Boston 1974

Hervé Guibert: *Schreiben*, 1983

und Begehren erzählen. »Wie soll man von der Photographie sprechen, ohne von der Lust zu sprechen?«[1], fragt Guibert und macht deutlich, dass er Aufnahmen im sensibilisierten Bewusstsein für die allgegenwärtigen Varianten des Verlusts durch Distanz, Entfremdung oder Krankheit als erotischen Erinnerungsvorrat begreift: »Diese Photos sind wie ein Unterpfand oder eine Kaution für mein Begehren: ich weiß nicht einmal, ob ich sie eines Tages heraushole, doch sollte mir deine Abwesenheit eines Tages wegen meiner Liebe zu dir unerträglich werden, dann weiß ich halt, daß ich auf diese kleine Rolle zurückgreifen und dein Bild entwickeln kann, um zärtlich zu dir zu sein.«[2]

Ähnlich wie zu ihrer Zeit Diane Arbus, die die Modefotografie zu Gunsten der Ansichten ihrer Realität aufgab, wandte sich Nan Goldin, nachdem sie Aufnahmen von Arbus und Clark schätzen gelernt hatte, von der Mode ab und jener Welt zu, die landläufig als »Subkultur« firmiert. Der wesentliche Unterschied zwischen Arbus und der eine Generation jüngeren Goldin ist jedoch die von großer Sympathie getragene Art, in der Goldin in Anlehnung an Bertolt Brecht ihre *Ballade von der sexuellen Hörigkeit*[3] vorträgt. Die Aufnahmen dieser Serie aus den Jahren 1981–1996 begreift sie als Liebesbezeugungen: »Bilder machen ist eine Art, jemanden zu berühren – eine Form von Zärtlichkeit.«[4] Modell stand für Goldin ihr ständig erweiterter Freundeskreis, seine Emotionen, seine Fragilität und sein Überlebenswille in Zeiten von Aids. Warme Intensität der Farben verleiht den Bildern immer wieder eine malerische Irrealität, die in der schwelgerischen Dekadenz MARK MORRISROES noch eine Steigerung erfährt. Das grobe Korn, die gelegentliche Unschärfe, die Überlagerung zweier Negative, die nachträgliche Übermalung und schließlich die Fragmentierung der Motive transportieren einen intimen melancholischen Kosmos, der sich im stetigen Zustand der Auflösung befindet.

JACK PIERSON, der wie Goldin und Morrisroe in Boston studierte und mit ihnen eng befreundet war, bringt zusätzlich zu diesem neuen Glamour eine dekorative Glätte in seine Aufnahmen, die in satten, samtigen Farben zum nahezu Ungegenständlichen verschwimmen kann und die depressive und selbstzerstörerische Exzentrik Morrisroes zum Optimismus wendet. Das Freiheitsgefühl der Beat-Generation zwischen Sex, Drogen und Highways bekommt in der Neuauflage Piersons eine elegische Gefälligkeit, wird zu einer intimen und romantischen Version des American Dream.

Der Deutsche WOLFGANG TILLMANS lieferte den abgekühlten europäischen Gegenpart. Er spielte in zweifacher Hinsicht mit traditionellen Grenzziehungen. Zum einen fungierten seine Bilder je nach Bedarf als freie oder angewandte Fotografie (ähnlich wie etwa bei Araki), zum anderen ignorierten sie den Gegensatz von Privatem und Öffentlichem (ähnlich wie etwa bei Hockney). Seine Sicht und sein Anspruch waren damit keineswegs innovativ, aber seine assoziative, fragmentierte Schnappschusswelt aus Stillleben, Bildnis, Großstadt und Sex, die er in opulent angelegten Fotoinstallationen verdichtete, traf, aus europäischer Sicht, präzise den jugendlichen Zeitgeist des Fin de Siècle.

Das offenbar Autobiografische und damit scheinbar Wahre der Positionen bei Guibert, Goldin, Morrisroe, Pierson und Tillmans garantiert von vornherein eine Affirmation, die man bereit ist, dem Ehrlichen entgegenzubringen. Gerade die Arrangements ihrer Aufnahmen, die oft an verfremdete Fotoalben erinnern, erwecken den Eindruck, die Fotografen offenbarten ihre intimsten Ansichten.

Aber nichts spiegelt mehr die Selektion der eigenen Erinnerung und die radikale Selbstinszenierung als Fotoalben. Schon der Sachverhalt, dass in der Regel gut Dreiviertel der Fotografien eines bürgerlichen Albums Urlaubsbilder ausmachen, zeigt die tendenziöse Wahrnehmung des eigenen Lebens. »Vor vielen Jahren zeigte mir einmal ein Freund sein Fotoalbum. Wir lernten uns damals gerade kennen und durchlebten miteinander jene wundervolle Phase, in der man sich wechselseitig erklärt, durch welche Erfahrungen und Einflüsse man zu der Person geworden ist, die bei dem anderen auf soviel Interesse stößt«, schreibt Helen Molesworth in einer Publikation zu Tillmans. »Sein Fotoalbum war groß und nicht besonders schön [...]. Die Bilder waren nicht chronologisch eingeordnet, sondern so, daß sie eine bestimmte Version seines Lebens dokumentierten. Dann stellte sich heraus, seine frühere Freundin hatte das Album angelegt. Sie hatte also liebevoll für ihn getan, was üblicherweise unsere Eltern für uns leisten, und die Welt um ihn her für ihn strukturiert. Sie erzählte ihm seine Geschichte so, wie er sie von ihr am liebsten hören wollte.« [5]

Auch wenn Bildbände von Fotografen immer wieder den Charakter von Fotoalben annahmen, eine politische, gesellschaftskritische, obsessive oder formale Intention klang doch meistens durch. Die Fotografen der Bostoner Schule dagegen huldigten einzig ihrem bewusst begrenzten Umfeld, das sie zu inszenieren wussten und sich mit all seinen schillernden Nuancen vergegenwärtigten. Auch Tillmans gibt zu verstehen, dass er den Betrachter einfach an seinem kurzlebigen und sprunghaften Interesse für beinahe beliebige Dinge teilhaben lässt. Verblüffend wirkt dabei, dass keine Selektion spürbar wird, oder besser: die Selektion der Bilder nicht nachvollziehbar ist, und man sich somit dem scheinbar Wahllosen gegenübersieht.

Hervé Guibert · Das Zimmer

Ein Hotelzimmer, das nicht photographierbar ist (in dem man keine Lust hat, auch nur ein einziges Photo zu machen), ist bereits kein gutes Zimmer. Kommt man in eine neue Stadt, macht man als erstes ein Photo vom Zimmer, um sein Territorium zu markieren, dann photographiert man sein Abbild in den Spiegeln, um so seine provisorische Zugehörigkeit kenntlich zu machen, um seinen Preis zu entrichten, wie ein erstes Zeugnis von Anwesenheit. Oder man bewohnt das Zimmer sogleich, indem man ins Bett geht und miteinander schläft.

Hervé Guibert: Phantom-Bild. Über Photographie. Übers. von Thomas Laux. Leipzig: Reclam, 1993. S. 69. – Mit Genehmigung von Thomas Laux, Düsseldorf, und Les Éditions de Minuit, Paris.

Inszenierte Fotografie 1: Rollenspiele und moderne Märchen

Sherman, Lüthi und Klauke

Inszenierungen zu erfassen ist die tägliche Aufgabe der Theaterfotografie. Sie produziert Standbilder aus Aufführungen für Schaukästen, Programmhefte oder andere Printmedien und vermittelt so einen ersten Eindruck vom Stil der Interpretation und der äußeren Erscheinung der Schauspieler.

Aus dem ›Hilfsmittel‹ Theaterfotografie ergab sich in der Folge der Performance-Dokumentationen der 60er und 70er Jahre das eigenständige Genre szenischer Darbietungen allein für die Kamera. Zugespitzt auf eine Aufnahme oder eine Sequenz wird das Drama verbildlicht. Die Fotografie zeigt nicht mehr die direkte Realität, sondern eine verfremdete und vom Künstler bereits vor der Bildwerdung reflektierte Interpretation dieser Realität.

Die Verfremdungen beginnen meist mit Selbstzweifeln. Mit dem Versuch, die Spielarten der eigenen Wahrnehmung zu diagnostizieren und in subversive und ironische Betrachtungen von Standardsituationen und alltäglichen oder historischen Rollenspielen zu übersetzen.

Cindy Sherman bediente sich der Fotografie als Medium einer Selbstdarstellung, die ununterbrochen damit beschäftigt war, die eigene Person dem Betrachter zu entziehen. Ihre kindliche Lust an der Verkleidung perfektionierte sie in Zitaten der Mode, der Kunst- und Filmgeschichte. Ihr Studio wurde zum Schauplatz oft nur geringfügig überzeichneter bürgerlicher Dramen und kunsthistorischer Parodien, mit denen sie die Ste-

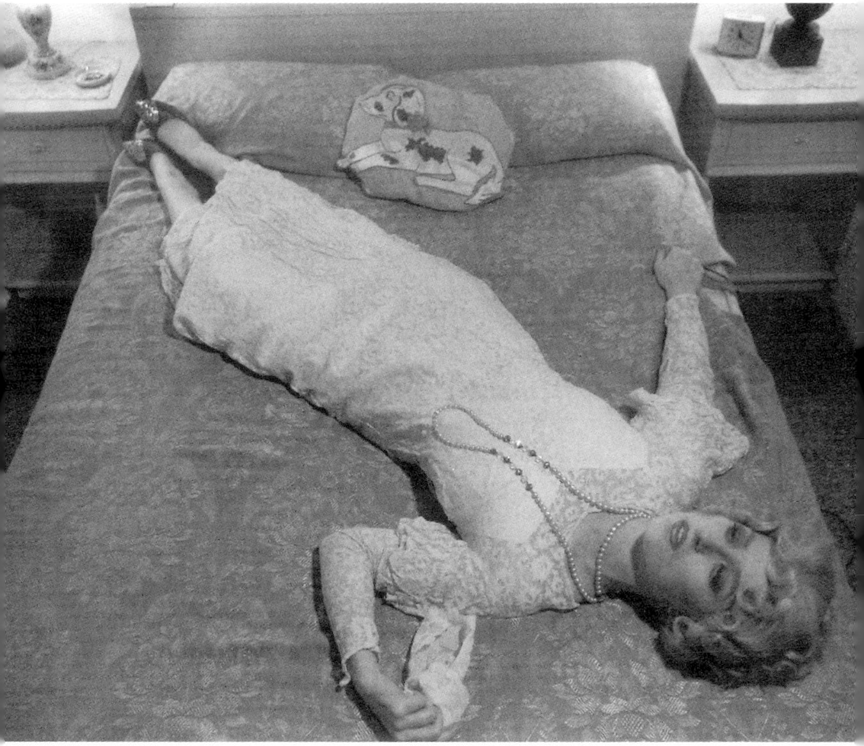

Cindy Sherman: *Untitled Film Still, # 11*, 1978

reotypen der Weiblichkeit, männliche Blicke und den daraus resultierenden Sexismus demaskierte. Gerade die vermeintliche Wiedererkennung von Renaissancemadonnen und B-Movie-Heroinen garantierte ihr dabei die Aufmerksamkeit in Zeiten seichtester und flüchtigster Wahrnehmung.

Den Wettlauf nach gesellschaftlich sanktionierten Standards und Idealen persiflierte auch Urs Lüthi über Jahrzehnte clownesk in einer schillernden Travestie. Er verkündete banalste Lebensweisheiten und rannte zwischen Totenkopf und tittenstemmendem Covergirl auf dem Laufband eines Fitnesscenters um sein Leben, ohne von der Stelle zu kommen. Schon 1973 buhlte er als Nummerngirl in immer neuen Posen um die Aufmerksamkeit für Fotografien, die als Bilder in Bildern scheinbar Stimmungslagen seines Seelenlebens illustrierten.

Noch lakonischer und puristischer visualisierte Jürgen Klauke die Tragikomik menschlicher Bemühungen. In einer Sequenz der Arbeit *Formalisierung der Langeweile* (1980) wurde das Überstülpen eines Eimers über den Kopf zum Zeichen für die Öde des konfektionierten Lebens, der Orientierungslosigkeit und der Unfähigkeit zur Kommunikation, die immer weitere Kreise zieht. Diese Sprachlosigkeit durchbrach Klauke mit Zeichnungen, Performances und vor allem Fotografien, in denen er die ›Welt‹ in einer Art fotografischem Selbstgespräch für den Betrachter reflektierte: Sich selbst, das eigene Tun und die eigene Wahrnehmung in einem kontinuierlichen Prozess in Frage zu stellen, hält Klauke für die elementare Aufgabe der Kunst als Spiegel des Lebens.

Nicht eine Erweiterung des Kunstbegriffs, sondern eine Erweiterung des Realitätsbegriffs in der Kunst strebte der Amerikaner Duane Michals an. Nicht mehr nur die sichtbare Welt, sondern die für unsere Existenz weit wichtigeren Ängste, Wünsche, Träume und Triebe beleuchtete er. In handschriftlich kommentierten Bildern improvisierter Handlungen, die den Charakter von Fotoromanen annehmen konnten, versuchte er sich Klarheit über zwischenmenschliche Beziehungen zu verschaffen und sie auf ihre schlichten Grundstrukturen zurückzuführen: »Ich weiß zu viel Falsches und nicht genug Richtiges«, schrieb er 1978. »Ich weiß nicht mal, was die richtigen Fragen sind. Was

Duane Michals: *Er dachte, dass sie freundlich wäre*, 1974

soll ich wollen. Was sind die Dinge von Wert, denen ich die letzten zwanzig oder dreißig Jahre meines Lebens widmen soll?«[1]

Eine ähnlich plakative, aber vollkommen auf den schönen Schein der Oberfläche beschränkte, knallbunte und von allem Zweifeln befreite Welt kultivierte das französische Künstlerpaar Pierre et Gilles, die sich selbst als Kunstfiguren stilisierten und deren wahres (Kunst-)Leben erst mit ihrer Begegnung auf einer Party in Paris 1976 begann. Pierre als Fotograf und Gilles als Maler trieben seither gemeinsam den Kitsch in ungeahnte Dimensionen und nutzen alle Multiplikatoren vom Plattencover über das Hochglanzmagazin bis zum Museumsraum, um ihre unverwechselbaren Porträts von Unbekannten und Berühmtheiten zu platzieren. Die malerische Bearbeitung der Fotovorlagen entrückt sie in ein steriles Paradies, in dem Heilige und Pharaonen, Gestalten der Mythologie und Pornodarsteller in Koexistenz

Pierre et Gilles: *Salomé, Apple und Steffen*, 1991

ihre verzückte ewig jugendliche Schönheit zelebrieren. Wie Fotografie und Malerei, so sind Bildnis und Rollenspiel untrennbar miteinander verquickt. Und unter dem Zuckerguss des ›schlechten Geschmacks‹, den das Künstlerpaar hemmungslos auszureizen versteht, verklären sich die Schicksale Casanovas, der Jeanne d'Arc, des KZ-Häftlings oder des Perlentauchers zu Mode-Märchen. Die erfrischende und entwaffnende Naivität, mit der Pierre et Gilles scheinbar beliebig den Bilderfundus zwischen Pin-up und Heiligenbildchen plünderten, verhieß ihnen Erfolg bis hinein in die Kreise der Hoch-Kunst.

Bernard Faucon: *Aufnahme*, 1978

Die Künstlichkeit der Kulissen harmoniert perfekt mit dem Artifiziellen der Modelle, die eine standardisierte Ikonografie und damit, wenn auch ohne die Brüchigkeit des Images, wie sie etwa bei Cindy Sherman stets sichtbar ist, unsere von den Medien auf die Selektion zuvor codierter Reize getrimmte Wahrnehmung bedienen. Auch die Russin Julia Kissina rekrutierte Reizthemen und Wahrnehmungsraster aus den Medien und der Kunstgeschichte. Ihre verfremdeten Renaissancebildnisse, verwunschenen Waldmutanten und Kinder in ornamentalen Blutlachen changieren subversiv zwischen Mythologie, verstörender Reinheit, Verbrechen und Assoziationen zu gesellschaftspolitischen Themen wie Gentechnologie oder Eskalation der Gewalt.

Wie Kissina hatte auch der Franzose Bernard Faucon seit 1976 den überwiegend kindlichen Darstellern seiner absurden Environments eine bewusste Künstlichkeit gegeben. Die vertrauten Szenen eines Picknicks im Grünen, eines Gruppenbilds oder eines Schlachtfelds werden ›belebt‹ mit Schaufensterpuppen, die weitgehend unsere Stelle eingenommen haben und die menschlichen Rituale des Mordens, Cocktail-Trinkens oder Pornodrehs bereits perfekt beherrschen. Es ist nicht mehr das unmittelbare, eigene Leben, das hier poetisch stilisiert wird, sondern eine fabel-hafte Metaebene, die als Erfindung der Menschen auf ihre Wünsche und Träume zurückverweist.

Der träge Blick

Basilico, Niedermayr und die Becher-Schule

»Die großen Gesamtansichten, die Fluchtpunkte, die den Horizont heranholen, das dialektische Spiel der unterschiedlichen Bildebenen und die Harmonie, welche die einzelnen Teile zusammenhält, waren für mich zum neu zu erforschenden Gelände geworden«, schrieb der italienische Fotograf Gabriele Basilico. »Den ›entscheidenden Augenblick‹ der Reportage hatte ich Schritt für Schritt durch die ›Trägheit des Blickes‹ ersetzt, fast so

Gabriele Basilico: *Dunkerque*, 1984

als wollte ich sämtliche Einzelheiten erfassen, bis hin zur Verflechtung der Dinge, welche die Landschaft bei näherer Betrachtung zu bieten hatte.«[1] Die Momentaufnahme hatte in seinem Werk keinerlei Relevanz mehr, und mit der Trägheit des Blicks ging eine Verlangsamung der Zeit vonstatten. Der Mensch ist ausgeblendet, und nur noch die Relikte der Un-Orte, die er hinterlassen hat, zeugen von seiner Existenz. Die Verehrung des Urbanen, in dem sich Geschichte verdichtet, ist bei Basilico gepaart mit der visualisierten Abwesenheit derjenigen, die Geschichte machen, schreiben und erinnern.

Aber das Problem des Selektiven war für das Revival der Sachfotografie keineswegs von zentraler Bedeutung. Ebenso wenig wie der »besondere Augenblick«, den es für eine herausragende Momentfotografie zu nutzen galt. Vielmehr ging es auch dem wegweisenden Fotografenpaar Hilla und Bernd Becher

Bernd und Hilla Becher:
Förderturm, 1922, Zeche »Carolus Magnus, bei Aachen, 1962

beim Erfassen von Häuserfassaden um Belege einer kognitiven menschlichen Leistung, wenn auch mit weit nüchternerer Objektauffassung, als sie die Fotografien Gabriele Basilicos vermittelten. Nicht jedoch die außergewöhnlichste Ansicht eines Gebäudes, die die Architekturfotografie für gewöhnlich herausstellt, wurde von den Bechers aufgenommen, sondern die typischste, denn sie verfolgten einen quasi wissenschaftlichen Anspruch. Kein Medium eignete sich ihrer Auffassung nach besser als die Fotografie, ›Gegenstände‹ verkleinert mitzunehmen und später in einer Übersicht in Beziehung zu setzen und zu vergleichen.

Diese besondere Qualität der Fotografie ist es, die in den Typologien von Fördertürmen, Industriehallen und Mehrfamilienhäusern der Bechers zur vollen Entfaltung kommt und zu Ergebnissen auf der Kippe zwischen nüchterner Formalität und absurder Komik führt. Die Ordnung der Dinge und die Gesetze ihrer tristen Trivialität, die das Künstlerpaar in den 60er Jahren in die Nähe der Konzept-Kunst gerückt hatten und die Bernd Becher als einflussreicher Lehrer an der Düsseldorfer Akademie vermittelte, wirkten bei seinen Schülern facettenreich nach. Wenn Fotografien im ausgehenden 20. Jahrhundert so monumental und detailreich wurden, ohne dass es ›etwas zu sehen‹ gegeben hätte, dann war einer der Becher-Schüler meist nicht weit. Es ist durchaus angebracht, von einer Neuen Düsseldorfer Schule zu sprechen, die durch die emotionslose Sicht ihrer prominentesten Vertreter – Candida Höfer, Axel Hütte, Thomas Struth, Andreas Gursky, Thomas Ruff – die Kunstproduktion, den Kunstmarkt und die Wahrnehmung des Realen nachhaltig beeinflusste.

Sprechen Hilla und Bernd Becher weniger von Bildern, als von (verkleinerten) Gegenständen, so wird bei Axel Hütte aus dem Archivarischen schnell ein Naturalismus der Zeichen. Die Ausmaße einer fotografierten Brücke können zwar das Bildformat vorgeben, aber bereits die nüchterne Konstruktion ihres flächigen Rasters gibt der Komposition eine abstrakte Tendenz. Die eigentliche Ursache eines solchen Brückenbaus – die Beschaffenheit der Landschaft – rückt auf eine zweite, tiefer liegende Ebene und wird durch das Raster der Stahlelemente fragmentiert.

Axel Hütte: *Waardenburg, Holland*, 1996

Das Interesse an Geschichte, etwa an der Bedeutung der Brücke als Ausdruck einer vergangenen industriellen Revolution, ist marginal.

Aber auch ohne Reverenzen an die Technik sind Hüttes Aufnahmen von einer formalen Strenge, die jedes Interesse an den Orten negieren, die sie, glaubt man den Bildtiteln, eigentlich übermitteln wollen. Von einer Reise um die Welt bringt Hütte Fotografien mit, die vor allem eines zeigen: die in ihrem atmosphärischen Naturalismus und ihrer gleichzeitigen radikalen Reduktion unverwechselbare Handschrift des Fotografen.

Wenn Thomas Struth die Kamera auf die Objekte und Lebewesen dieser Welt richtet, dann entstehen Sachaufnahmen, die von den Illustrationen eines Handbuchs für Blumenfreunde oder dem Bildfundus eines Stadtplanungsamtes nicht mehr zu unterscheiden sind. Ob Pflanzen Architekturen, Landschaften oder Menschen – die bis zur Bedeutungslosigkeit gleichmachende Perspektive des Fotografen verspricht nichts außer Tiefenschärfe und Feinkörnigkeit und steht unverkennbar in der Tradition eines Renger-Patzsch.

Eine sehr eigenwillige Wirkung entfaltet dieser Blick jedoch, wenn er in die großen europäischen Museen eindringt und in ihnen umherschweift. Vor den Meisterwerken des Abendlandes bewegt sich der internationale Tourismus, und es kommt zu spannungsreichen Verschiebungen, Überschneidungen und Parallelen von Zeit und Kultur, Farbe und Mode, Statik und Bewegung, Malerei und Fotografie, in die Struth uns Einblick gewährt.

Der sicherlich vielseitigste unter den Becher-Schülern ist Thomas Ruff. Am Beginn seiner Arbeit standen die Interieurs aus den Doppelhaushälften der Elterngeneration, gefolgt von großformatigen »Passbild«-Porträts, Wohnblockfassaden und nächtlichen Sternenhimmeln – allen gemeinsam war eine emotionslose und dennoch kritische Wahrnehmung. So wie seine Modelle ernst und wach den Blick nach vorne richten, so blickt auch Ruff auf die Welt. Als Reaktion auf die Fernsehbilder des Golfkriegs, die das brutale Geschehen auf abstrakte grüne Nachtsichtbilder in Computerspiel-Ästhetik reduzierten, schuf er entsprechende Fotografien von urbaner Leere, von öden Straßen und Hinterhöfen, die die schrankenlose Überwachung, den totalen visuellen ›Lauschangriff‹ vermittelten. Bereits am Beginn seiner künstlerischen Arbeit stand die Beschäftigung mit der Bildinformation in Form von Zeitungsbildern, die Ruff ab 1980 sporadisch sammelte, reproduzierte und zu alles nivellierenden Tableaus arrangierte: Prominentenporträts, Filmszenen, Natur- und Katastrophenbilder wurden außerhalb ihres ursprünglichen Kontextes zu Zeichen fotografischer Omnipräsenz und zugleich zu Belegen einer fortschreitenden Beliebigkeit, die das zu Geschichte erklärt, wovon Bilder existieren. Seine jüngsten Werke (seit 1999) bedienen sich erneut in den Medien, diesmal im Internet. Websites erotischen und pornografischen Inhalts liefern die Vorlagen für Ruffs großformatige Nudes, die er durch Computerbearbeitung an die Grenzen der Selbstauflösung treibt.

Sonntagsspaziergänger, Ratingen (1984) oder *Hühner, Krefeld* (1989) hießen die Fotografien Andreas Gurskys, in jüngerer Zeit auch *99 Cent* (1999) oder *MayDay IV* (2000). Diese lakonischen Titel schienen fast beliebig austauschbar, denn die Farbflecken in den Supermarktregalen könnten sich im nächsten Moment zu menschlichen Tupfern zwischen fahrendem Blech in Kairo oder Containern am Hafen von Salerno formieren. Die Welt war einst in sinnloser Bewegung, bevor sie Gursky in Farben und Raster-

Veteranin ist –, kommt im fotografischen Bild zum Stillstand. Die Simulationen des Realen sind ansonsten fast ausnahmslos bewegte und damit zeitlich begrenzte Bilder, die dem Betrachter die Dauer der Wahrnehmung diktieren. Sie sind per se keine Dokumente im ursprünglichen Sinn (von lat. *docere* ›belehren‹), denn sie verschleiern und täuschen statt zu erhellen. Aber sie sind wiederum Teile einer neuen Realität. Die Fotografie vermag als statisches Medium diese Täuschungen des Alltags auf den Punkt zu bringen und für eine beliebig lange Zeit dem Betrachter vorzuhalten.

Der Kanadier Jeff Wall vermittelte dem Betrachter angesichts des überwiegenden Teils seiner großformatigen Dia-Leuchtkästen zunächst den Eindruck, eine mehr oder weniger banale Momentaufnahme vor sich zu haben. Die Verhaftung in der Bungalowsiedlung oder der plötzliche Windstoß, der die Seiten aus der Mappe einer Frau durch eine öde Landschaft wirbelt, nehmen sich noch vergleichsweise spektakulär aus, darüber hinaus macht sich weitgehend Nüchternheit breit und die Frage, warum sich diese Szenen, die sich mit großer Wahrscheinlichkeit täglich irgendwo vergleichbar ereignen, so penibel vom Fotografen arrangiert werden mussten. Die Antwort liegt im Bedürfnis Walls, die absolute Kontrolle über die Bildwerdung zu erlangen und mit traditioneller Technik die vollkommen entgegengesetzte Wirkung zu erzielen. Unmittelbar sucht man vor den Bildern klassische Kompositionsregeln, wie man sie in einer theatralischen Darbietung diesen Aufwands erwarten könnte, aber sie klingen bestenfalls latent an und entziehen sich bei näherer Betrachtung wieder.

Weit mehr an filmischen Inszenierungen orientierten sich die *Real Pictures* von Nic Nicosia, die die gesamte Bandbreite vom Film noir bis zum Slapstick, von Alfred Hitchcock bis Andrej Tarkowski umfassten und mit sparsamen Mitteln poetische Fiktionen, wie Standbilder nie gedrehter Filme, arrangierten. David Hilliard machte dagegen den Bruch mit der Realität bereits durch die innerbildlichen Perspektivwechsel deutlich. Seine Panoramen sind aus zwei oder mehr farblich differierenden oder gegeneinander verschobenen Aufnahmen zusammengesetzt und deuten so die unterschiedlichen Standpunkte der Protagonisten seiner Tagträume und den Wechsel der Position des Erzählers an.

Auch PHILIP-LORCA DICORCIA präsentierte Szenen des Alltags. Seine Welt ist meist in hektischer Bewegung, aber der Zufall, der bei Wall und Nicosia minutiös ausgeschlossen wird, erhält bei diCorcia eine programmatische Bedeutung. Mit Vorliebe auf den Pulsadern der Metropolen New York, Mexico City, Los Angeles oder Hongkong stellte er seine Großbildkamera auf und verfremdete die natürliche Beleuchtung durch zusätzliche Blitzlichter, mit deren Hilfe er einzelne Passanten aus der Masse heraushob. Die ausgeklügelte Lichtregie, mit der er auch seine Porträts im alltäglichen Umfeld ins Irreale entrückte, verlieh den Aufnahmen den Charakter von Standfotos und den anonymen Protagonisten, die der Fotograf teilweise als Modelle engagierte, für den gestochen scharfen Augenblick einer extremen Kurzzeitbelichtung die Rolle der Filmhelden.

DiCorcia inszenierte weniger die Situation, sondern eher die Unzulänglichkeiten seines Mediums, das zwar den Zeitsplitter einer Existenz transportieren kann, aber damit nur das inhaltliche Vakuum einer fehlenden Chronologie sichtbar macht. Die narrative Leere, die sich um das Bild ausbreitet, erfasst – ähnlich wie bei den Aufnahmen von Goldin und Morrisroe, mit denen diCorcia in Boston studierte – das labile Geheimnis menschlicher Existenz und die Isolation in der Masse. Jeder ist auf den Fotografien für sich allein unterwegs, so wie letztlich jeder für sich allein die Fotografien betrachtet, und seien sie auch massenhaft präsent.

Noch präziser läßt sich die Alltagskulisse manipulieren, wenn man sie in allen Details unter seine Kontrolle bringt. Das gelingt am besten, wenn man sie selbst anfertigt, d.h. als Modell im Studio nachbaut. Das, was der Pseudo-Dokumentarist JOAN FONTCUBERTA in seinen antinaturwissenschaftlichen Studien über die von ihm erfundene und konstruierte Flora und Fauna programmatisch vorexerzierte, setzte eine ganze Reihe von Fotokünstlern unterschiedlichster Herkunft für den Bereich der Architek-

Edwin Zwakman: *Fly-over I*, 1996

turfotografie um. Parodierte Fontcuberta in seinem *Herbarium* (1985) die sachlichen Pflanzenfotografien Karl Blossfelds, in denen dieser die *Urformen der Kunst* (1928) gesehen hatte, widmeten sich andere mit Akribie einer spröden Scheindokumentation überwiegend unspektakulärer Zweckbauten. Die zwangsläufig menschenleeren Modelllandschaften verweisen zum einen auf den Beginn der Fotografiegeschichte, auf die Dioramen Daguerres zurück und bedienen andererseits die vorwiegend bei Männern ausgeprägte Lust am Spiel mit Miniaturwelten.

Jene nie verebbende Debatte um die Authentizität der Fotografie, die durch die Erzeugung virtueller Welten im Computer wieder neue Nahrung bekommen hatte, erfuhr in den Arbeiten des Spaniers Javier Vallhonrat, des Amerikaners James Casebere, des Österreichers Lois Renner, der Deutschen Oliver Boberg und Thomas Demand und des Niederländers Edwin

ZWAKMAN zudem in geradezu liebenswert altmodischer Weise ihre Kommentierung. Das, was in der Filmbranche seit dem frühen 20. Jahrhundert zum Handwerk gehörte – die Verwendung von Kulissen in verschiedensten Maßstäben zwecks optimaler Vortäuschung von Realität –, wurde in die Fotografie übertragen und gelegentlich bewusst durch die noch sichtbaren Herstellungsspuren gebrochen.

Folgerichtig entdeckten Fotografen parallel dazu die Künstlichkeit der Film-, Fernseh- und Vergnügungspark-Kulissen als nahezu grenzenlose Motivwelt. Die Realität des Artifiziellen wurde so auf eine zweite Abbildungsstufe gehoben und verselbständigte sich aus dieser Distanz in surrealen Dimensionen.

Waren Oliver Boberg und Thomas Demand mit der Gleichsetzung von Modell und Wirklichkeit befasst und konfrontierte Vallhonrat Abbildungen der Wirklichkeit mit Abbildungen ihrer Simulation, so erschienen die künstlichen Kulissen in den Bildern von THOMAS WREDE oder MIRIAM BÄCKSTRÖM realer als ›vor Ort‹. Durch die Hintertür machen die verbliebenen Rudimente des Dokumentarischen in der Fotografie ihren Anspruch

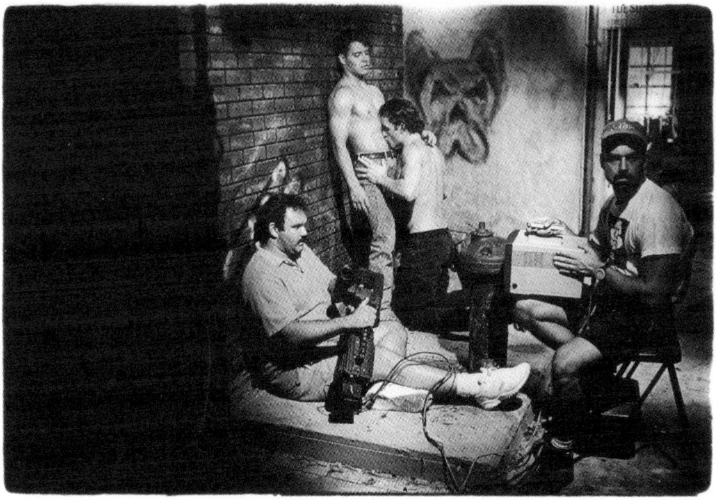

Ken Probst: *Troy küsst Enriques Nabel,* San Francisco 1994

geltend. Erschien bei Bernard Faucon der Pornodreh noch durch die gierige Invasion der Plastikkörper ironisiert und als bewusste Inszenierung pointiert, wurde die gleiche Situation bei Ken Probst zur ultimativen Desillusion. Seine Dokumentationen leben von der grotesken Selbstverständlichkeit und Nüchternheit aller Beteiligten. Alles ist Fake, aber gerade dadurch wird es in der Fotografie glaubhaft.

Am Anfang war das Bild

Fotografie und Digitalisierung

Durch die Möglichkeiten der Computermanipulation war die Fotografie seit den 80er Jahren imstande, Abbilder realer oder scheinbar realer Welten immer perfekter künstlich zu erzeugen. 1984 skizzierte das *New York Times Magazine* das Potential des Computerzeitalters anhand einer Manipulation der New Yorker Skyline. Ganz ohne bauherrliche Anstrengungen und terroristische Attentate veränderte sich im Bild die Silhouette der Metropole. Mit vergleichsweise einfachen Mitteln ließen sich Bildlügen in bislang unbekannter Perfektion erstellen.

Hatte Daguerre 1839 ein Verfahren vorgestellt, Abbilder der Wirklichkeit ohne Beteiligung eines Künstlers herzustellen, so wurde nun die Möglichkeit präsentiert, ›naturalistische‹ Bilder ohne Kamera und ohne reale Vorbilder zu schaffen. Die Faszination, die diese visuellen Schöpfungsakte ausstrahlten, machten sich Fotografen und vor allem Filmindustrielle zunutze. Eine Gesellschaft, die alles Nicht-Machbare als Versagen empfand, musste zwangsläufig in den Bann eines Mediums geraten, das das Unmögliche zumindest als existent vortäuschen kann. Blieb das »Anything goes« im Alltag auch illusorisch, so bekam es wenigstens auf dem Bildschirm Gültigkeit.

Die digitale Fotografie tat ein Übriges. Seit Ende der 80er Jahre vollzog sich eine rasante Entwicklung, die die digitale Bildherstellung für jedermann zum Ziel hatte. Die drei entscheidenden Unterschiede zwischen herkömmlich-analoger und digitaler Fotografie – Schnelligkeit, Verfügbarkeit und Manipulierbarkeit – leisteten der Aufhebung von Realität, Raum und Zeit, die dem Medium ohnehin immanent ist, noch weiter Vorschub. In ›Echtzeit‹ war das entstehende Bild nun auf einem Display oder Monitor zu sehen, konnte sofort bearbeitet, d. h. verfremdet, retuschiert oder fragmentiert und in Sekunden via elektronischer Datenübertragung weltweit sichtbar gemacht werden.

Die Vorstellung, die Realität ständig einer notwendigen Nachbearbeitung unterziehen zu müssen, bedeutete nichts anderes, als sie als unvollkommen wahrzunehmen und unter dieser Unvollkommenheit zu leiden. Die Erfindung von eigenständigen Welten hatte ohne Zweifel eine lange Tradition in Literatur und Kunst. Als Schöpfer einer Kunstwelt ignorierten die neuen Bildbearbeiter jedoch die kulturell verwurzelte Vereinbarung zwischen Künstler und Rezipient, dass die Scheinwelt früher oder später als solche sichtbar werden müsse. Der Schritt in die Virtualität, vom Weltbild zur Bildwelt, verwischte stattdessen bewusst die Grenzen.

Der Künstler bekam neue Möglichkeiten, die gottähnliche Rolle, die er als ›Schöpfer‹ ohnehin einnehmen kann, auszubauen. Indem er Gestalten aus Ton, anatomische Zeichnungen und Bilder von Menschenmaterial verschiedenster Hautfarbe und Alter verarbeitete, entwarf etwa KEITH COTTINGHAM Bildnisse überindividueller Natur. Er versuchte ein Porträt als multiple Persönlichkeit zu konzipieren, das »das ›Selbst‹ nicht als ein Wesen präsentiert, das ein für alle Mal feststeht«,[1] sondern seine Entwicklungsmöglichkeiten bereits impliziert.

Gegen den Verlust der letzten Glaubwürdigkeitsrudimente der Fotografie und gegen die grenzenlosen Verfälschungsmöglichkeiten, die die virtuellen Welten eröffnen, wurden einige kritische Stimmen auch unter Fotokünstlern hörbar, die das Unbehagen bei der Grenzüberschreitung visualisieren. In der neuen Allmacht über die Pixel erkannten sie zudem eine verblüffende Parallele zur Genmanipulation.

ANTHONY AZIZ und SAMMY CUCHER sehen in der »Simulation die einzige Wahrheit, auf die wir uns verlassen können«, nachdem jedes Bild zum potentiellen Schwindel geworden ist.[2] Der Verlust des Realen führt ihrer Ansicht nach zum Verlust des Emotionalen und lässt eine Leere zurück, die wiederum mit Bildern und Metaphern zu einem neuen Lebensraum ausstaffiert wird. Die zwangsläufige Isolation und Vereinsamung der Individuen zeigen Aziz und Cucher drastisch durch das Verschließen der Körperöffnungen. Aber diese neuen ebenmäßigen Kreaturen, unangreifbar und in sich perfekt, symbolisieren auch die dämonische Macht der Gene und ihre ungehemmte Kraft zur

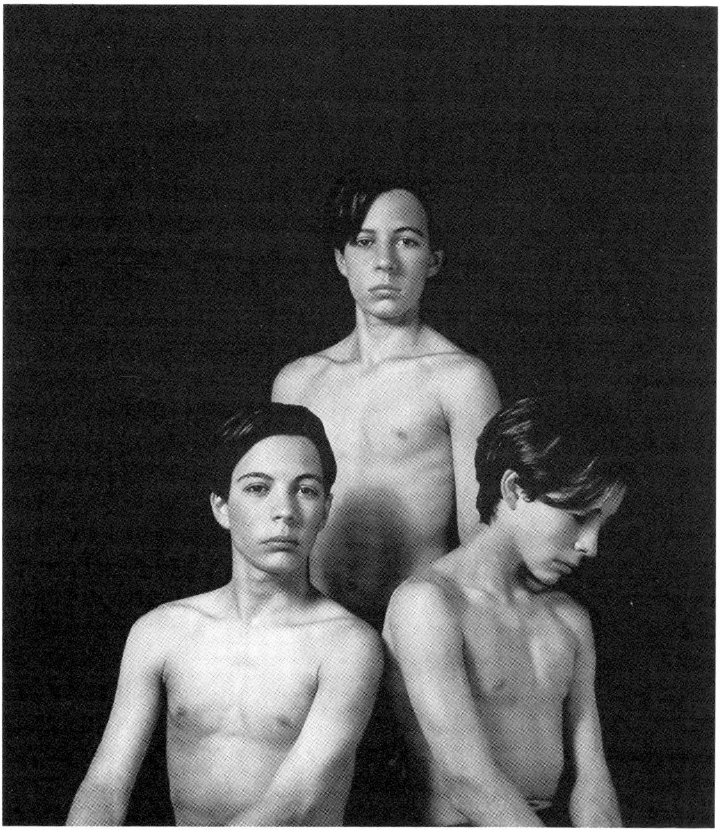

Keith Cottingham: Ohne Titel (Triple), aus: *Fictitious Portraits,* 1992

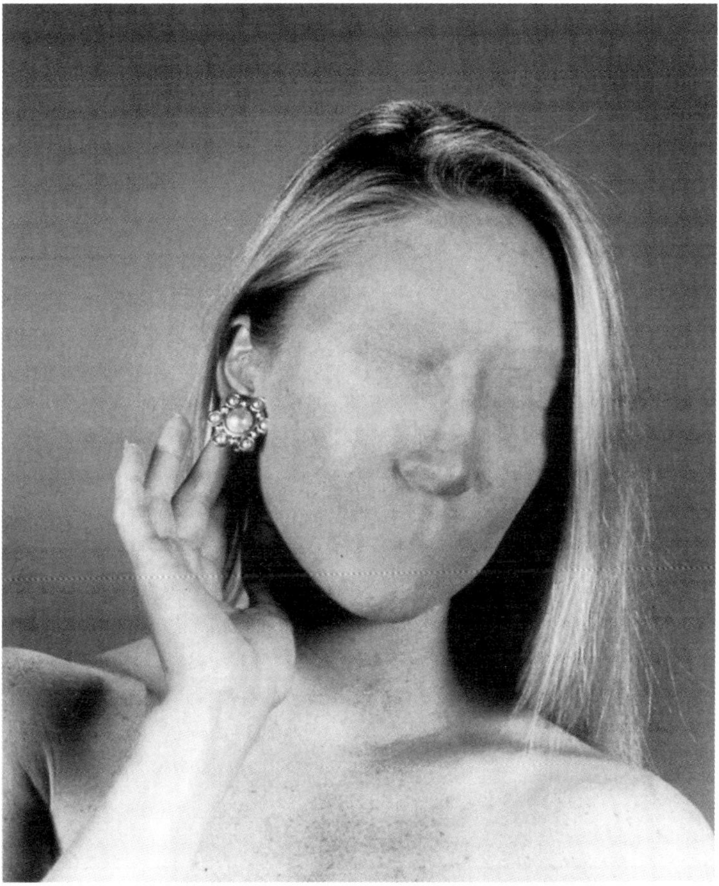

Anthony Aziz und Sammy Cucher: *Lynn*, aus: *The Dystopia*, 1994

Vervielfältigung, für die es keiner körperlichen Kontakte mehr bedarf. Jede Form der Sexualität wird somit sublimiert, folgt man Baudrillard, zu dessen Gedanken die Bilder von Aziz und Cucher wie Illustrationen wirken: »Jeder Körper oder jedes Körperteil kann die gleiche Funktion erfüllen, vorausgesetzt, er wird der gleichen erotischen *Disziplin* unterworfen: es ist notwendig und ausreichend, daß er so geschlossen, glatt und makellos wie möglich ist, ohne Öffnung, ohne ›Mangel‹. […] Um phallisch bewundert zu werden, muß die Nacktheit zur transparenten, glatten, enthaarten Substanz eines wunderbaren und asexuellen Körpers werden.«[3]

Eine Variante dieser Transformation der Körper und Geschlechter zwischen Schrecken und Schönheit zeigte ab 1990 die gelernte Modefotografin Inez van Lamsweerde. Die Möglichkeiten der Computermanipulation nutzte sie zu einer subtilen und gerade dadurch verstörenden Kombination der Geschlechter und ihrer Überführung in geschlechtslose Sterilität, in eine monströse Spielart des Schönen, die ein mögliches Endstadium des perfiden Körperkults zwischen Fitness und Operation sein könnte, den wir täglich real erleben, jedoch nie in dieser gespenstischen Perfektion erreichen. Ihre entsexualisierten Klone korrespondieren mit halbvirtuellen Models der Modebranche, die heute ohne vorherige Körper- und nachträgliche Bildmanipulation ihren Weg nicht mehr in die Hochglanzmagazine finden.

Spätestens jetzt ist die Fotografie endgültig von ihrer Dienstleistungsaufgabe, Analogien zur Realität herzustellen, entbunden. Sie kann nicht länger als glaubhafter Beleg für die tatsächliche Existenz von bestimmten Wirklichkeitsausschnitten instrumentalisiert werden und hat damit, zumindest in diesem Punkt, schließlich auch den Status der Malerei erlangt.

Die Ebene des Fiktiven ist dank der neuen elektronischen Medien unendlich ausgedehnt. Mythen, Träume und Phantasien können nun genauso sichtbar werden wie Dokumentationen. Um Fotografie, um Licht-Zeichnen, handelt es sich dabei allerdings nicht mehr. Das entstehende Kunstprodukt erweckt jedoch den Anschein einer Fotografie. Wie einst die Fotografie die Malerei nachzuahmen suchte, orientiert sich die »Computer-Kunst« weitgehend an fotografischen Motiven und Stilen.

Für die erweiterten Möglichkeiten opferte sie alle Unmittelbarkeit und Spontaneität. Und wie das Gros der Fotografien als triviale familiäre Erinnerungsbilder entsteht, so findet diese Fotografie nun in den technischen Bildern ihre Erweiterung in trivialer Fiktion, in fotografischer ›Trivialliteratur‹, die das Grundbedürfnis nach Märchen und Fantasy befriedigt. Sie reflektieren nicht mehr menschliches Sein, sondern projizieren Visionen. »Die technischen Bilder sind keine Spiegel, sondern Projektoren. Sie entwerfen Bedeutungen auf trügerischen Oberflächen, und diese Entwürfe sollen für ihre Empfänger zu Lebensentwürfen werden. Die Menschen sollen sich nach diesen Entwürfen richten. So zumindest funktionieren die technischen Bilder gegenwärtig, und daraus ist eine Gesellschaftsstruktur entstanden, in der sich die Menschen nicht mehr um Probleme, sondern um die technischen Bilder gruppieren«, schrieb Vilém Flusser bereits 1985.[4] Weit mehr noch als fotografische Bilder verwehren die technischen Bilder die Möglichkeit der Ignoranz. Sie dringen tiefer in die Privatsphäre als jede Fotoreproduktion, die via Printmedien ins Haus kommt, und sie suggerieren den Konsumenten weit mehr, als das Fernsehen es vermag, ein Verlassen dieser Privatsphäre sei nicht mehr zwingend notwendig, um am Leben teilzuhaben.

Geliefert werden uns nur noch Bilder, die wir sehen wollen. Die Nachfrage wird durch ein ausgeklügeltes System der Rezeptionskontrolle, durch die Orientierung an Auflagenhöhen, Einschaltquoten, Marktanteilen und Internet-Besucherzahlen geregelt. Aus Erfahrungswerten der Vergangenheit werden Prognosen für die Zukunft erstellt und visuelle Informationen entsprechend selektiert und konzipiert. Die synthetische Bildherstellung bietet hier nahezu uneingeschränkte Möglichkeiten. Katastrophen, Attentate und andere zukünftige Ereignisse können zwar nicht vorausgesehen werden, werden aber dennoch erwartet und ins Programm eingeplant. Sie kommen demzufolge nie überraschend, denn die Maschinerie der Bilderzeugung wartet bereits begierig auf sie. Nichts ist antiquierter als das Unerwartete, das Spontane, die unmanipulierte subjektive Wahrnehmung des Realen. Nichts ist antiquierter als die Fotografie, die diese Qualitäten in sich vereint. Sie bedarf keiner Prognosen, sondern öffnet sich dem Moment, der überraschenden Wahrnehmung im Sekundenbruchteil und trifft keine Aussagen über diesen Moment hinaus, denn: »Wer voraussagt, sieht nicht, was auf ihn zukommt.«[5]

Anhang

Anmerkungen

Vorwort | 9

1 Friedrich Nietzsche, »Unzeitgemäße Betrachtungen. Vom Nutzen und Nachteil der Historie«, in: F. N., *Werke in zwei Bänden*, Bd. 1, München [o. J.], S. 115.

Einleitung | 11

1 Zit. nach: *Theorie der Fotografie*, Bd. 1, hrsg. von Wolfgang Kemp, München 1980, S. 14.
2 Zit. nach: Gerhard Plumpe, *Der tote Blick*, München 1990, S. 160.
3 Marianne Kesting, *Die Diktatur der Photographie*, München/Zürich 1980, S. 15.
4 Vgl. ebd., S. 46.
5 Susan Sontag, *Über Fotografie*, Frankfurt a. M. 1980, S. 72.
6 Roland Barthes, *Die helle Kammer*, Frankfurt a. M. 1985, S. 103.
7 Zit. nach: Timm Starl, »Fortschritt und Phantasma«, in: *Silber und Salz*, hrsg. von Bodo von Dewitz und Reinhard Matz, Köln/Heidelberg 1989, S. 87. Vgl. auch Ulrike Schneider, »Der Tod als Metapher für das fotografische Verfahren«, in: *Fotogeschichte* 16 (1996) H. 59, S. 5–13.
8 Vgl. Douwe Draaisma, »Gehirn und Gedächtnis«, in: *Gehirn und Denken. Kosmos im Kopf*, Ostfildern 2000, S. 178 ff.

Der dunkle Raum der Kunstgeschichte | 19

1 Aristoteles, *Problemata physica*, vgl. Urs Tillmanns, *Geschichte der Photographie*, Stuttgart 1981, S. 16.
2 Leonardo da Vinci, *Physikalische und mathematische Schriften. Codex Atlanticus*, vgl. Tillmanns (Anm. 1) S. 17.
3 Girolamo Cardano, *De subtilitate* (1550), vgl. Tillmanns (Anm. 1) S. 17.
4 Daniello Barbaro, *La pratica della perspettiva* (1568), zit. nach: Tillmanns (Anm. 1) S. 17.
5 Giovanni Battista della Porta, *Magia naturalis* (1558), vgl. Tillmanns (Anm. 1) S. 17.
6 Besonders in Vermeers Werken *Der Geograph*, Städel, Frankfurt a. M., und *Der Astronom*, Louvre, Paris.

Das Festhalten des flüchtigen Lichts | 22

1 Zit. nach: Beaumont Newhall, *Geschichte der Photographie*, München 1984, S. 9.
2 Vgl. Johann Wolfgang Goethe, »Die Wahlverwandschaften« (1809), in: J.W.G., *Gedenkausgabe der Werke, Briefe und Gespräche*, Bd. 9, Zürich 1949, S. 210 f.
3 Johann Wolfgang Goethe, »Philipp Hackert« (1811), in: J. W. G., *Gedenkausgabe der Werke, Briefe und Gespräche*, Bd. 13, Zürich 1954, S. 613.
4 Johann Wolfgang Goethe, »Zur Farbenlehre« (1810), in: J.W.G., *Sämtliche Werke. Briefe und Gespräche*, Bd. 23, Frankfurt a. M. 1991, S. 24 f.
5 Vgl. dazu auch Peter Bürger, *Theorie der Avantgarde*, Frankfurt a. M. [10]1995, S. 41, der sich zum einen dagegen wehrt, den Umbruch der Kunst monokausal zu sehen, zum andern aber schreibt: »Mit dem Aufkommen der Fotografie und der damit gegebenen Möglichkeit der exakten Wiedergabe von Wirklichkeit auf mechanischem Wege, verkümmert die Abbildfunktion in der bildenden Kunst.«
6 Zit. nach: Erwin Koppen, *Literatur und Photographie*, Stuttgart 1987, S. 81.
7 Zit. nach: Koppen (Anm. 6) S. 20.
8 Zit. nach: Newhall (Anm. 1) S. 20.
9 So der Titel eines Werkes, das, mit 24 Kalotypien illustriert, Talbots Erfindung erläuterte.
10 Zit. nach: Newhall (Anm. 1) S. 21.

1839 – das Jahr des internationalen technischen Durchbruchs | 29

1 Jules Janin, *Der Daguerreotyp* (1839), zit. nach: *Theorie der Fotografie*, Bd. 1, hrsg. von Wolfgang Kemp, München 1980, S. 47.
2 Zit. nach: Beaumont Newhall, *Geschichte der Photographie*, München 1984, S. 19.
3 Zit. nach: Newhall (Anm. 2) S. 20.
4 François Arago, *Sämtliche Werke*, hrsg. von W. G. Hankel, Bd. 7, Leipzig 1860, S. 381. Die Aussage Aragos war nicht ganz korrekt, denn Daguerre hatte, als kleine Spitze gegen seinen Konkurrenten Talbot, für England vier Tage vor der öffentlichen Präsentation ein Patent auf sein Verfahren angemeldet.
5 Louis Jacques Mandé Daguerre, *Historique et description des procédés du daguerréotype et du diorama*, Paris 1839. Die deutsche Übersetzung erschien noch im gleichen Jahr in Stuttgart.
6 Isidore Niepce, *Post tenebras lux. Historique de la découverte improprement nommée Daguerréotype, précédé d'une notice sur son véritable*

inventeur, feu M. Joseph-Nicéphore Niepce de Chalon-sur-Sâone, Paris 1841.

7 Vgl. Ludwig Hoerner, »Die Einführung der Photographie in den Metropolen und in der Provinz (1839–1860)«, in: *Silber und Salz*, hrsg. von Bodo von Dewitz und Reinhard Matz, Köln/Heidelberg 1989, S. 88 ff.

Ein neues Medium steht bereit | 35

1 Gottfried Semper, *Wissenschaft, Industrie und Kunst*, Mainz 1966, S. 49.

2 Ebd., S. 43.

3 Ebd.

4 Vgl. Klaus Lankheit, »Gottfried Semper und die Weltausstellung 1851«, in: *Gottfried Semper und die Mitte des 19. Jahrhunderts*, Basel/Stuttgart 1976, S. 30 ff.

5 Ebd., S. 32.

6 Vgl. Karl Marx, »Das Kapital« (1867), in: K. M. / Friedrich Engels, *Werke*, Bd. 23, Berlin 1969, S. 445.

7 Vgl. John Ruskin, »Die sieben Leuchter der Baukunst«, in: J. R., *Werke*, Bd. 1, Leipzig 1900, S. 16.

8 Zit. nach: Wolfgang Baier, *Quellendarstellung zur Geschichte der Fotografie*, Leipzig 1980, S. 157.

9 Zit. nach: Enno Kaufhold, »Wir trauten anfangs unseren Augen nicht«, in: Bodo von Dewitz / Karin Schuller-Procopovici, *Hill & Adamson*, Köln 2000, S. 33.

10 *Humphrey's Journal of Photography* 9 (1857) S. 92 f., zit. nach: Beaumont Newhall, *Geschichte der Photographie*, München 1984, S. 76.

11 Zit. nach: Newhall (Anm. 10) S. 79.

12 *Art Journal*, London, Juli 1849, zit. nach: Helmut Gernsheim, *Geschichte der Photographie*, München 1983, S. 187.

13 Vgl. Cornelia Kemp, »Im Dienste des Lichtes«, in: *Fotogeschichte* 68/69 (1998) S. 159 ff.

14 Camerons autobiografische Notizen tragen den Titel *The Annals of My Glass House*.

15 Cecil Beaton / Gail Buckland, *The Magic Image*, London 1989, S. 58.

16 Walter Bejamin, »Kleine Geschichte der Photographie«, in: W. B., *Das Kunstwerk im Zeitalter seiner technischen Reproduzierbarkeit*, Frankfurt a. M. [22]1996, S. 54.

17 Vgl. Newhall (Anm. 10) S. 67.

18 Zit. nach: Baier (Anm. 8) S. 169.

Jäger und Sammler | 53

1 Karl Immermann, *Memorabilien* (1840), zit. nach: Gesine Assmus, in: *Ansichten der Ferne. Reisephotographie 1850 bis heute*, hrsg. von Klaus Pohl, Gießen 1983, S. 7.
2 Zit. nach Hanno Beck, »Alexander von Humboldt. Förderer der frühen Photographie«, in: *Silber und Salz*, hrsg. von Bodo von Dewitz und Reinhard Matz, Köln/Heidelberg 1989, S. 50.
3 Vgl. Hans Körner, »Photographieren auf Forschungsreisen. Robert Schlagintweit und seine Brüder erforschen die Alpen, Indien und Hochasien (1850–1857)«, in: *Silber und Salz* (Anm. 2) S. 310–320.
4 Vgl. Thomas Theyle, »Ferne Länder – Fremde Bilder«, in: *Ansichten der Ferne* (Anm. 1) S. 59 ff.
5 John Ruskin, *Die sieben Leuchter der Baukunst*, Dortmund 1994, S. 404.
6 Michel Foucault, *Andere Räume*, zit. nach: *Po(li)etics. Das Buch zur documenta X*, Kassel 1997, S. 262.
7 Vilém Flusser, *Für eine Philosophie der Fotografie*, Göttingen 1983, S. 45.
8 Zit. nach: *Das Land der Griechen mit der Seele suchen*, bearb. von Karin Schuller-Procopovici, Köln 1990, S. 10.
9 Susan Sontag, *Über Fotografie*, Frankfurt a. M. 1980, S. 10.
10 Ebd., S. 9.
11 Heinrich Heine: »Reisebilder. Englische Fragmente X« (1829/30), in: H. H.: *Sämtliche Werke*, Bd. 2, Frankfurt a. M. 1968, S. 485.
12 Ebd., S. 485 f.
13 Zit. nach: Thomas Theyle (Anm. 4) S. 60.

Schneller als das Auge | 71

1 Zit. nach: Beaumont Newhall, *Geschichte der Photographie*, München 1984, S. 121.
2 *Alta California*, 5. Mai 1880, zit. nach: Robert Bartlett Haas, in: *Eadweard Muybridge*, Stuttgart 1976, S. 24. – Der in Posen geborene Ottomar Anschütz entwickelte für seine 24-Bilder-Sequenzen den »elektrischen Schnellseher«, ein ähnlich wirkungsvolles Gerät, indem er Dias auf ein rotierendes Rad spannte, das von hinten durch eine Geißlerröhre angeblitzt wurde.
3 Eadweard Muybridge, *Animals in Motion*, London 1899, S. 5.
4 Erstes futuristisches Manifest, am 20. Februar 1909 in *Le Figaro* veröffentlicht.

Kunst und Fotografie | 76

1 Walter Benjamin, *Das Kunstwerk im Zeitalter seiner technischen Reproduzierbarkeit*, Frankfurt a. M. [22]1996, S. 11.
2 Vgl. *Theorie der Fotografie*, Bd. 1, hrsg. von Wolfgang Kemp, München 1980, S. 19.
3 Vgl. ebd., S. 20.
4 Zit. nach: *Theorie der Fotografie* (Anm. 2) S. 14.
5 Cecil Beaton / Gail Buckland, *The Magic Image*, London 1989, S. 303.
6 Zit. nach: *Photosammlung Stieglitz aus dem Metropolitan Museum New York*, hrsg. von Bernd Vogelsang, Köln 1980, S. 52.
7 Walter Benjamin, »Kleine Geschichte der Photographie«, in: Benjamin (Anm. 1) S. 56.
8 Tatsächlich gab es natürlich im Paris des 19. Jahrhunderts bereits Fotografien, die den Zweck hatten, Mode darzustellen, wie etwa das Album der Comtesse de Castiglione mit 288 Aufnahmen des Studios Mayer & Pierson belegt, auf denen sie sich in unterschiedlichster Kostümierung zeigt. Vgl. z.B. Klaus Honnef, »Paradox par excellence«, in: *Modefotografie von 1900 bis heute*, Wien 1990, S. 11.

Eine neue Zeit: Fotografie in Farbe | 87

1 John Towler, in: *Humphrey's Journal of Photography* 14 (1862) S. 146.
2 Farblose Substanzen, die an die Silberhalogenpartikel gekoppelt sind und nach der Entwicklung in den belichteten Partien, in denen das Halogensilber zu Silber reduziert wurde, mit dem Oxidationsprodukt Farben erzeugen.
3 Zit. nach: Jost J. Marchesi, *Handbuch der Fotografie*, Bd. 3, Gilching 1998, S. 15 f.

Neu, straight, sachlich | 90

1 El Lissitzky, zit. nach Herbert Molderings Nachwort in: Erich Mendelsohn, *Amerika* (1921), Braunschweig 1991, S. 90.
2 *foto-auge. 76 fotos der zeit*, hrsg. von Franz Roh und Jan Tschichold, Stuttgart 1929, S. 3.
3 László Moholy-Nagy, *Vom Material zur Architektur*, Passau 1929, S. 14.
4 Ebd.
5 Werner Gräff, *Es kommt der neue Fotograf*, Berlin 1929, S. 5.
6 Albert Renger-Patzsch, »Versuch einer Einordnung der Photographie«, in: *Veröffentlichungen der Deutschen Gesellschaft für Photographie* 4 (Dezember 1960) S. 6.
7 Zum Beispiel Rudolf Schwanz, *Wegweisung der Technik*, mit Abbildun-

gen von Albert Renger-Patzsch, Potsdam 1928; Heinrich Hauser, *Schwarzes Revier*, Berlin 1930; *Eisen und Stahl*, Werkbund-Buch mit Abbildungen von Albert Renger-Patzsch, Berlin 1931.

8 Carl Georg Heise, Einführung, in: Albert Renger-Patzsch, *Die Welt ist schön*, München 1928, S. 14.

9 Ebd., S. 17.

10 Erna Lendvai-Dircksen, *Zur Psychologie des Sehens* (1931), zit. nach: *Theorie der Fotografie*, Bd. 2, hrsg. von Wolfgang Kemp, München 1979, S.161 f.

Fotografie für alle | 106

1 Alfred Döblin, Einleitung, in: August Sander, *Antlitz der Zeit. 60 Aufnahmen deutscher Menschen des 20. Jahrhunderts*, München 1929, reprogr. Nachdr. München 1976, S. 12–14.

2 August Sander, *Ankündigung des Werkes »Menschen des 20. Jahrhunderts«*, 1927.

3 Franz Roh, in: *foto-auge. 76 fotos der zeit*, hrsg. von F. R. und Jan Tschichold, Stuttgart 1929, S. 3.

4 Vgl. Otto Weininger, *Geschlecht und Charakter*, Volksausg., Wien/Leipzig 1926, Kap. 6, Tl. 1.

5 Ernst Guhl, *Die Frauen in der Kunstgeschichte*, Berlin 1858, S. 4.

6 Wolf Henry Döring, »Frauen knipsen«, in: *Der Satrap* 10 (1930).

7 Joseph Koristka, »Unsere Frauen sollten mehr fotografieren«, in: Photoblätter 16 (November 1939) S. 334.

8 Vgl. auch Boris von Brauchitsch, »›Die knipsende Frau‹. Fotografie und Genie«, in: *BE. Künstlerhaus Bethanien Berlin* 1 (Mai 1994) S. 33–36.

9 Vgl. Boris von Brauchitsch, *Das Magische im Vorübergehen. Herbert List und die Fotografie*, Münster 1992, S. 33 ff.

10 Vgl. *Der Satrap* 2 (1936) und 8 (1937).

Fotografie und Propaganda | 113

1 Zit. nach: Hubertus Gassner, »Konstruktivisten«, in: *Die große Utopie. Die russische Avantgarde 1915–1932*, hrsg. von Bettina-Martine Wolter [u.a.], Frankfurt a. M. 1992, S. 110.

2 Zit. nach: David Elliott, »Die Photographie in Rußland: Ikone eines neuen Zeitalters«, in: *Russische Photographie 1840–1940*, bearb. von D. E., Berlin 1993, S. 20.

3 Zit. nach: Olaf Peters, *Neue Sachlichkeit und Nationalsozialismus*, Berlin 1998, S. 12.

4 Wilhelm Frick, in: *Völkischer Beobachter*, 20. Oktober 1933.

5 Vgl. Martin Loiperdinger, »Willy Zielke und die Reichsbahn«, in: *filmwärts* 30 (1994) S. 50–55.
6 Heinrich Kühn, »Lichtbildnerei und Fotografie«, in: *Das Deutsche Lichtbild*, Berlin 1931.
7 Franz Grainer, *Meister der Kamera erzählen*, hrsg. von W. Schöppe, Halle (Saale) 1937, S. 16.
8 Erna Lendvai-Dircksen, *Das germanische Volksgesicht. Norwegen*, Bayreuth 1942.
9 Alfred Rosenberg, *Deutsche und europäische Geistesfreiheit*, München 1944, S. 12 f.
10 Erhart Kästner, *Griechenland*, Berlin 1943, S. 9 f.
11 Walter Benjamin, *Das Kunstwerk im Zeitalter seiner technischen Reproduzierbarkeit*, Frankfurt a. M. [22]1996, S. 42.

Surrealismus zwischen den Weltkriegen | 123

1 Giorgio de Chirico: *Wir Metaphysiker* (1919), zit. nach: Wieland Schmied [u. a.], *De Chirico. Leben und Werk*, München 1980, S. 40.
2 Walter Benjamin, »Kleine Geschichte der Photographie«, in: W. B., *Das Kunstwerk im Zeitalter seiner technischen Reproduzierbarkeit*, Frankfurt a. M. [22]1996, S. 56 f.
3 Ebd., S. 58.
4 Man Ray, zit. nach: Jean-Hubert Martin, *Man Ray, Photograph*, München 1982, S. 209.
5 Vgl. Stephen Spender, *The Temple*, London 1988, S. 111: »Out there on the dunes, these brand-new Germans twisted their bodies round and round, like agonized contortionists, each one denying his own separateness, trying to become the perfect Child of the Sun.«
6 Jean Giraudoux, in: *Querschnitt* 9 (1930).
7 Herbert List: »List über List«, in: *Du. Kulturelle Monatszeitschrift* (Juli 1973), S. 532.

Wissensdurst und Schaulust | 131

1 Zit. nach: *Geschichte der Photographie 1839 bis heute – George Eastman House, Rochester, NY*, hrsg. von Therese Mulligan, Köln 2000, S. 588.
2 Ralph Graves, *Die besten Photos aus Life*, Eltville 1986, S. 5.
3 Susan Sontag, *Über Fotografie*, Frankfurt a. M. 1980, S. 17.
4 Zit. nach: *Theorie der Fotografie*, Bd. 3, hrsg. von Wolfgang Kemp, München 1983, S. 106.
5 Günther Anders, *Die Antiquiertheit des Menschen*, Bd. 1, München 1956, S. 126.

Virtuosen der Oberfläche | 141

1 Vgl. William A. Ewing, *The Photographic Art of Hoyningen-Huene*, London 1986, S. 38.
2 Vgl. dazu Ivo Kranzfelder, *Zur Utopie eines ästhetischen Hedonismus oder Die Ambivalenz des Lustprinzips*, München 1993, S. 58.
3 Erwin Blumenfeld, *Durch tausendjährige Zeit*, Frauenfeld 1976.
4 Roland Barthes, *Die Sprache der Mode*, Frankfurt a. M. 1985, S. 267.
5 Mark Haworth-Booth, *Photography now*, Berlin 1989, S. 64.
6 Marshall McLuhan, *Die mechanische Braut*, Amsterdam 1996, S. 36.
7 Ebd., S. 37.
8 Ebd., S. 36.

Der besondere Augenblick | 153

1 Henry Miller, *Stille Tage in Clichy*, mit Fotografien von Brassaï, Reinbek bei Hamburg 1968, S. 13.
2 Brassaï, *Henry Miller in Paris*, Frankfurt a. M. 1979.
3 Henry Miller, zit. nach: Brassaï (Anm. 2) S. 180.
4 Henri Cartier-Bresson, *Meine Welt*, Luzern / Frankfurt a. M. 1968 [o. S.].
5 Robert Doisneau, *Drei Sekunden Ewigkeit*, München 1997, S. 8.

Auferstanden aus Ruinen | 163

1 Richard Peter sen., *Dresden – Eine Kamera klagt an*, Dresden [1950].
2 Ebd.
3 Hermann Claasen, *Gesang im Feuerofen*, Düsseldorf 1947, S. XIV.
4 Willi Steinborn, in: Hilmar Pabel, *Jahre unseres Lebens*, Stuttgart/München 1954, S. 5.
5 Ebd.
6 Robert Lebeck, »Nachkriegsdeutschland«, in: R. L., *Vis-à-vis*, hrsg. von Tete Böttger, Göttingen 1999, S. 25.
7 Carl Sandburg, Vorwort, in: *The Family of Man*, New York 1955.
8 Zit. nach: Claudia Gabriele Philipp, »Die Ausstellung ›The Family of Man‹«, in: *Fotogeschichte* 23 (1987) S. 59.

Macht der Masse | 171

1 Jean Baudrillard, *Das perfekte Verbrechen*, München 1996, S. 17.
2 Dieter Hacker, *Profis und Amateure*, zit. nach: *Theorie der Fotografie*, Bd. 3, hrsg. von Wolfgang Kemp, München 1983, S. 191.

3 Gisèle Freund, *Photographie und Gesellschaft*, Reinbek bei Hamburg 1979, S. 173.
4 Michael Ignatieff, in: *Magnum*, London 2000, S. 52.
5 Cecil Beaton / Gail Buckland, *The Magic Image*, London 1989, S. 174.
6 Sebastião Salgado, Einleitung, in: *Der Spiegel der Kritik. 40 Jahre World Press Photo*, hrsg. von Stephen Mayes, Düsseldorf 1996, S. 6.
7 Vgl. Robert Lebeck, *Rückblenden. Erinnerungen eines Fotojournalisten*, München 1999, S. 66.

Leitbilder | 178

1 Liselotte Strelow in einem Interview mit Klaus Honnef, in: Liselotte Strelow, *Portraits 1933–1972*, Bonn 1977, S. 18.
2 Gisèle Freund, *Photographien*, München 1985.
3 Arnold Newman, »Ein Leben für die Fotografie«, in: *Arnold Newman*, Köln 2000, S. 25.
4 Und auch sein Kollege Robert Mapplethorpe misstraut dem vorgeblichen sozialen Engagement Avedons. Vgl. Arthur C. Danto, »Auf Messers Schneide«, in: *Mapplethorpe*, München 1992, S. 340.
5 Richard Avedon, in: *Art* 12 (2001) S. 40.
6 Zit. nach: Martin Harrison, *David Bailey. Birth of the Cool*, Göttingen 1999, S. 71.
7 Günther Anders, *Die Antiquiertheit des Menschen* (1956), zit. nach: *Theorie der Fotografie*, Bd. 3, hrsg. von Wolfgang Kemp, München 1983, S. 109.
8 Roland Barthes, zit. nach: Gislind Nabakowski, »Fotografie und Erfindung«, in: *Lichtbildnisse*, hrsg. von Klaus Honnef, Köln 1982, S. 650.
9 Vgl. ebd., S. 651.
10 Roland Barthes, *Die helle Kammer*, Frankfurt a. M. 1985, S. 22.
11 Vgl. dazu Patricia Drück, *Die Porträts von Thomas Ruff im Kontext ausgewählter Beispiele*, Diss. München 2002.

American Dreams / American Nightmares | 188

1 Jack Kerouac, Vorwort, in: Robert Frank, *The Americans*, New York [1959].
2 Robert Frank, in: *Camera Austria* 22 (1987) S. 23.
3 Mary Ellen Mark, *Amerikanische Odyssee*, Frankfurt a. M. 2000, S. 147.
4 William Eggleston: *The Democratic Forest*, New York 1989.

Subjektive Fotografie | 196

1 Otto Steinert, in: *Subjektive Fotografie*, hrsg. von O. St., Bonn 1952, S. 6.
2 Otto Steinert, »Über die Gestaltungsmöglichkeiten der Fotografie«, in: *Subjektive Fotografie 2*, hrsg. von O. St., München 1955, S. 7.
3 Ebd., S. 10–12.
4 Eisenwerth, »Objektive und Subjektive Fotografie«, in: *Subjektive Fotografie* (Anm. 1) S. 8.
5 Otto Steinert (Anm. 2) S. 12.
6 Dieter Wellershoff, »Inszenierte Wahrnehmung«, in: *Vorstellung und Wirklichkeit: 7 Aspekte subjektiver Fotografie*, hrsg. von Rolf Wedewer, Köln 1980, S. 12.
7 Zit. nach: Heiner Stachelhaus, »Wirklichkeit – Wahrheit«, in: *Robert Häusser*, Stuttgart 1988, S. 13.
8 Vgl. seine Bildbände *Where Time Has Stopped* (1967) und *Where Time Has Vanished* (1975).
9 Paulo Nozolino, *Penumbra*, Zürich / Berlin / New York 1996.
10 Herbert List, *Zur Photographie als Kunst*, verfasst in Athen 1943, zit. nach: G. Metken, *Herbert List. Fotografia metafisica*, München 1980, S. 35.

Voyeurismus und Intimität | 209

1 Walter Benjamin, *Das Kunstwerk im Zeitalter seiner technischen Reproduzierbarkeit*, Frankfurt a. M. [22]1996, Kap. X.
2 Richard Billingham, *Ray is'n Witz*, Zürich 1996.
3 Christian Caujolle, in: Nick Waplington, *Living Room*, Frankfurt a. M. 1991.
4 Zit. nach: *Larry Clark*, Kunsthalle Basel 1983.
5 Vgl. Rosamunde Neugebauer, »High & Low«, in: *Denkbar. Kunst und Gesellschaft*, hrsg. von Hans Zitko, Heidelberg 2000, S. 21 ff.
6 Vgl. ebd.
7 Nobuyoshi Araki, in: *Camera Austria* 45 (1993) S. 14–16.
8 Arthur C. Danto, »Auf Messers Schneide«, in: *Mapplethorpe*, München 1992, S. 316.
9 Andres Serrano, Interview, in: *Netter Art Collection*, Bd. 10, Stuttgart 2000, S. 193.

Sofortbilder | 218

1 Zit. nach: Dieter Wellershoff, »Inszenierte Wahrnehmung«, in: *Vorstellungen und Wirklichkeit: 7 Aspekte subjektiver Fotografie*, hrsg. von Rolf Wedewer, Köln 1980, S. 7.
2 David Hockney, in: *David Hockney. Photograph*, München 1983, S. 27–29.
3 Dörte Zbikowski: »Caspar David Friedrich in a Donut Shop«, in: *Emotions & Relations*, Köln 1998, S. 103.

Fotografie erobert die Kunstbetriebe | 222

1 Rolf Sachsse, »Marginalien zur bundesdeutschen Fotografie«, in: *Camera Austria* 22 (1985) S. 59.
2 Abigail Solomon-Godeau, *Spielen in den Feldern des Bildes* (1982), zit. nach: *Theorie der Fotografie*, Bd. 4, hrsg. von Hubertus von Amelunxen, München 2000, S. 223.
3 Etwa Andreas Gurskys *Paris, Montparnasse*, das im November 2001 für 540 000 Dollar bei Christie's versteigert wurde.
4 Vgl. Manfred Dworschak, »Eiskeller für die Ewigkeit«, in: *Der Spiegel* 52 (2001) S.164–166.

Wirklichkeit, Wunsch und Lüge | 227

1 Hervé Guibert, *Phantom-Bild*, Leipzig 1993, S. 87.
2 Ebd., S. 159.
3 Vgl. Nan Goldin, *The Other Side*, Zürich 2000.
4 Zit. nach: F. C. Gundlach, in: *Emotions & Relations*, Köln 1998, S. 11.
5 Helen Molesworth, »Bilderbücher«, in: *Wer Liebe wagt lebt morgen – Wolfgang Tillmans*, Ostfildern 1996, S. IX.

Inszenierte Fotografie 1 | 232

1 Zit. nach: *Duane Michals. Werkübersicht*, hrsg. von Marco Livingstone, München 1997, S. 134.

Der träge Blick | 238

1 Gabriele Basilico, »Per una lentezza dello sguardo«, in: *Bord de mer. Gabriele Basilico*, Udine 1990.
2 Vgl. Walter Niedermayr, *Die bleichen Berge*, Bozen 1993.

Am Anfang war das Bild | 252

1 Keith Cottingham, in: *Fotografie nach der Fotografie*, hrsg. von Hubertus von Amelunxen [u. a.], Dresden [u. a.] 1996, S. 160.
2 Anthony Aziz / Sammy Cucher: »Nachrichten aus Dystopia«, in: *Fotografie nach der Fotografie* (Anm. 1) S. 126.
3 Jean Baudrillard, *Der symbolische Tausch und der Tod*, München 1982, S. 163.
4 Vilém Flusser, *Ins Universum der technischen Bilder*, Göttingen 1985, S. 45.
5 Ebd., S. 133.

Literaturhinweise

Allgemeines

Alveng, Dag (Hrsg.): Photographs from the Real World. Lillehammer 1993.
Amelunxen, Hubertus von: Allegorie und Photographie. Untersuchungen zur französischen Literatur des 19. Jahrhunderts. Diss. Mannheim 1992.
Ang, Tom: Die Kunst der digitalen Fotografie. München 2000.
Baatz, Willfried: Geschichte der Fotografie. Köln 1997.
Baier, Wolfgang: Quellendarstellung zur Geschichte der Fotografie. Leipzig 1980.
Barthes, Roland: Die helle Kammer. Bemerkungen zur Photographie. Frankfurt a. M. 1985.
– Die Sprache der Mode. Frankfurt a. M. 1987.
Beaton, Cecil / Buckland, Gail: The Magic Image. The Genius of Photography. London 1989.
Benjamin, Walter: Das Kunstwerk im Zeitalter seiner technischen Reproduzierbarkeit. Frankfurt a. M. ²²1996.
– Kleine Geschichte der Photographie. In: W.B.: Das Kunstwerk im Zeitalter seiner technischen Reproduzierbarkeit. Frankfurt a. M. ²²1996.
Billeter, Erika: Malerei und Photographie im Dialog. Von 1840 bis heute. Zürich 1979.
– (Hrsg.): Das Selbstportrait im Zeitalter der Photographie. Maler und Photographen im Dialog mit sich selbst. Bern 1985.
Bormann, Thomas: Die Medienkritik von Günther Anders. Diss. Hamburg 1994.
Brauchitsch, Boris von (Hrsg.): Das Schweigen im Walde. 12 zeitgenössische Künstler zum Thema Heimat. Tübingen 1995.
– Das 20. Jahrhundert. Meisterwerke Jahr für Jahr. Köln 1999.
Bürger, Peter: Theorie der Avantgarde. Frankfurt a. M. ¹⁰1995.
Busch, Bernd: Belichtete Welt. Eine Wahrnehmungsgeschichte der Fotografie. München/Wien 1989.
Camera international 2 (März–Mai 1985).
Chevrier, Jean-François (Bearb.): Photo-Kunst. Arbeiten aus 150 Jahren. Stuttgart 1989.
Chudakov, Grigory (Bearb.): 20 Sowjetische Photographen 1917–1940. Amsterdam 1990.
Deutsche Fotografie. Macht eines Mediums 1870–1970. Köln 1997.
Dewitz, Bodo von / Matz, Reinhard (Hrsg.): Silber und Salz. Zur Frühzeit der Photographie im deutschen Sprachraum 1839–1860. Köln/Heidelberg 1989.

Eichstedt, Egon von: Ausgewählte Lichtbilder zur Rassenkunde des deutschen Volkes. Stuttgart 1933.
Elliott, David (Bearb.): Russische Photographie 1840–1940. Berlin 1993.
Eskildsen, Ute (Hrsg.): Film und Foto der zwanziger Jahre. Eine Betrachtung der Internationalen Werkbundausstellung *Film und Foto* 1929. Stuttgart 1979.
European Photography Award. Göttingen 1985 ff.
Fiedler, Jeannine / Feierabend, Peter (Hrsg.): Bauhaus. Köln 1999.
Flusser, Vilém: Für eine Philosophie der Fotografie. Göttingen 1983.
– Ins Universum der technischen Bilder. Göttingen 1985.
Fotogeschichte. Beiträge zur Geschichte und Ästhetik der Fotografie. Marburg 1981.
Freier, Felix: DuMont's Lexikon der Fotografie. Köln 1992.
Freund, Gisèle: Photographie und Gesellschaft. Reinbek bei Hamburg 1979.
Frizot, Michel (Hrsg.): Neue Geschichte der Fotografie. Köln 1998.
Gernsheim, Helmut: Geschichte der Photographie. München 1983.
Gruber, L. Fritz (Hrsg.): Große Photographen unseres Jahrhunderts. Berlin/Darmstadt/Wien 1964.
– / Gruber, Renate (Hrsg.): Das imaginäre Photo-Museum. Meisterwerke aus 140 Jahren Photographie. Köln 1981. (DuMont Foto 3.)
Guibert, Hervé: Phantom-Bild. Über Photographie. Leipzig 1993.
Haberkorn, Heinz: Anfänge der Fotografie. Reinbek bei Hamburg 1981.
Honnef, Klaus (Hrsg.): Lichtbildnisse. Das Porträt in der Fotografie. Köln 1982.
Hülsewig-Johnen, Jutta (Hrsg.): Das Foto als autonomes Bild. Experimentelle Gestaltung 1839–1989. Bielefeld 1989.
Ihrke, Gerhard: Zeittafel zur Geschichte der Fotografie. Leipzig 1982.
Inselmann, Andrea (Hrsg.): A Second Look. Women Photographers of the Gernsheim Collection. Frankfurt a. M. 1993.
Keller, Ulrich: Die deutsche Portraitfotografie von 1918 bis 1933. In: Beiträge zur Geschichte und Ästhetik der Fotografie. Lahn-Gießen 1977. S. 37–66.
Kemp, Wolfgang: Foto-Essays zur Geschichte und Theorie der Fotografie. München 1978.
Kesting, Marianne: Die Diktatur der Photographie. Von der Nachahmung der Kunst bis zu ihrer Überwältigung. München/Zürich 1980.
Klemz, Willy: Photokina: Gründung, Entwicklung, Erfolg. Eine Dokumentation. Hannover 1980.
Koppen, Erwin: Literatur und Photographie. Über Geschichte und Thematik einer Medienentdeckung. Stuttgart 1987.
Koschatzky, Walter: Die Kunst der Photographie. Technik, Geschichte, Meisterwerke. Köln 1994.

Krauss, Rolf H.: Photographie als Medium. 10 Thesen zur konventionellen und konzeptionellen Photographie. Ostfildern [2]1995.
– Photographie und Literatur. Zur photographischen Wahrnehmung in der deutschsprachigen Literatur des 19. Jahrhunderts. Ostfildern 2000.
Kriegelstein, Manfred: Die Ästhetik der Fotografie. Berlin 1991.
Kulessa, Detlef: Vision und Dokumentation. Sozialdokumentarische Photographie der 30er in den USA. Eine ikonologische Untersuchung. Frankfurt a. M. 1989.
Die Kunst der Photographie. Mailand 1979.
Marchesi, Jost J.: Handbuch der Fotografie. 3 Bde. Schaffhausen/Gilching 1993–98.
Martin, Dieter: Spaziergang durch die Geschichte der Fotografie. Hamburg 1996.
McLuhan, Marshall: Die mechanische Braut. Volkskultur des industriellen Menschen. Amsterdam 1996.
Molderings, Herbert: Fotografie in der Weimarer Republik. Berlin 1988.
Müller-Pohle, Andreas (Hrsg.): Fotografie in Europa heute. Köln 1982. (DuMont Foto 4.)
Mulligan, Therese (Hrsg.): Geschichte der Photographie 1839 bis heute – George Eastman House, Rochester, NY. Köln 2000.
Museum Folkwang. Die Fotografische Sammlung. Essen 1983.
Neue Wege in der Fotografie. Internationales Fotosymposion Schloß Mickeln bei Düsseldorf. München 1980.
Neusüss, Floris M.: Fotografie als Kunst – Kunst als Fotografie. Das Medium Fotografie in der bildenden Kunst Europas ab 1968. Köln 1979.
Newhall, Beaumont: Geschichte der Photographie. München 1984.
Parallels & Contrasts. Photographs from the Stephen White Collection. Albuquerque 1988.
Peters, Olaf: Neue Sachlichkeit und Nationalsozialismus. Affirmation und Kritik 1931–1947. Berlin 1998.
Plumpe, Gerhard: Der tote Blick. Zum Diskurs der Photographie in der Zeit des Realismus. München 1990.
Photographies 8 (September 1985).
Pollack, Peter: Die Welt der Photographie von ihren Anfängen bis zur Gegenwart. Berlin/Darmstadt/Wien 1962.
Ruskin, John: Die sieben Leuchter der Baukunst. Dortmund 1994.
Schneider, Ulrike: Der Tod als Metapher für das fotografische Verfahren. In: Fotogeschichte 16 (1996) H. 59. S. 5–13.
Schnelle-Schneyder, Marlene: Photographie und Wahrnehmung am Beispiel der Bewegungsdarstellung im 19. Jahrhundert. Marburg 1990.
Schöttle, Hugo (Hrsg.): DuMont Foto 1. Köln 1978.
– DuMont Foto 2. Köln 1980.

Schuller-Procopovici, Karin (Bearb.): Das Land der Griechen mit der Seele suchen. Photographien des 19. und 20. Jahrhunderts. Köln 1990.
Semper, Gottfried: Wissenschaft, Industrie und Kunst. Mainz 1966.
Sontag, Susan: Über Fotografie. Frankfurt a. M. 1980.
Spielmann, Heinz (Hrsg.): Die japanische Photographie. Geschichte, Themen, Strukturen. Köln 1984. (DuMont Foto 5.)
Steinert, Otto (Hrsg.): Subjektive Fotografie. Ein Bildband moderner europäischer Fotografie. Bonn 1952.
Stepan, Peter (Hrsg.): Fotografie! Das 20. Jahrhundert. München / London / New York 1999.
Stiegler, Bernd: Philologie des Auges. Die photographische Entdeckung der Welt im 19. Jahrhundert. München 2001.
Strom, Swet-Patrik: Photographia in poesis. Zur Bedeutung und Funktion bildhafter Reproduktionen in ausgewählten Erzähltexten der achtziger und neunziger Jahre des 20. Jahrhunderts. Frankfurt a. M. [u. a.] 1998.
Szene-Bilder. Bilder rund um die Photokina. Köln 1994.
Tausk, Petr: Die Geschichte der Fotografie im 20. Jahrhundert. Von der Kunstfotografie zum Bildjournalismus. Köln 1986.
Theorie der Fotografie. Bd. 1–3. Hrsg. von Wolfgang Kemp. München 1979–83. Bd. 4. Hrsg. von Hubertus von Amelunxen. München 2000.
Tillmanns, Urs: Geschichte der Photographie. Ein Jahrhundert prägt ein Medium. Frauenfeld 1981.
Ungern-Sternberg, Marie-Christine von: Fotografie-Sponsoring als Einflussgröße zeitgenössischer Kunstgeschichte. Firmenkonzepte zur Förderung der Fotografie. Diss. Köln 2000.
Wedewer, Rolf (Hrsg.): Vorstellungen und Wirklichkeit: 7 Apsekte subjektiver Fotografie. Köln 1980.
Wick, Rainer (Hrsg.): Die Pioniere der Photographie 1840–1900. Die Sammlung Robert Lebeck. Weingarten 1989.
Wolter, Bettina-Martine [u. a.] (Hrsg.): Die große Utopie. Die russische Avantgarde 1915–1932. Frankfurt a. M. 1992.

Zu einzelnen Fotografen

Berenice Abbott

Abbott, Berenice / Yochelson, Bonnie: Changing New York. Photographien aus den 30er Jahren. München 1999.

Ansel Adams

Szarkowski, John: Ansel Adams at 100. Die große Retrospektive. München 2001.

Nobuyoshi Araki

Araki, Nobuyoshi: Tokyo Lucky Hole. Köln / New York 1997.

Diane Arbus

Arbus, Doon / Cuomo, Yolanda: Diane Arbus. Frankfurt a. M. 1995.

Eugène Atget

Szarkowski, John: Eugène Atget. Das alte Frankreich. München 1981.
Eugène Atget. Köln 1997.

Richard Avedon

Livingstone, Jane [u. a.] (Hrsg.): Richard Avedon. Evidence 1944–1994. München 1994.

Miriam Bäckström

Bäckström, Miriam: Über die Welt. Set Constructions 1995–2000. Hannover 2000.

David Bailey

David Bailey. Birth of the Cool 1957–1969. Göttingen 2000.

Gabriele Basilico

Basilico, Gabriele: Beyrouth. Paris 1994.
– L'esperienza dei luoghi. Udine 1995.

Hyppolite Bayard

Jammes, André: Hippolyte Bayard. Ein verkannter Erfinder und Meister der Photographie. Luzern 1975.

Cecil Beaton

Beaton, Cecil: War Photographs 1939–1945. London 1981.
Garner, Philippe / Mellor, David Alan: Cecil Beaton. Photographien 1920–1970. München 1994.

Bernd und Hilla Becher

Lange, Susanne: Bernd und Hilla Becher. Häuser und Hallen. Frankfurt a. M. 1992.

Richard Billingham

Billingham, Richard: Ray is'n Witz. Zürich 1996.

Werner Bischof

Flüeler, Niklaus: Werner Bischof. Luzern 1973.

Karl Blossfeld

Blossfeld, Karl: Urformen der Kunst. München 1994.

Anna und Bernhard Blume

Blume, Bernhard Johannes: Fotoarbeiten 1970–1984. Bonn 1984.
Blume, Anna und Bernhard: Großfotografien 1985–1990. Köln 1992.
– Transzendentaler Konstruktivismus / Im Wald. Köln 1995.

Erwin Blumenfeld

Blumenfeld, Yorick: Erotische Fotografien. Erwin Blumenfeld. Leipzig 2000.

Oliver Boberg

Schneider, Erich: Oliver Boberg. Wirklichkeiten. Schweinfurt 2001.

Christian Boltanski

Metken, Günter: Christian Boltanski. Köln 1992.
Boltanski, Christian: Sterblich. Darmstadt 1996.

Edouard Boubat

George, Bernard (Hrsg.): Edouard Boubat. Luzern / Frankfurt a. M. 1972.

Margaret Bourke-White

Callahan, Sean: Margaret Bourke-White. Photographer. London 1998.

Brassaï

Brassaï: Nächtliches Paris. München 1979.

René Burri

Burri, René: Ein amerikanischer Traum. Nördlingen 1986.
– Die Deutschen. München 1999.

Robert Capa

Whelan, Richard: Robert Capa. Fotografien. Frankfurt a. M. 1996.

Henri Cartier-Bresson

Galassi, Peter: Henri Cartier-Bresson. New York 1967.
Cartier-Bresson, Henri: Meine Welt. Luzern / Frankfurt a. M. 1968.
Montier, Jean-Pierre: Henri Cartier-Bresson. München 1997.

James Casebere

Casebere, James: Asylum. Santiago de Compostela 1999.

Larry Clark

Clark, Larry: Die perfekte Kindheit. Zürich 1993.

Edward S. Curtis

Adam, Hans Christian: Curtis. Native Americans. Köln 2001.

Louis Jacques Mandé Daguerre

Daguerre, Jacques Louis Mandé: Das Daguerreotyp und das Diorama, oder genaue und authentische Beschreibung meines Verfahrens und meiner Apparate zu Fixirung der Bilder der Camera obscura und der von mir bei dem Diorama angewendeten Art und Weise der Malerei und der Beleuchtung. Nachdr. der Ausg. 1839. Stuttgart 1989.

Philip-Lorca DiCorcia

DiCorcia, Philip-Lorca: Über die Welt. Hannover 2000.

Robert Doisneau

Doisneau, Robert: Drei Sekunden Ewigkeit. 101 Photographien. München 1997.

František Drtikol

Fárová, Anna: František Drtikol. Photograph des Art Déco. München 1993.

William Eggleston

Eggleston, William: Ancient and Modern. New York 1992.

Alfred Eisenstaedt

Adam, Peter: Eisenstaedt über Eisenstaedt. München 1985.

Ed van der Elsken

Elsken, Ed van der: Sweet Life. Ostfildern 2000.

Hugo Erfurth

Dewitz, Bodo von: Hugo Erfurth 1874–1948. Köln 1992.

Walker Evans

Rosenheim, Jeff L.: Unclassified. A Walker Evans Anthology. Zürich 2000.

Joan Fontcuberta

Fontcuberta, Joan: Herbarium. Göttingen 1985.

Robert Frank

Frank, Robert: The Lines of My Hand. Zürich / Frankfurt a. M. / New York 1989.

Cristina García Rodero

García Rodero, Cristina: España Oculta. München 1990.

Ralph Gibson

Philippi, Simone (Hrsg.): Deus ex Machina. Köln 1999.

Wilhelm von Gloeden

Pohlmann, Ulrich: Wilhelm von Gloeden. Sehnsucht nach Arkadien. Berlin 1987.

Natter, Tobias / Weiermair, Peter (Hrsg.): Et in Arcadia ego. Wilhelm von Gloeden, Guglielmo Plüschow, Vincenzo Galdi. Turn-of-the-Century Photography. Zürich 2000.

Nan Goldin

Goldin, Nan: The Other Side. Zürich 2000.

Hervé Guibert

Guibert, Hervé: Photographien. München 1993.

Andreas Gursky

Galassi, Peter: Andreas Gursky. Ostfildern 2001.

Robert Häusser

Häusser, Robert: Aus dem photographischen Werk 1940–2000. Heidelberg 2000.

HEINZ HAJEK-HALKE

Boje, Walter: Heinz Hajek-Halke. Leichlingen 1978.

DAVID OCTAVIUS HILL / ROBERT ADAMSON

Dewitz, Bodo von / Schuller-Procopovici, Karin: Hill & Adamson. Köln 2000.

LEWIS WICKES HINE

Goldberg, Vicki: Lewis Hine. Children at Work. München / London / New York 1999.

DAVID HOCKNEY

David Hockney. Photograph. München 1983.
Mißelbeck, Reinhold (Hrsg.): David Hockney – Retrospektive Photoworks. Heidelberg 1998.

CANDIDA HÖFER

Höfer, Candida: Orte Jahre. Photographien 1968–1999. München/Paris/London 1999.

HORST P. HORST

Tardiff, Richard / Schirmer, Lothar (Hrsg.): Horst. Photographien aus sechs Jahrzehnten. München 1991.

GEORGE HOYNINGEN-HUENE

Ewing, William A.: The Photographic Art of Hoyningen-Huene. London 1986.

AXEL HÜTTE

Hütte, Axel: fecit. Düsseldorf 2000.
– / Nooteboom, Cees: Kontinente. München 2000.

YOUSUF KARSH

Vorsteher, Dieter (Hrsg.): Yousuf Karsh. Helden aus Licht und Schatten. Berlin 2000.

ANDRÉ KERTÉSZ

André Kertész. Köln 1997.

JULIA KISSINA

Kissina, Julia: Toys. Frankfurt a. M. 2000.

Jürgen Klauke

Weibel, Peter / Himmelberg, Wolfgang: Jürgen Klauke. Absolute Windstille. Das fotografische Werk. Bonn 2001.

Josef Koudelka

Kaudelka, Josef: Gypsies. New York 1975.

Hermann Krone

Hesse, Wolfgang: Photographie und Apparatur. Der Photopionier Hermann Krone. Marburg 1998.

Heinrich Kühn

Kaufhold, Enno: Heinrich Kühn und die Kunstfotografie um 1900. Berlin 1988.

Inez van Lamsweerde

Bachmann, Cristina: Inez van Lamsweerde. München 1999.

Robert Lebeck

Böttger, Tete (Hrsg.): Robert Lebeck. Vis-à-vis. Göttingen 1999.

Gustave Le Gray

Stuttmann, Margret: Pioniere der Landschaftsphotographie. Gustave Le Gray, Carleton E. Watkins. Frankfurt a. M. 1993.

Erna Lendvai-Dircksen

Lendvai-Dircksen, Erna: Norwegen. Das germanische Volksgesicht. Bayreuth 1942.

Helmar Lerski

Kraszna-Krausz, Andor: Helmar Lerski. Verwandlungen durch Licht. Zürich 1982.

Herbert List

Brauchitsch, Boris von: Das Magische im Vorübergehen. Herbert List und die Fotografie. Münster 1992.
Scheler, Max (Hrsg.): Herbert List. Die Monographie. München 2000.

Urs Lüthi

Urs Lüthi. Klagenfurt 1993.

Robert Mapplethorpe

Mapplethorpe. Die große Werkmonographie. Mit einem Essay von Arthur C. Danto. München 1992.

Étienne Jules Marey

Étienne Jules Marey. Chronophotograph. Frankfurt a. M. 1985.

Mary Ellen Mark

Mark, Mary Ellen: American Odyssey. New York 1999.

Duane Michals

Livingstone, Marco (Hrsg.): Duane Michals. Werkübersicht. München 1997.

Lisette Model

Lisette Model. Photographien 1933–1983. Köln 1992.

László Moholy-Nagy

Moholy-Nagy, László: Malerei, Fotografie, Film. Faks. der Ausg. 1927. Berlin 2000.

Mark Morrisroe

Kichalok, Thomas (Hrsg.): Mark Morrisroe 1959–1989. Berlin 1998.

Martin Munkacsi

Munkacsi, Martin: Retrospektive Fotografie. Bielefeld 1980.

Eadweard Muybridge

Eadweard Muybridge. Stuttgart 1976.

Nadar

Morris Hambourg, Maria: Nadar. München 1995.

Charles Nègre

Heilbrun, Françoise: Charles Nègre. München 1988.

Arnold Newman

Philippi, Simone: Arnold Newman. Köln 2000.

Helmut Newton

Newton, Helmut: Big Nudes. München 2000.

Walter Niedermayr

Niedermayr, Walter: Die bleichen Berge. Photographien. Bozen 1993.

Paulo Nozolino

Nozolino, Paulo: Penumbra. Zürich 1996.

Paul Outerbridge

Heiting, Manfred: Outerbridge 1896–1958. Köln 1999.

Martin Parr

Parr, Martin: Small World. Heidelberg 1995.

Beate Passow

Pahlke, Rosemarie (Hrsg.): Beate Passow. Verzweigte Zeit. Dortmund 1995.

Irving Penn

Penn, Irving: Passage. München 1991.
Irving Penn. Photographs. Stockholm 1996.

Walter Peterhans

Walter Peterhans. Fotografien 1927–1938. Essen 1993.

Pierre et Gilles

Marcadé, Bernhard / Cameron, Dan: Pierre et Gilles. The Complete Works 1976–1996. Köln 1997.

Jack Pierson

Goodrow, Gérard A. / Weiermair, Peter (Hrsg.): Jack Pierson. The Lonely Life. Zürich 1996.

George Platt Lynes

Weiermair, Peter (Hrsg.): George Platt Lynes. Berlin 1989.
Leddick, David: George Platt Lynes. Köln 2000.

Sigmar Polke

Sigmar Polke, die drei Lügen der Malerei. Berlin 1997.

Ken Probst

Probst, Ken: pôr'n-graf'ik. Santa Fe 1998.

Man Ray

Martin, Jean-Hubert: Man Ray, Photograph. München 1982.

Albert Renger-Patzsch

Wilde, Ann: Albert Renger-Patzsch. München 1997.

Lois Renner

Braunsteiner, Michael: Lois Renner's Work for Admont. Regensburg 2001.

Heinrich Riebesehl

Krichbaum, Jörg: Heinrich Riebesehl, Situationen und Objekte. Riesweiler 1978.

Riebesehl, Heinrich: Bahnlandschaften. Fotografien von 1981 bis 1997. Hannover 1997.

Jacob A. Riis

Steinert, Otto: Jakob A. Riis. Beginn der sozialkritischen Fotografie in den USA. Essen 1971.

Herb Ritts

Herb Ritts. München 2000.

Humberto Rivas

Rivas, Humberto: Fotografias 1978–1990. Barcelona 1990.

George Rodger

Osman, Colin (Hrsg.): George Rodger. Magnum Opus. Berlin 1987.

Alexander Rodtschenko

Lavrentiev, Alexander (Hrsg.): Alexander Rodtschenko. Photography 1924–1954. Köln 1995.

Thomas Ruff

Brauchitsch, Boris von: Thomas Ruff. Frankfurt a. M. 1993.

Drück, Patricia: Die Porträts von Thomas Ruff im Kontext ausgewählter Beispiele. Das Bild des Menschen in der Fotografie des ausgehenden 20. Jahrhunderts. Diss. München 2002.

Sebastião Salgado

Salgado, Sebastião: Arbeiter. Frankfurt a. M. 1993.

Erich Salomon

Janos Frecot: Erich Salomon. Der unsichtbare Photograph. Nördlingen 1988.

August Sander

Sander, August: Antlitz der Zeit. 60 Aufnahmen deutscher Menschen des 20. Jahrhunderts. Nachdr. der Ausg. 1929. München 1976.

Cindy Sherman

Schneider, Christa: Cindy Sherman. History Portraits. Die Wiedergeburt des Gemäldes nach dem Ende der Malerei. München 1995.

Zdenek, Felix (Hrsg.): Cindy Sherman. Photoarbeiten 1975–1995. München 1995.

Giorgio Sommer

Miraglia, Marina (Hrsg.): Giorgio Sommer in Italien. Fotografien 1857–1888. Heidelberg 1992.

Edward Steichen

Steichen. Meisterphotographien 1895–1914. Die symbolistische Periode. Tübingen 1978.

Otto Steinert

König, Thilo: Otto Steinerts Konzept »Subjektive Fotografie«. 1951–1958. München 1988.

Eskildsen, Ute (Hrsg.): Der Fotograf Otto Steinert. Göttingen 1999.

Joel Sternfeld

Harris, Armin (Hrsg.): Joel Sternfeld. Tatorte. Bilder gegen das Vergessen. München 1996.

Alfred Stieglitz

Alfred Stieglitz. Köln 1997.

Paul Strand

Paul Strand. Köln 1997.

Thomas Struth

Belting, Hans: Thomas Struth. Museum Photographs. München 1993.

William Henry Fox Talbot

Jammes, André: William H. Fox Talbot. Ein großer Erfinder und Meister der Photographie. Luzern / Frankfurt a. M. 1972.

Sam Taylor-Wood

Taylor-Wood, Sam: Five Revolutionary Seconds. Barcelona 1997.

Wolfgang tillmans

Bürgi, Bernhard (Hrsg.): Wolfgang Tillmans. Zürich 1995.

Herbert Tobias

Weiermair, Peter (Hrsg.): Herbert Tobias. Photographien. Stuttgart 1987.

Abisag Tüllmann

Ammann, Jean-Christophe (Hrsg.): Abisag Tüllmann. Photographien. Frankfurt a. M. 1995.

Javier Vallhonrat

Javier Vallhonrat: The Possessed Space. München 1992.

Pierre Verger

Pivin, Jean Loup / Saint-Léon, Pascal Martin: Pierre Verger. Le Messager. Photographies 1932–1962. Paris 1993.

Jeff Wall

Friedel, Helmut (Hrsg.): Jeff Wall. Space and Vision. München 1996.

Nick Waplington

Waplington, Nick: Living Room. Mit Essays von John Berger und Richard Avedon. Frankfurt a. M. 1991.

Bruce Weber

Cheim, John (Hrsg.): Bruce Weber. München 1989.

Weegee

Coplans, John: Weegee. Täter und Opfer. München 1984.

Edward Weston

Heiting, Manfred (Hrsg.): Edward Weston. 1886–1958. Köln 2001.

Garry Winogrand

Winogrand, Garry: Frames from the Real World. New York 1988.

Heinrich Zille

Ranke, Winfried (Hrsg.): Heinrich Zille. Photographien Berlin 1890–1910. München 1979.

Edwin Zwakman

Edwin Zwakman. Rotterdam 1998.

Abbildungsnachweis

Agentur Focus, Hamburg: 174 – Bernd und Hilla Becher, Düsseldorf: 241 – Gershon Biermann, Nethanja: 97 – Bildarchiv Preußischer Kulturbesitz, Berlin: 166, 167 – Margaret Bourke-White, TimePix / interTOPICS, Hamburg: 136 – Gilberte Brassaï, Paris: 155 – René Burri / Magnum / Agentur Focus, Hamburg: 165 – Robert Capa / Magnum / Agentur Focus, Hamburg: 175 – Henri Cartier-Bresson / Magnum / Agentur Focus, Hamburg: 157, 159 – Robert Doisneau / Rapho / Agentur Focus, Hamburg: 161 – Ervina Boková Drtikolová, Poděbrady: 86 – © The Estate of Robert Mapplethorpe. Used with permission: 215 – Bernard Faucon, Paris: 237 – Courtesy Ronald Feldman Fine Art, New York: 254 – Galerie Aurel Scheibler, Köln: Farbtaf. 11 – Galerie Kicken, Berlin: Farbtaf. 2 – André Gelpke, Zürich: 198 – Getty Images München: 139 – Ralph Gibson: 202 – Christine Guibert, Paris: 229 – Robert Häusser, Mannheim: 201 – © David Hockney, The David Hockney No. 1 U.S. Trust, Los Angeles: Farbtaf. 8 – Axel Hütte, Düsseldorf: 242 – Photo André Kertész © Ministère de la Culture (Patrimoine photographique), France: 128, 154 – Julia Kissina, Frankfurt am Main: Farbtaf. 13 – Josef Koudelka / Magnum / Agentur Focus: 205 – Robert Lebeck, Berlin: 168, 177 – © Herbert List Nachlass / Max Scheler, Hamburg: 130 – Mary Ellen Mark, Falkland Road, Inc., New York: 193 – © Duane Michals. Courtesy Pace / Macgill Gallery New York: 235 – Walter Niedermayr, Bozen: 244 f. – Copyright the Dorothea Lange Collection, Oakland Museum of California, City of Oakland. Gift of Paul S. Taylor: 135 – Beate Passow, München: Farbtaf. 9 – Brigitte Peterhans, Chicago: 99 – Jorma Puranen, Helsinki: 224 – Société Française de Photographie, Paris: Farbtaf. 3 – Reprinted with permission of Joanna T. Steichen: 80 – © Joel Sternfeld. Courtesy Pace / Macgill Gallery New York: 914 – Thomas Struth, Düsseldorf: Farbtaf. 14 – Studio Gabriele Basilico: 239 – Courtesy of Henry Urbach Gallery, New York: 255 – © VG Bild-Kunst, Bonn 2002: 96 (Man Ray Trust, Paris), 102, 107 (Photographische Sammlung / SK Stiftung Kultur – A. Sander Archiv), 108 (Photographische Sammlung / SK Stiftung Kultur – A. Sander Archiv), 114, 115, 126 (Man Ray Trust, Paris), 144, 203, 226, Farbtaf. 12, Farbtaf. 15, Farbtaf. 16 – Nick Waplington: Farbtaf. 7 – Yoshiko Isshiki Office, Tokio: 214 – Edwin Zwakman, Amsterdam: 250

Der Verlag Philipp Reclam jun. dankt für die Reproduktions- und Nachdruckgenehmigung den Rechteinhabern, die durch den Abbildungs- bzw. Textnachweis bezeichnet sind. In einigen Fällen waren die Inhaber der Rechte nicht festzustellen. Hier ist der Verlag bereit, nach Anforderung rechtmäßige Ansprüche abzugelten.

Personenregister

Kursive Ziffern beziehen sich auf Abbildungen (Verweise auf den Farbtafelbogen sind mit »Taf.« bezeichnet)

Sachregister

Aufgenommen wurden hier u. a. Fotoagenturen (F), Ausstellungen (A), Publikationen (P), Unternehmensnamen (U) sowie Zeitungen und Zeitschriften (Z)